用仁义得人心

下达命令需因人而异

领导艺术

从入门到精通

圣铎 ☆ 编著

四川人民出版社

图书在版编目（CIP）数据

领导艺术从入门到精通 / 圣铎编著 . -- 成都 : 四川人民出版社 , 2021.6

ISBN 978-7-220-11676-6

Ⅰ . ①领… Ⅱ . ①圣… Ⅲ . ①领导艺术—通俗读物 Ⅳ . ① C933.22-49

中国版本图书馆 CIP 数据核字 (2019) 第 272156 号

LINGDAO YISHU CONG RUMEN DAO JINGTONG

领导艺术从入门到精通

圣铎　编著

出 版 人	黄立新
策划组稿	张明辉
责任编辑	邹　近
特约编辑	柴子凡
营销策划	张明辉
插画绘制	金版文化
封面设计	简明波
责任印刷	李　剑
出版发行	四川人民出版社（成都槐树街2号）
网　　址	http：//www.scpph.com
E-mail	scrmcbs@sina.com
新浪微博	@四川人民出版社
微信公众号	四川人民出版社
发行部业务电话	（028）86259624　86259453
防盗版举报电话	（028）86259624
印　　刷	深圳市雅佳图印刷有限公司
成品尺寸	135mm × 180mm
印　　张	14
字　　数	300千
版　　次	2021年6月第1版
印　　次	2021年6月第1次印刷
书　　号	ISBN 978-7-220-11676-6
定　　价	49.90元

前言

PREFACE

“一头狮子带领一群绵羊，可以打败一只绵羊带领的一群狮子。”通用电气前首席执行官杰克·韦尔奇的这句名言明确道出了领导者在一个团队中的决定性作用。基于领导职位的重要性，一名合格的领导者必须具备极高的素质和多方面的能力，必须是思考力、判断力和实践能力都很强的多面手。在用人上，要始终能识别并任用最出色的人；在团队管理上，要始终能使团队高效运行，总是能够很出色地驾驭制度并利用制度为其服务；在战略上，要总是高人一筹，能将风险和危机的苗头在萌发之初就掐灭，任何机遇都能在瞬间抓住……总的来说，一名成功的领导者必须是一名优秀的策划者、决策者、组织者、协调者、管制者、分析者、推动者、设计者及意见沟通者，在许多情况下也必须是一位导师、一个好学不倦的人。

作为一个组织的核心人物，领导者拥有着一种特殊的资源——人。而对这种资源的管理水平存在着不同的层次。管理得好，可以取之不尽、用之不竭；管理不好，也可能一取即尽、一用即竭。那些只知用职权管人，而不知用人格影响人的领导，无论职位有多高、能力有多强、知识有多丰富，都无法取得下属的信任，更别说长期追随；而一个没有人与之同心同德的领导者，即便有再伟大的理想、再完美的计划，也只能是空中楼阁。相反，成功的领导者具备登高一呼、应者云集的号召力，具备利用各种人才、平衡各种力量的统筹能力，具备“用人长、容人短”“胜不骄，败不馁”的胸怀和气度，具备应对各种困难、各种复杂局面的手段和技巧。他无论在哪里出现，都会成为众人瞩目的焦点；即使他不出声，也能令人毫无保留地对他产生信任感，人们愿意接受他的建议，在突发事件发生时愿意听从他的指导。

因此，对于领导者来说，用职权管人不是本事，通过人格服众是本事；颐指气使不是本事，“不令而从”才是本事；用惩罚使人害怕不是本事，凭魅力赢得追随才是本事；自己有本事不是本事，让有本事的人为己所用才是本事。领导是一门学问，更是一门艺术。你不能因为自己是“官”就对人吆三喝四，又不能与下属称兄道弟失去威严；你不能玩弄权术，让人觉得你城府很深，又不能心中不藏事啥都往外说；你既不能疑神疑鬼，又不能偏听偏信……作为领导者，你必须洞悉人性，把握好尺度和分寸，懂得如何凝聚人心、引导人心。

为了帮助各行各业的领导者按照高标准提升自我的各项能力，掌握领导艺术，游刃有余地开展工作，成为卓有成效的领导者，我们编写了这部《领导艺术从入门到精通》。本书针对领导者在日常的工作中会遇到的种种难题和困惑，从领导的道德力量、人格魅力、大局意识、影响力、责任意识、执行力、制度意识、企业文化意识、成本意识、市场意识、创新意识，以及领导的识人艺术、用人艺术、授权艺术、决策艺术、沟通艺术、激励艺术、惩罚艺术、考评艺术、协调艺术、应变艺术、口才艺术、留人艺术等方面，全面系统地介绍了作为一个领导者应该具有的领导素质及应掌握的领导艺术，兼具实用性和指导性，为各行各业的领导者提供了一份全方位的自我提升指南。在编写过程中，我们借鉴和吸收了现代管理学界的最新成果，同时参考了西方一些先进的领导管理理论，将之与我国的人文特点相结合，融理论与实践、东方与西方的管理理念为一炉，同时本着通俗易懂、可操作性强的原则，力求内容实用、紧抓要点，既有系统的理论介绍，也有能即学即用、直接指导实战的技巧和策略，使读者在短时间里收获巨大，成为敏锐务实、具备雄才大略的领导者。

目录

CONTENTS

上篇　领导素质

002　PART 01　**领导的道德力量：江山之固，在德不在险**

002　小胜凭智，大胜靠德

004　学会担当

007　用仁义得人心

010　不要总是摆架子，以老大自居

012　多用建议的方式下达命令

016　斤斤计较，难成大事

018　谦虚也要掌握好一定的分寸

020　一定要远离桃色新闻

022　PART 02　**领导的人格魅力：三分管人，七分做人**

022　先完善自己、管好自己，才能带好队伍

024　不懂不是错，不懂装懂才是错

026　成功的领导不做领袖做榜样

027　解决问题，最简单的方法就是“带头往下跳”

028　管理是一种让员工自愿跟从的能力

030 身教胜过千言万语
032 管理有成效，要做领跑的狮子
034 自律才能管理好他人

036 PART 03 领导者的大局意识：格局有多大，事业就有多大

036 找准自己的“位置”
037 把准大势，放眼长远
040 化整为零地落实目标
044 勇于挑战才能收获成功
046 时刻把危机意识放在心头

049 PART 04 领导的影响力：不令而行，不怒而威

049 领导的威望要靠自身提高
054 命令下达后就决不妥协
056 用强有力的语言增强影响力
057 令出如山，不随便下命令
059 不要做一个“看什么都不顺眼”的人
061 以“忍”制“怒”
064 保持适当的神秘感
065 在下属面前展示才华要掌握一个度
067 你不只是管理者，更是领导者

070 PART 05 领导的责任意识：敢于担责让你的下属心生崇拜

070 责任，成就好领导的基石
073 领导的责任感是下属的定心丸
075 责任体现在细节中
077 敢于担责的领导手握永恒的财富
078 “坏”的责任更需要你来担当
081 自己的责任不能推给下属
083 与下属一起尽职尽责地工作
085 承担责任要冲锋在前

088 PART 06 领导的执行力：落实要到位，关键看结果

088 没有执行力，就没有竞争力
093 责任心为执行撑起一片天
095 下达命令需因人而异
099 工作要简化，但不要简单化
101 落实执行力关键在于责任到位
103 执行的过程要重视细节
106 多做一些慈善事业

109 PART 07 领导者的制度意识：靠制度管人，用制度办事

109 制定制度必须遵守的十大原则

113 制度化管理的核心是执行制度
115 制度的设置应兼顾公平和效率
117 制定一套更人性化的管理制度

120 PART 08 领导者的企业文化意识：企业文化是企业的灵魂

120 重视企业文化建设，锻造企业灵魂
123 企业价值观决定企业发展方向
126 让员工有一种使命感

128 PART 09 领导者的成本意识：控制成本，提高利润

128 砍预算，刀刀进逼
132 完全将资源集中于成果
135 优化工作方法，高效创造高利润
137 技术更新是实现节约的关键

140 PART 10 领导者的市场意识：有市场才能有发展

140 把主要精力放在自己的优势上
144 以严谨的调研找准市场需求
147 市场细分考验管理者市场眼光
152 “善变”的企业往往能持续获胜
155 树立鲜明的服务个性

157 机遇属于第一个到达的企业

161 PART 11 领导者的创新意识：创新是企业长青的基础

161 企业长青的基础
164 知识创新是创新管理的核心
167 创新的考验就在于能否创造价值
169 文化创新是创新管理的源泉

下篇 领导艺术

174 PART 01 领导的识人艺术：做优秀人才的“伯乐”

174 优秀人才具有哪些品质
176 人不可貌相，海水不可斗量
179 选人的范围要“厚”
181 选人的标准要“严”
183 对人才不能求全责备
186 要知道，能力比学历重要
188 如何做好面试的工作

193 PART 02 **领导的用人艺术：用对人，才能做对事**

193 掌握方与圆的用人智慧
197 疑人不用，用人不疑
200 善于用人之长，避人之短
203 敢于用比自己强的人
206 让合适的人做合适的工作
208 人才搭配要合理

212 PART 03 **领导的授权艺术：束缚自己的权欲，放开下属的手脚**

212 信任是授权不可动摇的根基
214 授权也应因人而异
217 大权紧抓不放，小权及时分散
220 集权不如放权更有效
224 权力与责任必须平衡对等
227 一手放权，一手监督控制

230 授权要讲究策略和技巧

234 PART 04 领导的决策艺术：抓大放小，准确而果断地拍板

234 决策要“牵牛鼻子”
236 提升领导者的决断力
240 明确决策的流程
242 决策时把情感因素排除在外

246 PART 05 领导的沟通艺术：良好的沟通是实现领导管理目标的保证

246 沟通可以解决一切问题
249 少说、多听、常点头
252 选择正确的沟通渠道
254 多一些鼓励，少一些批评
258 乐意听取下属的抱怨
262 给予每一位员工应有的尊重
266 沟通需要从最小处做起
268 站在对方的角度思考

271 PART 06 领导的激励艺术：让员工自己奔跑

271 最有效的13 条激励法则
273 建立完善有效的激励机制

278　靠“竞赛机制”说话
281　培养员工的自信心
283　按员工的性格秉性进行激励
286　赞美是一种很好的激励
289　切勿只有“苦劳”，没有“功劳”
291　彼得定律：晋升激励，适得其反
294　别忘了激励幕后英雄
295　让员工参与决策工作

298　PART 07 领导的惩罚艺术：惩罚只是手段，而不是目的

298　发火后要正确“善后”
301　要做到“赏不避仇，罚不避亲”
304　事前弄清真相，以免冤枉好人
306　杀一儆百，警示他人
310　在企业中实施“热炉法则”
312　选择最合适的批评方法

317　PART 08 领导的考评艺术：以业绩为导向，向管理要效益

317　业绩目标：让员工“跳一跳，够得着”
319　要员工明白：想要得到最好的，就必须努力争第一
321　重视对员工的绩效评估
325　用统一的“尺子”衡量员工

328 不以成败论“英雄”
331 考核一定要实事求是
334 务必做好反馈工作

339 PART 09 领导的协调艺术：降低内耗，促进组织和谐发展

339 左手“严刑重罚”，右手“法外施恩”
340 识别员工冲突的来源
343 领导者要有容才的肚量
346 从容面对员工的不敬
349 如何管理老资格员工
351 酒与污水定律：及时清除团队中的“烂苹果”
353 如何对待组织中的小道消息
356 如何处理员工的对抗
359 故意制造一些小刺激

361 PART 10 领导的应变艺术：把“危”变成“机”

361 任何企业都有可能遇到危机
362 必须具备一定的应变能力
366 居安思危，防患于未然
369 创建危机的“警报器”
373 建立有效的危机管理系统
376 紧抓危机的转折点

380　诚实：解决危机的唯一态度
382　巧妙地向员工传达坏消息
383　当机立断，迅速控制事态
386　让媒体成为“正推手”，而不要成为“负推手”
390　把“危机”变成“机遇”

394　PART 11　领导的口才艺术：好领导的讲话技巧

394　让开场白为你加分
398　语言要有感染力
401　寓庄于谐，营造和谐愉悦的氛围
403　言之有物，员工最烦领导的大话空话
405　巧妙转移话题以缓和谈判气氛
409　学会自我调侃
411　用适时的停顿吸引他人的注意
414　注意身份，别把滑稽当成了幽默

417　PART 12　领导的留人艺术：防止跳槽，让员工“把根留住”

417　员工跳槽前的信号
419　让员工有成就感
422　让员工对工资满意
424　以情动人能有大收获
426　用真心去换取忠心

上篇

领导素质

PART 01

领导的道德力量：江山之固，在德不在险

小胜凭智，大胜靠德

《菜根谭》中有句名言："德者，事业之基，未有基不固而栋宇坚久者。"意思是说，一个人有高尚品德是其事业的基础，如同建楼，不打牢地基就不能坚固长久。人格低下、品德不端的人，即使一时做出一些成绩、获得一些名利，也不会长久。优秀的领导者需要具备高洁的品德。

"小胜凭智，大胜靠德"，这是牛根生常挂在嘴边的话，因为"德"是制服人心的最佳利器。"想赢两三个回合，赢三年五年，有点智商就行；要想一辈子赢，没有'德商'绝对不行。"

当初牛根生被迫离开伊利，卖掉伊利股票成立蒙牛时，原来跟随牛根生的兄弟便一起投奔到了牛根生的麾下。

牛根生在和林格尔竖起的蒙牛大旗之所以有这样的号召力，与牛根生的"德商"有着最为直接的联系。

在伊利工作期间，牛根生曾因业绩突出，而受到公司嘉奖。公司奖励给他一笔足够买一部好车的钱，而他却用这笔钱

买了4辆面包车——让自己的直接下属一人有了一部车。

据与牛根生关系很“铁”的人介绍，当时牛根生还曾将自己的108万元年薪分给了大家。

2000年，和林格尔政府奖励牛根生一台凌志车，价值104万元，而当时比牛根生大8岁的副董事长获得的奖励是一辆捷达车。但是，此时的牛根生并没有打算享受这部豪华轿车，而是提出了与这位副董事长换车。

换车之后，牛根生的女儿很不理解父亲的作为，在很长一段时间内都用一种怀疑的口吻问牛根生：“这部车是不是真的给了邓大爷？”

这正是牛根生所追求的“德”，他想通过这样的行为来向人们传递一条信息：“牛根生做企业不是为了个人赚钱和享乐。”

据牛根生介绍，在物质方面，自己的各项条件都要比身边的副手差。“我们有两位副总坐的都是奔驰350，我的副董事长坐的是凌志430，雷副总坐的是沃尔沃，而我是一辆小排量的奥迪。”

2005年1月12日，牛根生再次将自己的“德商”发挥到了极致。牛根生宣布将自己个人所得股息的51%捐给“老牛基金会”，49%留作个人支配。在他“百年之后”，将其所持股份全部捐给“老牛基金会”，并将这部分股份的表决权授予后任的集团董事长，家人不能继承任何股权，每人只可领取不低于北京、上海、广州3地平均工资的月生活费。

对此，有记者问牛根生，在很多人希望将原本不属于自己的东西占为己有的情况下，为什么要将原本就属于自己的财富散尽？难道你的理想就是要建立一个乌托邦吗？

牛根生的答案仍是那老套的4个字：大胜靠德。

不错，“小胜凭智，大胜靠德”，要想获得大的胜利，还需靠“德”！德即道德、德行，细化起来，各行各业都有其道德遵循。德是一种境界，是一种追求，是一种力量，是一种震慑邪恶、净化环境、提升思维、积累学业财源的动力。德能使自己内功强劲，无往而不胜。

学会担当

身为领导者，很有必要学会担当。一个人的位置越高，意味着付出越多。做下属，只要管好自己的那一摊业务就足够了；而作为领导就不一样，需要承受上司的压力，需要做好自己的工作，还要解决下属的麻烦。如果一个领导者一遇到问题就斤斤计较，这是你的事，那是他的事，自己一点儿担当都没有，凭什么让下属死心塌地，又凭什么让上司心悦诚服？

但在现实中，这样的领导者却屡见不鲜：明明是下属们共同努力换来的成果，甚至某些成员还贡献了比领导更大的力量，起到了比领导更大的作用，但在上司面前，领导者却对那些人只字不提，俨然所有功劳都是在他一个人的正确领导下取得的；等到犯了错误上司把他叫去批评的时候，他就有了这样那样的理由：这件事情出了问题完全是因为某人执行不力、某人经验不足、某人假公济私等，反正无论如何就是和他一点儿关系都没有。

换位思考一下，假如我们现在是下属的身份，遇到这样自私的顶头上司，会不会有心里很凉的感觉？自己辛辛苦苦忙活了半天，到头来全都是为他人做嫁衣；明明是按照上司的指示行事，出了错又全是自己的问题，怎能不让人萌生去意？

关于这样的领导，著名职业经理人余世维的一句话说得好："假如我手下的经理或者主管和我说这样的话，我只问他一句话：如果这些事情都是别人出的问题，那么我请你来做什么？这个公司还需要你做什么？"余世维先生博古通今、学贯中西，对管理有其独到的看法。尽管身为职业经理人，也算是一个打工者，他却能站在另一个角度发问，尖锐却又直逼人心，在所有领导者的头上将警钟骤然敲响。

很多人都会拿"做事先做人"这句话来标榜自己，但其实这只是一句空话，做什么样的人、怎么做到，心里完全没有答案，远不如另外一句话来得实在：做了领导，就不要怕担当。道理很简单，领导既要让上司放心，也要让下属舒心。这就要求领导能承担责任，要在很多方面考虑自己的做法。总结起来无非12个字：敬以向上、宽以对下、严以律己。“敬以向上”是需要我们尊敬自己的上司，但不是阿谀奉承、溜须拍马；“宽以对下”是需要我们对自己的下属宽容，但不是听之任之、放任自流；“严以律己”是需要我们对自己要求严格，多讲奉献、少讲回报，给你回报是老板和下属的事情。事实上，如果一个领导能做到这三点，老板自然会给你加薪，员工自然会给你成绩，到那时还何愁没有回报？

这与境界也有很大的关系。有些领导，最先考虑的总是自己的个人得失，这样的领导不是称职的领导，也不是明智的领导。作为领导，需要有一种高尚的思想境界，要多替公司、兄弟部门和下属着想，少为一己之私利着想。当部门利益与公司利益有冲突时（不是在原则上伤害了部门利益），我们需要优先考虑公司的利益；当兄弟部门有困难时，我们需要主动地予以支持，因为“助人实际上就是助己”；当个人利益与下属利益有冲突时，我们需要优先考虑下属的利益。

领导者的付出，更多还是体现在和下属的工作中。时至今日，人人平等虽然一直在提，但太多的人在面对上司的时候会自然地产生一种敬畏感；同样，也有太多的领导在面对下属的时候会本能地表现出自己的威严。这种威严怎么表现？当然是通过说话的称谓和语气等方式。

有些领导，习惯于采用命令的方式安排下属的工作，习惯于采用斥责的方式批评下属的工作。“今天必须弄好这份报表，明天早上我要在我的办公桌上见到它。”“我不管你用什么办法，这一单必须拿下，这是死命令。”“你是怎么搞的？

这个月的业绩这么差，每天都忙活些什么呢？”类似的话在领导口中经常出现，可能很多人觉得没什么，上级这样和下级说话很正常呀。但不要忘记，人都有一种被尊重的需要，即使是下属，也同样如此。作为领导，命令和斥责都是不得人心的，只有先学会担当和付出，才能让下属觉出领导对他的重视，继而才能让下属一心一意做好工作。

用仁义得人心

“仁者爱人”，一个人如果有仁义之心，就能爱人，而爱人者就能得人心。这是千古不变的道理。领导者要征服人心，最重要的是要征服对方的心，比如给地位低的人以尊重，给贫穷者以财物，给落难者以援力，给求职者以机会等。在这众多的方法中，用仁义获得人心不失为一个好办法。

惠普公司的创始人戴夫·帕卡德年轻时酷爱体育运动，体育教练曾经对他讲，当两个争夺冠军的球队水平旗鼓相当时，默契配合就会变得极为重要，特别是在那些瞬息万变的比赛中。这个道理似乎谁都懂，但是只有真正在运动场上实践过的人才会真正理解这一原则有多重要。

帕卡德一直把这些话铭记在心，并在以后的工作生活中努力去促成人与人之间互相信任、互相关心和密切配合。他心里明白，想要达到这样的效果，就不能仅仅用制度一类的东西，还要用仁义的手段来获得人心。

惠普公司因为在第二次世界大战期间发展迅速，当时就已经成为拥有200万美元资产和200名工人的公司。但是战争一结束，许多军事项目迅速停建，电子设备在军用市场上的总销售量迅速下降，由军事工业带动的日用品市场迅速萎缩，惠普公司的业务一落千丈。

面对市场的衰退，帕卡德不得不辞退了100多个工人。看到许多曾经一起创业的朋友马上就要沦为失业者，帕卡德心里很难受。他深深地懂得失业对工人意味着生活水平的迅速下降和自尊心的巨大伤害。眼看着人们陆续地默默离去，帕卡德心中

发誓：一定要渡过难关，把公司搞上去，把这些工人重新请回惠普公司。

这次解雇工人给帕卡德留下了终生难忘的印象。从这之后，惠普公司即使在最困难的时候也坚持不辞退员工，这在硅谷绝无仅有。

随着美国经济的复苏，惠普公司又恢复了往日的辉煌，公司又重新拥有200名员工。到20世纪40年代末，惠普公司资产已接近千万美元，成了硅谷中的明星企业。

1959年，正当惠普的业绩蒸蒸日上时，帕卡德却注意到公司员工的热情似乎不高，这是为什么呢?

惠普公司的股票自1957年上市以来，股价节节攀升，成为华尔街的宠儿，难道在这样的公司还有什么怨言吗?

当帕卡德婉转地问公司一名检测人员时，这位员工告诉他：“是的，我为在这样一个大公司工作感到自豪。但是，作为一名员工，我却没有感到是企业的主人。工薪的确在上升，但老板还是老板，伙计还是伙计。”

听了这一席话，帕卡德陷入了沉思。“没错，应该让大家成为公司的主人，这样工作起来才会齐心协力，才会一心把公司搞好。”帕卡德想。

第二天，帕卡德就在公司主持的记者招待会上正式宣布，惠普公司为调动员工的积极性，为把公司发展的巨大利益也分配到辛勤工作的员工那里，将推行职工持股计划。

这就是后来风靡美国的职工持股计划，他把公司股票分阶段按工作时间分给职工。职工成为公司主人，立时面貌一新，惠普公司销售、生产各方面均呈现出一片新的气象。

人们都是有感情的，身为领导者，只要用仁义之心去对待下属，为下属着想，站在下属的立场上看问题，帮助下属解决实际困难，下属也一定会用心回报你。领导者懂得了这些，就要在实际工作中注意这些问题，尽力做到用仁义获得人心。

不要总是摆架子，以老大自居

很多人都有一个弱点，一旦当了领导，无论官大官小，都希望自己能给人以与以前“不同”的感觉，喜欢以强势的形象出现在下属面前。在这些自以为高明的人看来，领导是下属的统治者，下属是被管理的对象，是“兵”，领导是“老大”，二者有着根本的区别。这样的领导，他们崇尚领导地位的至高无上，认为领导就要有领导的派头，是下属的“头儿”，高高在上，下属只能敬畏他们，在他们面前下属只能乖乖地努力工作，决不能捣乱生事。

如果一个领导者认为自己的下属就应该任由自己驱使，每个下属在自己面前就应该卑躬屈膝，那么这个领导永远也不会有什么成绩，更不会真正赢得下属的尊敬。即使他每天看到的下属都是一个个点头哈腰，他也无法体会到做领导者的快乐。因为在下属眼里，他是一个独裁者，少了真诚的交流与合作，当然也就不会有真正的快乐可言。

所以，真正高明的领导者绝不会在下属面前摆架子，以老大自居。即使他们真的有可以炫耀的资本，他们也不会因此而摆架子，更不会以“老大”的心态对下属发号施令。

谦虚使人进步，骄傲使人落后。一个在下属面前摆架子、时刻以“老大”自居的领导，绝对不会听取下属的意见，也就不可能做出最佳的决策。而下属也会因为领导的“老大”作风而感到不适，不愿与他相处，时间久了，这样的领导只会被下属孤立。须知，一个被孤立的领导者是不可能获得成功的，因为事业的成功不只是个人能力的体现，更要依赖下属的全力支持。一个平易近人的领导者很容易就能做到这一点，而那些靠耍威风、摆架子的领导者最终只会让自己成为一个光杆“老大”。

IBM公司享誉全球，它们的生产和销售份额在全球市场上都占有相当大的比例。而IBM之所以有今天的地位和成就，能够发展成今天这样的庞大规模，不得不提到一个以生活理念经营IBM的人——董事长汤姆斯·华德逊。华德逊家教很严，从小就受到父亲严格的教育：生活举止要中规中矩，平日待人接物要有敬老尊贤之念，为人处世要诚实谦逊，工作要全力以赴……华德逊把父亲的教诲奉为自己工作和生活的准则，终生信守不渝，“其实不是下属们在为我工作，而是我和下属共同为所有的人工作”，并用这样的信念为IBM公司的崛起奠定了良好的基础。

谦逊做人，用个人魅力去影响自己的下属努力工作，而不是靠权术和地位以及“老大”的权威来镇压下属，这不仅仅是一种精神上的顿悟，更是领导者应该具有的行为准则。一个动辄以自己的头衔和地位压人的领导者，不仅不会达到对下属施加影响的目的，反而会把自己与下属分割开来，让自己陷入孤立的局面。因此，只有不摆架子、不以“老大”自居的领导，才能充分发挥自己的领导影响力，保证自己的廉洁和自律的品质，最终赢得下属的认可。

多用建议的方式下达命令

说到命令，人们可能会想到在战争故事中的“军令如山”，领导下了命令，下级不得不赶紧执行，于是认为以命令方式去指挥下属办事的效率最高。但在实际工作中却不尽如此。

下属不仅是被领导者，还是领导者事业上不可或缺的伙伴。为此，在交代下属工作时，应尽量采用建议的口吻，而不是命令的口气。

例如，领导在命令员工去做事时，千万不要以为只要下了命令，事情就可以达成。作指示、下命令当然是必要的，然而同时必须仔细观察考虑，对方在接受指示、命令时，有什么反应，他是在什么样的状态下、怎样接受命令的。

一些领导者总是喜欢颐指气使，有事就大嗓门儿地命令下属去干。他们认为只有雷厉风行才能产生最佳效果，命令别人去干事的时候也不看人家的意见如何，不是说：“小刘，把这份材料赶出来，你必须尽你最快的速度，如果明天早上我来到办公室在我的办公桌上没有看到它，我将……”就是说：“你怎么可以这样做？我说过多少次了，可你总是记不住！现在，把你手中的工作停下来，马上给我重做！”

结果总是让下属面色冰冷、极不情愿地接过任务，去完成它，而不是做好它。

可是等工作交上来后，领导者就会大为失望，不禁有些生气："好了！看来你只是个平平庸庸、毫无创新的人而已！我对你的期望很高，可你总是表现得令人失望！就凭你这个样子，永远也别想升职……"

如此情形，说明领导者与下属的关系完完全全地进入了一种"恶性循环"。这是怎么回事？毛病出在哪里呢？就出在领导下达命令的方式上！

自以为自己是领导，就有权在别人面前指手画脚，发号施令；就可以对别人颐指气使，呼来喝去；就可以靠在软绵绵的椅子里，指挥别人去干这个去干那个？不！没有人喜欢这样的领导。因为身为领导必须有这样的自知，即便只是一名下属，与你不同的只有分工、职务，在人格上都一样是平等的，根本不存在什么高低贵贱之分。

所以，领导者想让下属用什么样的态度去完成工作，就用什么样的口气和方式去下达任务。著名的人际关系学家卡耐基曾与美国最著名的传记作家伊达·塔贝尔小姐一起吃饭，她告诉卡耐基，在她为欧文·扬写传记的时候，访问了与扬先生在同一间办公室工作了3年的助手，这个助手宣称，他从未听到过扬先生向下属下过一次命令。

例如，欧文·扬从来不说“你做这个或做那个”或“不要做这个，不要做那个”，他总是说“你可以考虑这个”或“你认为，这样做可以吗”。

他在口授一封信之后，经常说："你认为这封信如何？"在检查某位助手所写的信时，他总是说："也许我们把这句话改成这样，可能会比较好一点。"

他总是给人自己动手的机会，他从不告诉他的助手如何做事，他让他们自己去做，让他们从自己的错误中学习成功的经验。这种方法不仅维持了下属的自尊，使下属认为自己很重要，同时还让下属希望与这样英明的领导者合作。

约翰·居克是一家小厂主管，有一次，一位商人送来一张大订单。可是，他的工厂的活已经安排满了，而订单上要求的完成时间，短得使他不太可能去接受它。

可是这是一笔大生意，机会太难得了。

他没有下达命令要工人们加班加点地干活来赶这张订单，他只召集了全体员工，对他们解释了具体的情况，并且向他们说明，假如能准时赶出这张订单，对他们的公司会有多大的意义。

"我们有什么办法来完成这张订单？"

"有没有人有别的办法来处理它，使我们能接这张订单？"

"有没有别的办法来调整我们的工作时间和工作的分配，来帮助整个公司？"

工人们提供了许多意见，并坚持接下这张订单。他们用一种"我们可以办到"的态度来得到这张订单，并且如期出货。

所以，身为领导者，如果要向下属下达命令，让他做你想要他做的事或是要他改正错误，那就避免使用"命令"的口吻，不妨试试"建议"的方法。

斤斤计较，难成大事

《盐铁论·毁学》中有这样一句话：“君子怀德，小人怀土；贤士殉名，贪夫死利。”意思是说作为君子，不要像小人一样太贪恋那点蝇头小利，用通俗点的话来说，就是不要斤斤计较。

在人与人的交往中，谁都不喜欢那些将什么都分得清清楚楚、不让自己吃一点儿亏的人。因为这种人让别人觉得，与他交往非常累，自身什么亏也不吃，做事太过于计较。

同样，在工作中，一些领导对下属要求十分苛刻，总是尽量想对自己有好处。而一旦他人有困难，却不关心和帮助，甚至避而不见，这是典型的世俗习气，是不足取的。因为下属在这样的领导手下工作会觉得毫无乐趣，甚至避之唯恐不及。

所以对领导者来说，不论是不是学富五车，也不论是不是风华正茂，但至少要是一个正大光明、行事磊落的人。无论什么事情，当面锣、对面鼓地说清楚，即使有矛盾也要当面提出自己的看法，千万不能成为一个“算计家”，在背后给下属“穿小鞋”，这样做只能是自食恶果。

因为群众的眼睛是雪亮的，一个总喜欢斤斤计较、“算计”下属的领导者，即使手段再高明，也不可能永远欺骗大家；就算凭借着某种利害关系一时得逞，也根本不会得到下属的承认。下属也许会“怕”这样的领导，但绝对不会尊敬这样的领导。

奇虎网的董事长周鸿祎就是一个靠光明磊落赢得下属尊敬

的好领导。他曾说过："在日常工作中，领导和下属之间的冲突是难免的，一个合格的领导者，会以客观的态度对待每一件事情，而不是针对哪个人来进行评判和决策。一个聪明的领导绝不会为了自己的'面子'而对下属寻衅滋事，更不会口蜜腹剑地对待下属中的任何人……我和下属相处的原则是：光明正大、对事不对人。"

早在2000年，周鸿祎就被《中国青年报》推选为"IT新生代十佳青年"。当他入围"2001年度中国软件企业十大领军人物"时，他的下属曾经对媒体说："我们都真诚地恭喜他，不仅是因为我们对他的爱戴，更是因为他给了我们安全的工作环境，让自己的才华得以发挥。""他是一个难得的好领导，在他的手下工作，不用担心自己犯错，因为光明磊落的领导就是错误的克星。"周鸿祎的行事作风赢得了IT界的好评，也为奇虎网的成功奠定了基础。

一个受下属尊敬和爱戴的领导，从来不会对下属说一句刻薄的话，哪怕是下属犯了错误，他们也只会心平气和地与下属一起解决问题，而不是去抓下属的"小辫子"，趁机威胁下属以后要好好地听话，更不会利用一切机会算计自己的下属，从中获得那些"可观"的利益。在那些受人尊敬的好领导面前，下属可以直接发表自己的意见，毫不掩饰地表达自己的想法。

那些善于算计下属的领导者，表面上看起来威严无比，但他在得到下属畏惧的同时也得到了下属的怨怒。而那些真正为下属着想、从不算计下属的领导者，得到的不只是下属回报给自己真诚的感激之情，还有工作中下属众志成城的拥护。所以，一个高明的领导者不会与下属斤斤计较，不会因为一时的小利而放弃自己的将来，更不会因为私人的恩怨而算计自己的下属。他们只会用光明磊落的行为来证明自己的领导能力和领导风度。只有这样，才能让下属真正地折服在自己的领导魅力之下。

谦虚也要掌握好一定的分寸

谦虚是一种美德，这一点对每个人来说都是如此。一个领导者如果拥有这样的优良品格，必然能做出非凡的成就，也更能赢得上级和下属的喜欢和拥戴。然而，究其实际，谦虚稍一过头，就会成为虚伪。

在世界文明古国中，中国是最早提倡谦虚的国家。在中国古老的经典《尚书》中就有“满招损，谦受益，时（是）乃天道”这样的教导，把自满与谦虚提高到“天道”的水平，可谓高矣。从那以后，历代的圣贤无不彰显谦虚、贬抑自满。一直到今天，我们常用的词汇中仍然有一大批与“谦”字有联系的词，比如“谦卑”“谦恭”“谦和”“谦谦君子”“谦让”“谦顺”“谦虚”“谦逊”等，可见“谦”字之深入人心，久而愈彰。

然而有的领导面对别人的称赞时，有意把自己说得一无是处，这不但起不到谦虚的作用，反倒给人一种傲慢的感觉。不实事求是的“谦虚”，只会给人一种虚伪的感觉。

清朝李鸿章的“谦虚”就在西方遇到了一次麻烦。当年他访问美国，在一家相当豪华的酒店招待美国官员，席间说了几句口不对心的客套话，诸如“略备粗馔，没什么好吃的东西，请诸位包涵”。不料这番虚伪的客套话，引起酒店老板的极大不满，他认为李鸿章的话损害了酒店的声誉，向李鸿章提出严正抗议，并要求他当众道歉。

由此看出，谦虚要掌握好一定的分寸。有一天，人们对丹麦物理学家玻尔说：“你创建了世界第一流的物理学派，有什么秘诀吗？”玻尔幽默而含蓄地说：“也许是因为我不怕在学生面前显露自己的愚蠢。”面对别人的赞扬，玻尔没有自我炫耀，但也没有完全自我否定，而是相对地肯定了自己“不怕在学生面前显露自己的愚蠢”的优点。他把自己的成绩归结为人人可以做到但又很难做到的优点，用来说明自己与别人并没有什么不同，也没有什么秘诀，既表现了自己的谦虚，又给人一种鼓舞的力量。

鲁迅先生说：“哪有什么天才，我不过是把别人喝咖啡、说闲话的时间都用在工作上罢了。”

鲁迅先生否认自己是天才，却肯定自己珍惜时间这一优点，给人一种实实在在的感觉。

面对别人的称赞，如果把自己说得一无是处，不但起不到谦虚的作用，反倒给人一种虚伪、傲慢的感觉。领导者也应向玻尔和鲁迅先生学习，掌握好谦虚的分寸。

一定要远离桃色新闻

一般而言，办公室是领导者工作时间最长的地方，这里四周都散发着工作的气息，是领导者要时刻注意的地方。领导者往往与身边的异性下属在一起的时间很长，如果经常两人单独相处，那就更要注意。

领导者与异性下属之间的关系是上下级的关系，不是不可以谈生活中的问题，但要注意分寸，要时刻提防，要时刻避免被温柔之水所湮灭。

赫德2005年初出任惠普首席执行官兼总裁，并加入惠普董事会。2006年9月，他被任命为惠普董事会主席。在其掌舵的5年中，惠普的股价上涨超过两倍，市值上升400多亿美元。同时，惠普亦由电脑和打印机制造商转型为软件与服务供应商，成为业内龙头。

这样一位曾在华尔街有着“防弹衣”美誉的赫德，却因为卷入桃色新闻而声名扫地。在一起针对他本人以及惠普公司的性骚扰调查行动之后，赫德提出了辞职，原因是他错误地为女临时工反复报销账单……

或许有许多人会觉得以赫德的业绩，完全可以“戴罪立功”。然而其实早在20世纪90年代，许多跨国公司就对商业伦理十分重视，比如在公司领导的行为规范中，为了防止上级利用权力或许诺利益对异性下属进行骚扰，明确规定了针对不正当关系的条款。对那些不小心踏过“红线”的领导者，迎接他们的只有一条路径——扫地出门。

可见，在工作中，为了不被桃色新闻断了前程，领导者有必要把握好自己，保持与异性之间的距离，远离桃色新闻。

现代心理学研究证明，人际交往中的生理距离的不同会带来心理效果上的不同，人与人之间的距离代表着不同的亲密程度。

特别是男女之间的交往，更应加以注意。如果男性领导在与女下属的交往过程中，突破了正常的人际距离，闯入到亲密的距离范围内，彼此的呼吸可听，彼此的气味可闻，眼神、表情的细微变化也历历在目，容易形成某种刺激，引起不当的心理活动。

比如有人来帮助脱外衣，嘘寒问暖，还时不时接收到一记含情脉脉的眼神，那领导者可就要把握好自己，不要接受过分的殷勤，该自己办的事自己完成，可对意外献殷勤的下属说："噢！挺忙的，你忙你的，这些我自己来，不必麻烦你。"

如果领导者遇到下属明显表现出异心，甚至有时有过分亲昵的举动，就该找理由把她（他）调入别的办公室，或干脆向她（他）说明，"本人不吃这一套"。

记住这条忠告，领导者最好不要在办公室中安排异性，也不要经常关着办公室的门，说话要尽量大声，以免别人怀疑。

PART 02

领导的人格魅力：三分管人，七分做人

先完善自己、管好自己，才能带好队伍

在一个组织里，领导的能力素养和业务水平是衡量一个部门的指标。领导者要想带好队伍，必须先完善自己。只有不断提高自己的业务水平和能力，才能带领下属创造一个又一个奇迹。

每个人都有争强好胜之心，每个人都希望得到别人的肯定，都想得到更好的发展。但是，要想实现这个愿望并不是无条件的，关键是看你有没有能力、有没有真本领。业务技能精湛是做好本职工作的基本条件，也是适应竞争的需要。

王浩如今是一家建筑公司的副总经理，但在五六年前，他是作为一名送水工被建筑公司招聘进来的。在送水工作中，他并不像其他送水工那样，刚把水桶搬进来，就一面抱怨工资太少，一面躲起来吸烟。他每一次都给每位建筑工人的水壶倒满水，并利用工人们休息的时间，请求他们讲解有关建筑的各项知识。不久，这个勤奋好学、不满足现状的送水工就引起了建

筑队长的注意。后来，他被提拔为计时员。

当上计时员的王浩依然尽心尽责地工作，他总是早上第一个来，晚上最后一个走。由于他勤学知识，对包括地基、垒砖、刷泥浆等在内的所有建筑工作都非常熟悉，当建筑队长不在时，一些工人总爱问他问题。

一次，建筑队长看到王浩把旧的红色法兰绒撕开套在日光灯上以解决施工时没有足够的红灯照明的难题后，便决定让他做自己的助理。就这样，王浩通过自己的勤奋努力抓住了一次次机会，仅仅用了五六年时间，便晋升为这家建筑公司的副总经理。

王浩晋升为公司的副总经理后，依然坚持自己勤奋工作的

一贯作风。他常常在工作中鼓励大家学习和运用新知识、新技术，还常常自拟计划、自画草图，向大家提出各种好的建议。

对于一名领导者来说，不仅要从业务知识方面提升自己，更要注意自身的个人修养，因为你的行为举止都可能被下属效仿。如果你希望自己的员工是什么样的，就要先完善自身，这样员工自然会跟着你走。

王浩的成功告诉我们，领导者自己严于律己、勤奋好学，不断提升自身的专业技能，才能够实现自身和企业发展长青的愿望。

在今天这个充满机遇和挑战的社会里，作为一名领导者，必须要求自己付出比其他人更多的勤奋和努力，积极进取、奋发向上，才能在复杂多变的工作环境中，带出一个优秀的团队。因此，不管我们现在从事什么样的职业，都应该在自己的岗位上刻苦钻研，努力让自己成为高素质的领导者。

不懂不是错，不懂装懂才是错

《论语》中说："知之为知之，不知为不知，是知也。"这句话意在强调做学问时，应当具备诚实的态度，知道的就是知道，对不知道的东西，我们不仅应当老实地承认"不知道"，而且要敢于说"不知道"。对企业领导者来说，也是一样的道理。

无论你是一名位居高职的领导，还是普普通通的员工，遇到困难，解决不了不是你的错，只要你有一种积极学习的心态，你将很快成长起来。但如果你不懂装懂，才会真正让人瞧不起。华为公司在招聘员工时尤其注重其学习能力。

华为公司每当在招聘结束后，任正非在新员工进企业第一天的大会上，就会告诉大家，文凭只代表你的过去，进了企业后，文凭就失效了，大家都站在同一条起跑线上，关键是看你后面的学习能力、成长能力。

在这个科技高速发展的社会，尤其是现代企业管理，企业老板越来越看重员工的学习能力、成长能力。甚至有知名企业老总在谈及用人时这样说："学历不重要，学习的能力才重要。"

无论你知识如何丰富，学识怎么渊博，在工作中也不可避免地会出现某一方面的"短板"。我们常说第一次失败是悲剧，第二次失败就是笑话了。失败不要紧，做错事也不要紧，关键是你要能从失败和错误中吸取教训，取得进步，那就是一个聪明人。

这就要求你要有很好的学习能力，才能够获得各种你需要的能力，取得进步。不懂不要紧，只要你肯于学习、善于学习，你就能由不懂到懂。不懂不是错，不懂装懂就有错；不懂不表示你愚蠢，不懂还自以为是、不肯学习，那就是愚蠢。

可是在实际工作中，有些领导遇到问题，因为顾及自己的面子，就是喜欢不懂装懂瞎指挥，结果不仅产生不良的后果，还闹出笑话。这样一来，在员工面前不仅没有挽回威严，反而失去了威信。

不懂装懂，是一种心虚的表现，是一种基于自卑心理的盲目自尊，“一桶不响，半桶晃荡”。作为一名领导者，要敢于承认自己的不懂，有时虚心地向同事与下属学习，这不仅不会被员工看不起，反而会因为你的诚实赢得大家的信任，同时也体现了你虚怀若谷的胸怀。

成功的领导**不做领袖做榜样**

一个领导者只要端正了自身，做到以“理”服人而不是以“权”来压人，管理的工作就容易多了。《论语》中说：“苟正其身矣，于从政乎何有？不能正其身，如正人何！”孔子认为领导者必须自身修正，如果自身不修正，只靠领导的权威，下属也是很难服从的。

但在实际工作中，很多领导者为了达到管人的目的，总是费尽心机制定出若干规章制度，要求员工去遵守，却把自己排除在这些制度之外。如果领导者能够率先示范，能以身作则地努力工作，严格遵守自己制定的各项规章制度，那么这种以身作则的精神就会感染其下属，从而在团队里形成一种积极向上的态度和良好的工作氛围。

领导的行为对下属产生着巨大的激励作用，正如俗话所说的，“强将手下无弱兵”。领导的表率作用永远是激励员工最有效的方法。

电视剧《亮剑》深受广大观众的欢迎。剧中主人公李云龙每次冲锋陷阵都在最前面，指战员们很担心他的安危而责怪他。李云龙却说：“如果我不带头冲锋在前，那么战士们怎么会毫不犹豫地奋勇作战呢？”李云龙正是以这种以身作则的激情影响着每一个战士。

领导者能身先士卒，以积极正确的示范作导向，就可以调动员工的积极性，激发他们努力向上的干劲；相反，如果领导者持一种消极、观望的态度，自己不率先示范，只是督促员工工作，势必削减员工的工作热情，使员工对领导的行为产生抵触情绪，进而对企业的发展前途失去信心。

很多领导者对下属的工作状态不满，每日为下属的状态发愁。与其天天为员工消极状态而愁眉不展，倒不如自己拿出激情，身先士卒一心一意地工作。只要自己尽全力专注地工作，带头遵守相应的规章制度，做好团队的榜样，那么领导者必能感动下属，将工作的热情传递给下属，使他们积极地工作。

解决问题，最简单的方法就是“带头往下跳”

领导者要充分发挥个人魅力的领导细节，激发团队的斗志，最简单的方法就是“带头往下跳”。自己不率先显现出一种气魄，又怎能去感染人？只有以身作则，显现出与常人不同的气质，用个人的魅力去感染人，达到一种“无声胜有声”的理解和交流，这比任何命令都来得有效！

单靠权力来带人、只会喊口号的领导者是最下等的领导，如果没有一点儿带头往前冲的魄力，很难得到员工真心的追随。最高明的领导则是身先士卒，通过自身散发出达到愿望与目标的热情。史瓦兹·柯夫将军说：“下令要部下上战场算不得英雄，身先士卒上战场才是英雄好汉。”

在战场上，最能鼓舞士气的莫过于将领身先士卒，带头冲锋陷阵。而在管理中，也是同样的道理。最有效的下达指令一定是“带头往下跳”的行为影响力，也就是真正的领导魅力。

在遇到问题时，要想尽快解决困难，最简单有效的方法就是，领导要“带头往下跳”。身先士卒比站着指挥更有效，“带头往下跳”是一种行为影响力，更是能说服和影响下属的执行力和行动力。

在管理工作中，领导与下属之间就是发出指令和执行的关系。好的领导者一定会对下属产生一种吸引力，下属会自觉地跟着你奋斗，这是领导者以身作则的力量，产生了影响员工行为的魅力，从而发出一种无声的命令。

管理是一种**让员工自愿跟从的能力**

有些领导者滥用权力压制员工、漠视员工，甚至越权指挥等，结果不但自己很累，更严重的是，员工流失率不断上升，甚至用心培养起来的员工也毫不犹豫地离开。结果致使员工得不到成长，自己得不到提升，团队拿不出业绩。

其实，管理不是独裁，从事管理工作应尊重人权，重视个体，友善地询问和关切地聆听员工的想法。《伊索寓言》中有一个小故事，意在讽刺一部分盛气凌人的领导者，依靠权力打压员工的工作热情。

一只山羊爬上一农户的高屋顶，这时有一只狼从下面经过，山羊以为自己居高位，野狼莫奈其何，便扬扬得意地开口骂道："你这个傻瓜，笨狼。"狼于是停了下来，说："你这胆小鬼！骂我的并非是你，而是你现在所站的位置。"

一个优秀的领导者应具备三种力——权力、实力与影响力，但此三力孰轻孰重？很多领导者会自然而然地将权力摆在最重要的位置上，以为管理就是管人，而管人就需要运用权力，至于实力和影响力，则并不是最重要的。事实上，权力在管理下属方面并不是万能的。

真正有智慧的领导者懂得运用自身的人格魅力来领导下属。他们极少生硬地动用权力去"镇压"或"指挥"下属，而是通过自身的言行态度，创造出一个和谐的氛围，让下属在这个氛围中感受到被尊重，因而更愿意为其卖命。

生活中的每一个人，心理上更倾向于跟从佩服其人格魅力或深受其感动的领导，并对其价值认可和重视，这时，如果领导者通过其自身的影响力，让员工从内心自愿产生忠心跟从的心理，更能激发他们潜在的才能和工作热情。

因此，作为一名领导，你必须懂得如何加强人的信心，切不可动不动就打击部属的积极性。应极力避免用"你不行、你不会、你不知道”这些字眼，而要经常对你的下属说“你行、你一定会、你一定要、你会和你知道”。

领导者在管理中要学会运用个人影响力，真心地尊重和关爱下属，以人为本，推行严格中不失人情味儿的管理方式，使下属随时感受到公司传递的温暖，从而去掉心理包袱，激发工作的最大积极性。

在中国这样一个历来重视情义的国度，若想让别人为你效命，只需对他付出关怀，让他感激你就是了。很多领导者为了管理下属，想尽了各种办法，却忘记了这个最简单实用的道理。

身教胜过千言万语

领导者在管理工作中要注重身教。俗话说：“喊破嗓子，不如做出个样子。”聪明的领导者会通过严于律己的行为，来为下属做楷模。这种身教效应胜过千言万语。IBM的创始人托马斯·约翰·沃森曾对公司的管理层说：“千言万语不如一个行动，管理最直接有效的方法就是带着员工去做。”

1895年10月的一天，托马斯来到美国现金出纳机公司办事，遇到了该公司的约翰·兰奇先生，他向约翰·兰奇先生表示：“我……我希望能当一名推销员。”约翰先生爽快地答应了。

两个星期过去了，托马斯走街串巷，一台出纳机也没卖出去。他再一次来到约翰的办公室，希望能得到这位前辈的指导时，约翰竟然破口大骂：“我早就看出你不是干推销的那块料。瞧你一副呆头呆脑的样子，还不赶快给我从办公室里滚出去！你呀，老老实实地回家种地去吧。”

托马斯听了这番话，真是无地自容。但他没有离开，只是默默地站在那里……过了一会儿，约翰放缓语气说：“记住，推销不是一件轻松容易的事。如果零售商都愿意要出纳机，他们就会主动购买，用不着让推销员去费劲了。推销是一门学问，而且学问很深。这样吧，改天我和你走一趟。如果我们俩一台出纳机都不能卖出去，你和我都回家吧！”

过了几天，约翰带着托马斯上路了。托马斯非常珍惜这个宝贵的机会，他认真地观察这个老推销员的一举一动。在一个顾客那里，约翰·兰奇静静地说：“买一台出纳机可以防止现金丢失，还能帮助老板有条理地保管记录，这不是很好吗？再有，这出纳机每收一笔款子，就会发出非常好听的铃声，让人心情非常愉快……”

托马斯睁大眼睛看着一笔生意就这样谈成了。后来，托马

斯理解了约翰·兰奇那天之所以对他粗暴，是因为那是对推销员的一种训练方式——他先是将人的脸面彻底撕碎，然后告诉你应该怎样去做，以此来激发人的热忱和决心，调动人的全部潜能和智慧。

托马斯从约翰·兰奇那里学到了容忍的精神和积极处世的原则。1913年，他被人诬陷而离开公司。那一年他已经39岁，但他决定东山再起。公司成立后经营并不顺利，最初的几年，公司是靠着大量借贷才熬了过来，但他还是靠着坚忍的意志坚持了下来，并成就了真正具有全球地位的IBM公司。

托马斯·约翰·沃森告诉我们：领导者一定要用自己的态度和行动来作为新进员工的榜样，不能仅凭嘴说，并且经常强调有顾客才有大家的观念。当做给新人看了之后，最好让员工自己对工作做主，演示一遍，让他自己进行改进，以获得一种成就感。其实在某些时刻，身教胜过千言万语。

管理有成效，**要做领跑的狮子**

在一场比赛中，一群狮子轻松地打败了一群羊。羊群很不服气，认为是领导的问题，于是它们各自交换了首领，变成由一只狮子带领一群羊和一只羊带领一群狮子进行比赛。羊带的狮群开始准备与狮子带的羊群战斗，当羊王来到狮群时，所有的狮子都不服气，自然羊王也没有办法发号施令。而狮王带领羊群的情况就完全不同，羊群很尊敬狮子，也都听从狮子的安排，训练进行得很好。新的比赛开始了，羊王带领的狮群被狮子带领的训练有素的羊群打败了。

一只狮子领着一群羊，胜过一只羊领着一群狮子，这个寓言故事说明了领导者的重要性。一个企业的成败虽然离不开团队力量，但更多还是取决于领导者本人。领导者是企业的一面精神旗帜，他们的一言一行都影响着企业的荣辱兴衰。

领导者若是一只“狮子”，即便他领导的是一群“羊”，他的团队速度也一定比别的“羊群”快很多。惠普创始人之一的戴夫·帕卡德在公司发展初期，就担当了一个“狮子”的角色，引导了公司的文化理念。

1949年，37岁的戴夫·帕卡德参加了一次美国商界领袖们的聚会。他在发言中说：“对于一家公司而言，比为股东挣钱更崇高的责任是对员工负责。企业的管理层，尤其是企业的老板，应该承认他们的尊严。”他认为，那些参与创造公司财富的人，也有权分享这些财富。年轻的帕卡德在如此高端的场合发表这种言论，很多人认为不合时宜，甚至一度引起商界前辈的嘲笑。

帕卡德后来回忆说：“我当时既诧异又震惊，因为在场的人没有一个赞同我。显然，他们认为我是异类，而且没资格管理一家重要的企业。”尤其在那个老板总是坐在私人办公室里发号施令的年代，有人认为帕卡德的观点不可理喻，很多老板都说他简直疯了。

当时的惠普是企业新秀，在美国商业界引起瞩目。而惠普的办公室文化更为引人注目，帕卡德在惠普充分体现了尊重员工的理念。他认为自己首先是一个惠普的人，其次才能是CEO。于是，他和工程师们一起，在开放式的工作间里办公；与下属为友，与大家拧成一股绳子。在他的榜样作用下，惠普的管理层不仅为人谦恭，而且创造了一种奉献式的企业文化。这种文化日后成为强有力的竞争武器，使惠普公司的利润连续40年攀升。

自律才能管理好他人

一个普通的人要想获得别人的尊重，就必须具有他人所没有的优秀品质。作为一个领导者更是如此，如果不具有独特的风格，就很难获得下属的尊敬，而在此特质中，最重要的就是领导者的自我约束。

在实际工作中，领导者往往不自觉地用各种规则、标准去约束员工，而很少会想到怎样管理自己。那么，试问领导者对自己的要求远甚于下属吗？偶尔领导者也会站在客观的立场上，为下属设身处地地想一番吗？要知道这种态度和涵养是身为领导者所必需的。其实，律己才能律人，制度化管理首先要求领导者自己遵守制度。

一天到晚为自己打算的人，绝不是一个优秀的领导者。要知道，在领导者做这些努力的过程中，他的一举一动都逃不过下属的眼睛，他的一切努力都不会白费。下属会从心里感觉到："这位领导者看来是足以信任的。""依此看来，他是值得尊敬的。"

但令人遗憾的是，多数领导者总是忽视或没有能力做到这个"自我约束"，遇事总是喜欢归咎于他人。

某公司准备开发新产品，需赶紧召开员工大会，一个无能的经理为自己大脑空空而坦然，却在抱怨别人："这些家伙都是窝囊废，竟然拿不出一个新构想！"如果这样的话，下属们会怎样看你呢？你在别人眼中的形象将会产生一个多大的落差呢？别人会把你给看低了。

其实新构想不能全靠下属去构思，身为经理应该先动动脑筋，先制定个框架，或先指明方向，然后再要求下属全力筹划，这样靠着双方共同的努力把目标顺利达成多好啊！如果只是把全部责任推给下属，即使事情成功了，你也会失去一个在下属心中赢得信任的绝好机会。

要知道，如果你的下属对你没有好感，你就别想让他们很好地服从你。公司里有能力的下属表面是在为你拼搏，可暗地里却可能在想方设法取代你的位置。

当然，领导者约束自己的原则与方法不是一朝可成的，必须有"三军可以夺帅，匹夫不可夺志"的决心和毅力，在不断尝试与努力中锻炼自己，促使自己一步一步地走向优秀领导者的境界。

PART 03

领导者的大局意识：格局有多大，事业就有多大

找准自己的“位置”

俗话说：“人贵自知。”作为一个领导者，必须找准自己的位置，进而真正了解自己的责任。

正副职、上下级，位置不同，具体责任也有区别，但是基本责任是一致的，一是出主意，二是用干部。在企业内部，所谓“出主意”，就是出谋划策，在吃透企业文化和上级指示精神的前提下，在吃透本部门工作的基础上，广泛发扬民主，虚心听取各方面意见，

集中下属的正确意见，就涉及企业全局的重大问题和关系下属切身利益的大事做出正确决策，提出实施决策的切实可行的方案和办法。决策时需避免某个领导个人拍脑袋和少数领导说了算的现象，避免以口号落实口号、以会议落实会议、以文件落实文件。所谓“用干部”，就是搞好企业内部管理人才的培养、选拔和任用工作，做到提拔任用管理人才时不求全责备，看实绩、主流和本质，玉有小瑕而不舍，木有微朽而不弃，支持实干的，处理捣乱的，教育混饭的，鼓励转变的。领导者要有容人的雅量。须知大凡人才或致力于学问，或潜心于事业，往往拙于玲珑处世，不肯投机钻营。他们有真知灼见，说话处世不那么“随和”，用起来似乎不那么顺手。

作为领导者，要从事业出发，从大处着眼，切不可以亲疏和个人好恶为标准。领导者在用人上要注意下属的优势互补和性格互补。对每个领导者而言，出主意和用干部两者缺一不可。只注意前者而忽视后者，再好的主意也是一纸空文；只强调后者而放松前者，下属就会方向不明，再能干的人也会有劲儿无处使。所以认清自己的位置、明确自己的责任，是每个领导者做好领导工作必备的思想基础。

把准大势，放眼长远

一个领导者的发展是否有潜力，关键要看领导者自己有没有眼光。所有行业的领导都有一个共性，就是用高远的眼光找到成功的捷径，然后带领部属向着胜利的方向顺利前进。

克劳塞维茨在《战争论》中有一句非常著名的话："要在茫茫的黑暗中看到微光，带领着队伍走向胜利。战争打到一塌糊涂的时候，将领的作用是什么？就是要在茫茫黑暗中，用自己发出的微光带领队伍前进。"这段话说的就是优秀的将领必须具有深邃的战略眼光。其实，不仅仅是军队，任何行业的领导都是如此，必须眼光长远，能看清成功的道路该怎么走，然后带领下属向着胜利的方向前进。

杨元庆还在联想集团担任微机事业部负责人的时候，就已经表现出了不同于常人的战略眼光。当时的市场情况非常不好，国产微机大都溃不成军，然而在巨大的压力下，杨元庆没有丝毫慌乱，而是以一个指挥家应有的从容镇定，在"茫茫的黑暗中寻找微光"。

杨元庆对整个家用电脑市场进行详细分析之后，看出电脑市场正在向家庭渗透，越来越多的人希望能够把电脑搬回家，但当时中国老百姓的收入水平不高，而一些高档电脑的价格却出奇的昂贵。于是，杨元庆立志要做物美价廉的电脑，他将联想电脑定位为经济型电脑，以适应中国百姓的购买能力。为了尽可能地降低电脑成本，以达到廉价的目的，杨元庆不惜改变元件的供应链。他对供应商说："如果你给我的货不能又好又快又便宜，我就找别人。"后来他果然把价格昂贵的供应元件退回去不少，然后杨元庆和技术人员想方设法降低成本，他让技术主将刘军一次又一次地缩减成本，刘军说所有的油水都挤得差不多了。杨元庆回答："不！还有！还有机箱！还有包装箱！还有包装箱里那些泡沫塑料！"最后出来的新机箱造价只有进口机箱的1/8。就这样，在这场不见硝烟的战争中，联想成为最后的赢家。

“时势造英雄”，时势给每个人的机会都是相同的，但为什么最后总是只有极少数的几个人才能成为英雄呢？那是因为并不是每一个人都有长远的眼光，只有英雄才能识别时势。在领着下属做事的同时，还能注意往前看。杨元庆就是凭着出色的战略眼光一举成为联想的功臣，这也为其后来掌管联想的帅印奠定了坚实的基础。

1366年5月，朱元璋受到陈友谅和张士诚对应天（今南京）的两面夹攻。双方血战之时，江北形势骤变。小明王韩林儿和刘福通派出的三支北伐军遭到元军反击而惨败，小明王退兵安丰后，张士诚却派大将吕珍围攻安丰，情况十分危急，小明王多次派人向朱元璋征兵解围。为此，朱元璋召开军事会议，讨论派兵解围问题，会上众将一致反对派兵救援，就连军师刘伯温也坚决不同意。但朱元璋却力排众议，毅然派兵去救小明王。

朱元璋为什么愿冒这样的风险？因为他认为安丰是应天的屏障，安丰失守，自己的应天就暴露在敌方的攻击之下，救安丰就是保应天；至于小明王，他在红巾军和劳苦群众中影响最大，最有号召力，是一面旗帜。朱元璋尊小明王为主，打他的旗号，一来是利用小明王的影响，争取人心；二来是将元朝打击的矛头引向小明王，以便实现他的更大图谋。

事实证明朱元璋的这一步棋走对了，他利用小明王的力量遮风挡雨，自己则在江南迅速发展势力。后来等到羽翼丰满的时候，朱元璋又面临着先打张士诚还是先打陈友谅的选择。

当时张士诚和陈友谅的势力都与朱元璋旗鼓相当，究竟先攻灭哪一方势力呢？朱元璋的许多下属看到张士诚的军事实力低于陈友谅，就建议先攻张后打陈，但朱元璋却做出了与他们相反的判断。他认为张士诚缺乏进取心，陈友谅却习惯进攻，如果先攻打张士诚，陈友谅必然会全力来攻打自己，使自己腹背受敌；而如果先攻打陈友谅，依照张士诚的性格，肯定会犹豫不决，不会参与他们的战争。于是，朱元璋果断决定先打陈友谅。后来的形势发展果然与朱元璋所料不差，部下们都对他的判断佩服不已。

后来，朱元璋又根据不断变化的天下大势，制定出了“先取山东，撤其屏蔽；旋师河南，断其羽翼；拔潼关而守之，据其户槛……然后进兵元都”的一系列正确的战略决策。长远眼光是正确决策的保证，正确决策是事业成功的保证，朱元璋一路顺水顺风，在短短16年时间里，从社会底层奋斗成为开国皇帝。

眼光决定成败，领导者的“看”永远比“做”要重要。领导者应该学朱元璋，在做决策之前别忘了先把准大势，先看到事物未来的发展方向，再指挥下属一起“低头拉车”，坚定不移地走下去，成功也就为时不远了。

化整为零地落实目标

任何远大的目标都要建立在实践的基础上，都必须靠一步一步的努力才能得以实现。再辉煌、再宏大的野心和理想，剥去美丽的外衣之后，留下的也只是一些小而具体的目标和不懈的努力。

从某个角度而言，这并不意味着我们每件事都会做得很好，也并不意味着一切事就此马上改观。因为最成功的人必然是那些懂得分寸的人，他们不会一口气承担下能力所不及的事，总能把一个大目标分割成数个可以达成的小目标，最终累积成所期望的成功。

我们都知道人类是在1969年首次登上月球的，但并不是所有人都知道整个计划——阿波罗登月计划有多么的复杂，其总体设计有多么的庞大。

这是当时美国有史以来最鼓舞人心的计划之一。有120所大学实验室、200多家公司从事研制，至少有42万人参与其中。这项计划所面临问题的复杂程度可想而知，遇到的困难不言自明。但是，该项计划通过化整为零，分解工作，然后把各部分再分配到有关单位，这样就使复杂的问题简单化，于是问题也就解决了。这听起来让人难以相信，可是，它却已经成功了。

领导者在工作中，会遇到很多既复杂又麻烦，有时甚至令人找不到头绪的问题，几个人，几十个人，甚至许多

人也无法解决。在面临此类问题时，领导者可以尝试运用化整为零的方法，将问题进行分解，然后就会发现，问题竟然迎刃而解了。

化整为零其实就是对整体加以分解，一般有两种办法。第一，对于一项重大的任务，将其分解成较小的局部任务。比如大指标分解成分指标，分指标再分解，直到最终落实到有关部门或个人头上为止。第二，对于在一定时间内需要完成的重要工作，将其分解为几个阶段，再落实到有关部门或个人分阶段加以完成。经过分解之后的任务，即使失败了，也容易找到失败的原因，容易更正。因为在这种分解任务下的失败通常不是全盘皆错，而是在某个或某些环节出了差错，只要有针对性地加以更正，就能将存在的问题加以解决，而不必将整件工作推倒重来。

领导者在运用“化整为零”的方法研究和解决企业面临的问题时，可以先把所面临的问题看作一个整体或是一个系统，弄清楚它的内涵是什么，它本身所处的大系统是什么样的，有什么性质和整体目标；弄清楚问题在大系统中具有什么样的地位和作用，它与大系统中其他各因素之间有什么样的关系等，然后才能对面临的问题做出正确的判断。

比如，领导者首先将全公司的目标和任务进行分解，具体落实到每一个部门。然后是部门再次进行分解，具体落实到每一小组直至员工个人。至此，整个企业的总目标、总任务都明确地划分了职责和职权，企业目标和任务的完成也就有了充分的保证。

譬如一家销售公司要销售一种产品，目标是今年要达到6000万元的利润。那么，如何来分解这个任务呢？不是把这6000万元平均分担到每个销售人员身上，这种方法不是团队的做法，也不适应现代商业运作的要求。

首先，领导者要知道这6000万元的利润是如何出来的，它由多少个区域市场的业务组成，大市场有多少，小市场有多少，中等市场有多少。

其次，领导者要了解这些市场都分布在哪些区域，都由哪些部门或者单位管理，获取这些业务的方式是竞标、团购，还是零散销售。

最后，要获得这些业务，领导者应该做多少前期市场调查工作，领导者又要做出多少个竞标方案或广告投入，等等。

只有把这些工作都做好了，才有可能获得业务，从而达成利润指标。

这就要求领导者把业务划分、市场调研、方案制作、广告投入等工作分解到不同的工作小组之中去，再由这些工作小组把每一件事情分配到相关人员手中。这样做的目的只有一个，就是确保每一个环节的专业度，确保业务目标的完成。术业有专攻，每个人都有自己的专长，领导者要充分利用每个人的优势，而不是要求一个人去完成一项系统工作的所有环节，让他去做他擅长的那部分就足够了。这就是“化整为零”的核心所在。这样一来，就能让一些在某些人看来是极大困难的事能在另一些人那里轻而易举地完成，这也是化整为零地落实目标的优势所在。

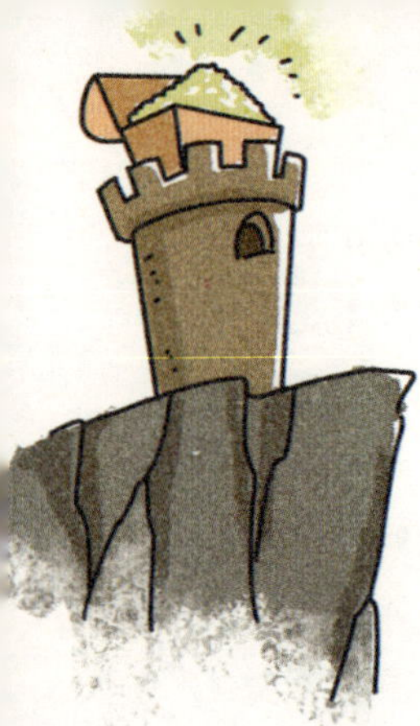

勇于挑战才能收获成功

身为领导，就意味着要远离安逸、舒适的生活状态，要让自己的大多数时间在忍受“不痛快”和挑战的威胁中度过。而事实也一再证明，正是这种能够咬牙坚持的勇气和义无反顾地向工作中的一个又一个挑战努力，才成就了一个又一个好领导。

美国克莱斯勒汽车公司的领导人艾柯卡，就是这样一个勇于向工作中的“最高峰”挑战的人。在艾柯卡刚接任克莱斯勒公司的领导职位的时候，公司效益非常惨淡，所有人对公司的未来都毫无希望。但是艾柯卡并没有放弃，而是勇敢地向这些困难发出了挑战。艾柯卡坚信自己可以让已经奄奄一息的克莱斯勒东山再起！他很快开始在企业内部实施一系列的改革措施：寻找支持者，挑选强有力的工作团队，革新技术，整顿财务……在他的不懈努力下，克莱斯勒获得了政府的高额贷款，看到了希望的曙光。

之后，艾柯卡又将眼光瞄准了耗油量少的迷你型轿车，并让公司以此为发展方向，于是掀起了20世纪80年代一场交通工具的革命。艾柯卡勇于挑战的精神不仅使克莱斯勒起死回生，成为世界一流的汽车公司，而且也为自己赢得了下属的尊敬和爱戴。“没有他就没有我们的房子和汽车。”“他是我们的恩人。”“我们爱戴他，他是我们见过的最棒的领导。”这些都是艾柯卡的下属给他的评价。

困难总是存在的，那些成功的领导者不是因为从未遇到过困难，而是他们鼓起自己的勇气，向困难挑战，他们用自己的勇气和努力战胜了困难。

要想成为优秀的领导者，就要创造出这样一种气氛和环境：让下属鼓足勇气针对困难做出自己的决定，并努力渡过难关。领导者不仅是一个勇于向困难挑战的人，更应该是把下属都培养成勇于挑战困难和那些看起来无比强大的人。领导者应该是那个给下属信心，推动下属发挥自己潜在勇气和力量的人。

中星微电子有限公司董事长邓中翰成功地开发出了“中国芯”而获得了万人瞩目的成就。面对如此成就，邓中翰的评价只有“很艰难也很幸福”这样一句简短的话。“今天的中星微绝对不能说已经到达了成功的彼岸。”邓中翰说，“所有中星微人都把中星微视为自己的孩子，这种感情就是珍视生命的诞生和成长。还有一点需要强调，中星微还没有资格说已经成功，面对科学和市场的日新月异，没有任何企业敢说已经成功，中星微仅仅是没有被科学落下太远，也仅仅是在市场中‘生存’下来，未来的路还很长，还有很多的‘最高峰’等待

我们去攀登。”

当领导者抛开因一时的失败而勇敢地面对困难时，自己的言行也教会了下属如何去应对。一位勇于挑战的领导，所领导的下属就会对他马首是瞻，充分发挥出自己的勇气和力量。所以，领导者千万不要深陷于眼前的困难而不自拔，在困难面前要做知难而上的“领头羊”。要知道，一个遭受困难就满胸积怨、自卑膨胀的领导者，是会被下属小瞧、被下属喝倒彩和讥笑甚至是轻蔑的。只有遇到问题敢于面对、敢于应对，并克服困难，勇于向难做的工作发起挑战的领导者，才会赢得大家的拥护。只有正视自我的领导，才能最终扭转局势。

时刻把危机意识放在心头

我国古代伟大的思想家孟子曾说：“生于忧患，死于安乐。”企业管理也是如此，领导者只有时刻保持危机意识，才能实现企业的长盛不衰。

有一个青蛙效应就是对危机意识最好的诠释。把一只青蛙放在一个盛满凉水的容器里，然后慢慢地给容器加热，控制在每小时升温1℃的状态。水温不断上升，当水温到了90℃时，青蛙几乎已经被煮熟了，但这之前它从没想到过主动从容器中跳出来。其实，这并不是因为青蛙本身的迟钝，事实上，如果将一只青蛙突然扔进热水中，青蛙会马上一跃而起，逃离危险。青蛙对眼前的危险看得一清二楚，但对还没有到来的危机却置之不理。

其实在团队领导管理中也是如此，如果一个企业、一个领导者失去了必要的刺激，处在一种安逸的工作氛围中而不自知，那么他就会失去工作活力。等危机真正到来时，就会像温水里的那只青蛙一样，只有眼睁睁等死了。

那些优秀的领导者都明白这个道理：只有时刻保持危机意识才能不断成长。海尔集团董事局主席张瑞敏在谈到海尔的发展和未来时说："市场竞争太残酷了，只有居安思危的人才能在竞争中获胜。"英特尔公司的缔造者格鲁夫在谈到其取得辉煌业绩时也说："只有那些恐惧感强烈、危机感强烈的人才能生存下去。"

在世界著名的大企业中，随着全球经济竞争的发展，它们面对的挑战会越来越激烈，要是沉醉于自己的优势地位，就可能会遭到淘汰。为改变这种状况，很多企业都非常重视推行"危机式"生产管理。

当华为2000年销售额达220亿元、利润以29亿元人民币位居全国电子百强首位的时候，华为总裁任正非却大谈危机："华为的危机以及萎缩、破产一定会到来。"他在内部讲话中颇有感触地说："10年来我天天思考的都是失败，对成功视而不见，也没有什么荣誉感、自豪感，而是危机感。或许是这样才存活了10年。我们大家要一起来想怎样才能活下去，也许才能存活得久一些。失败这一天一定会到来，大家要准备迎接，这是我从不动摇的看法，这是历史规律。"

任正非为什么总在兴盛中提醒危机？因为他看到华为的冬天一定会到来，到时候"也会像它热得让人不可理解一样冷得出奇。没有预见，没有预防，就会冻死。谁有棉衣，谁就能活下”。“创业难，守业更难，知难不难……唯有惶者才能生存！”华为的奋进与崛起，就归因于这种深重的危机意识与苦心经营！

无数的事例告诉我们，成功的企业都具有强烈的危机意识。他们通常是“怀抱炸弹”，进行着“末日管理”。然而正是这种深深的忧患意识和一系列的预警措施，使他们安然度过一个又一个“暗礁”，实现了持续的成功。

巴尔扎克有句耐人寻味的名言：一个商人不想到破产，如同一个将军永远不准备吃败仗，只能算“半个商人”，是不成功的商人。怎样才能成为“一个商人”，即成功的商人呢？

巴尔扎克给出的答案是：“要想到破产。”日头正午，是最辉煌的时候，也是西下的开始。这虽然说的是自然现象，不能与企业生存发展进行简单的类比，但是企业要时刻想到“日落西山”的时候，这就是生存法则。

把“商人要想到破产”放到现代商业领域来理解，就是领导者在经营过程中应时刻怀有一种高度的危机感，警惕企业末日（破产）的到来。如果从未有过这种警惕，一旦遭遇事关企业未来巨大危机的突然袭击，必然缺乏应对之策，在无准备之仗中毁掉自己和企业的未来。因此，企业经营者和所有员工面对市场和竞争，要时刻保持危机感，不要陶醉在一度的“卓越”里。记住，今天的成功并不意味着明天的成功，企业最好的时候往往是没落的开始。

PART 04 领导的影响力：不令而行，不怒而威

领导的威望要靠自身提高

领导者之所以能服人，就是因为他们声望高，有影响力、感召力、说服力，能做到振臂一呼，应者云集。

望文生义，威望其实就是“威”与“望”的合称。“威”指的是一个人在才华、能力、气质、业绩等方面所表现出来的霸气，代表人物有汉朝的汉武帝刘彻；“望”则指的是一个人由其自身品德、修养、资历、人缘等魅力所聚集起来的人气。

汉武帝睿智、果敢，他遇到诸侯称大、权力纷争、制度异化、匈奴侵扰等问题时总能以绝对权威解决。他征匈奴，伐朝鲜，讨西南，开西域，占河套，灭南越，收东瓯，交乌孙，诛大宛，拓宽了疆域，勾勒出了今天中国的基本轮廓。他“罢黜百家，独尊儒术”，对后世产生了极其深远的影响。汉武帝之所以能成为“功越百王”的历史英雄，就是依靠自身足够的威信，才保证了下属忠实、坚决地执行他的命令。

而汉光武帝刘秀则不同，他年轻时是一位老实、憨厚、

勤劳的庄稼汉，性情柔和，后来远赴长安，拜中大夫许子威为师。这期间，刘秀非常刻苦，学习了《尚书》等许多优秀的著作，让自己有了渊博的学识和过人的智慧，加上他温和谦虚、机智果断的性格，使他成了一位极富魅力和感召力的人物。在后来反对王莽、恢复汉室的斗争中，刘秀更是充分发挥了自己敏锐的政治眼光，释放奴婢、刑徒，减免赋税刑法等一系列利民举措，不仅成功瓦解了敌军，壮大了自己的势力，也进一步提高了他的人格魅力，让他深孚众望。公元25年，刘秀在部属的簇拥下足登金殿，成为东汉的开国皇帝。

作为领导者，必须具备一定的威望。威望是领导者实现领导意图、实施有效管理的无形资产和基本素质，是提高领导力

的不二法门。然而威望并不是上级能任命的，也不是花钱就能买到的，它必须靠日积月累的努力才能赢得。建立和提高领导威望，领导者需要在以下几个方面不断努力、不断提高：

1. 以德立威

以德为先，德包括道德、品行、作风等，优秀的思想品质和良好的道德情操是领导者受人敬仰的基本条件。领导者要想树立良好的威望，做到“德可以服众，威可以慑顽”，首先必须强化道德修养，陶冶情操，净化心灵，树立正确的价值观、地位观、金钱观，不为名所累，不为权所缚，不为利所驱，不为欲所惑，做到严于律己、宽以待人，吃苦在前、享受在后，这样才能达到“不言而信，不怒而威”的境界。

2. 以廉生威

“公生明，廉生威”，自古以来就是只有廉洁奉公、两袖清风的官才能受到人民群众的拥戴。“己身不正，何以正人？”领导者要常修为官之德，常思贪欲之害，常怀律己之心，常弃非分之想，常省己身之过；要耐得住寂寞，抗得住诱惑，正确行使手中的权力，做到堂堂正正、光明正大。

3. 以才增威

作为一个领导者，知识的多少、能力的强弱对其威望的高低也有直接的影响。一个不学无术、说话破绽百出、遇事束手无策的领导者，自身品德再好，也不过是一个老好人，而无法成为一个优秀的领导者。因此，领导者要不断学习业务技术，努力优化自身的知识结构和能力结构，增强自己的才干，才可增加威望。

4. 以绩树威

骄人的业绩是领导者树立良好威望的又一撒手锏。领导者所具有的渊博的业务知识、丰富的管理经验、高超的工作能力等，最终都必须通过业绩才能得以检验。如果领导者能带领下属干出实实在在的业绩来，肯定会赢得下属的拥护和信赖，提高自己威望的含金量。

5. 以勤补威

勤就是要身先士卒、率先垂范，就是要在工作上尽职尽责、兢兢业业。勤奋是成功之本，实干是成事之基。无数的事实说明，空谈误国，实干兴邦，坐而论道不行，纸上谈兵也不行。身教重于言传，只有苦干实干再加巧干，才能让下属争先恐后地追随。应注意的是，领导者不是大事小事都抓，而是要做到三勤：一是脑勤——多思考、多谋划；二是嘴勤——多了解、多请教；三是手勤——多做事、多干事。

6. 以诚取威

诚就是诚实与守信。诚实就是实话实说，不欺瞒，不假打；守信就是说到做到，不失言，不爽约。人无诚信不立，家无诚信不和，业无诚信不兴，国无诚信不宁。领导者要提高自己的公信力，就要做到为人厚道、做事诚信、表里如一，工作要胸怀坦荡，承诺要一诺千金。唯有如此，领导者才能在下属心中树立较高的威望。

7. 以公助威

领导者做事要公开、公平、公正、公道。领导者能公道处事，就能聚人、聚心、聚财、聚威；反之就会导致离心、消极、涣散、丧威。因此，领导者对待下属务必要一视同仁，不能厚此薄彼，不能分亲疏、拉帮派，要将一碗水端平，坚持公平公正，按制度、按程序办事。

8. 以和养威

领导者在管理中要平易近人，不能用官压人，不摆架子，要与下属在平等的基础上谈心、交流。如果领导者装腔作势，高高在上，下属就会敬而远之，领导者就没有办法与下属进行思想感情方面的沟通。即使是批评下属，也要对事不对人，把握分寸，不要伤害下属的自尊心。只有做到这些，才能使得整个团队齐心协力，上下和衷共济，领导者才能赢得下属的尊敬和爱戴。

9. 以情育威

无数的管理经验都证明了这样一件事：不讲原则就没有战斗力，不讲感情就没有凝聚力。领导者威望的建立过程其实就是一个情感沟通的过程，除了要做好以上几点之外，领导者还要有情有义，要体现出浓郁的人情味儿，对下属要多沟通、多交流、多关心、多支持，多换位思考，设身处地地为下属着想，及时解决下属在生活和工作中的实际困难，使他们由衷地对领导产生亲近之情，继而与领导成为工作上相互支持的同事，生活上亲密无间的挚友。

总之，一个人威望的提高靠任何外力都没有用，只有自己才能提高。因此，领导者要想有威望，就必须靠自己的努力，用自己的行动去树立。

命令下达后就决不妥协

领导者要做到成功地管好人、用好人，首先得保证政令畅通。如果下属能够依照命令完成所赋予的任务，就没有问题。但是在现实生活中，并不是一切都能如此顺利，相信不少领导者都遇到过诸如无法达到预期的营业额、经费超出预算、拿不到预约的原料、无法在约定期限内交货、无法回收成本等各种阻碍而无法达成工作目标的经历。

或许领导者不时会听到下属埋怨说："这很难办呢！""请再多宽限几天。""我已经尽力了。"

面对这样的状况，领导者该如何处理呢？

领导者处理的基本原则是，命令下达后就决不妥协。虽然达成目标并不容易，然而如果每次都延迟进度而重新修正，最后任务的内容就会变得含混不清。就像下面这个例子一样。

王总认为，为帅者管大事而不管小事。于是，每次下达一个命令之后，他就认为自己的工作做完了，把所有的工作一并交由总裁秘书小李去办。

但是公司的几位副总与李秘书又互不服气，在执行命令的具体过程中有些什么问题副总们也不愿意向李秘书请示，找王总，王总也只是敷衍几句就罢了，于是工作中的问题越积越多。

问题积多了，工作的进展自然就慢下来了，李秘书就想协调一下，但是当他指出一个部门的缺点时，负责该部门工作的副总又极力否认，并推脱责任。口舌官司打得不可开交，公司内部搞得人心惶惶，于是工期越拖越长，而且问题越来越多。

这时王总才察觉到不对劲，于是召集相关人员商讨对策，结果就拿出了一个修正案。

这个修正案刚开始执行，王总又以为万事大吉了，又忙其他的事去了，对这件事又不闻不问。

于是类似的问题又冒出来了，中层干部相互扯皮打架，工作进度又停顿下来，新的问题又冒出许多。

王总又不得不来过问这件事，又再开一个讨论会，重新商讨一个修正案……

王总的失策之处就在于他对于命令的执行情况监控不严。

下达命令其实只是成功的一半，更重要的事情是要严格地将相关命令付诸实施。

如果命令不能很好地执行，不能迅速地产生结果，那就没有下达命令的必要了。

领导者在下达命令之前，可以充分发扬民主，调动群体的智慧，积极提意见，但是命令下达之后，就要实行强制手段。

领导者在执行命令时最好做到以下几点：

（1）明确员工在执行命令过程中的权利和责任。每个人都要有明确的任务分工，组织协调要由专人负责，力争做到组织内部的所有人都各司其职。

（2）领导者要在执行过程中进行监控，具体的组织工作可以让助手做，但是主要问题一定要由自己把握。一旦实施过程中出现问题和偏差，领导者应立即出面予以解决和纠正。

（3）领导者在监督中要赏罚分明。对于工作积极、任务完成得好的员工要奖赏，对消极怠工、相互扯皮的员工要惩罚。领导者只有做到以上三条，才能保证决议顺利地执行，保证工作完满地完成，也才能维护领导的权威！

用强有力的语言增强影响力

在一些适当的场合使用某些词语可以强调所说的话，这些词语如果使用得自然、诚恳，可以增强领导力。下面是一些强有力的语言的例子：

（1）告诉下属你想让他们“释放出创造性潜能”，而不要只是简单地提出建议。

（2）解释说我们共同拥有一个“需要为之奋斗的明确前景”，而不要只简单地说出制定的几个奋斗目标。

（3）说自己参加了一次“有影响”的贸易展销会，而不是简单地说一次贸易展销会。

（4）只要开始进行某个项目，就要说“接近”完成某一项目，而不是具体说差得有多远。

（5）要求团队“一次就做对”，而不是简单地说避免错误。

（6）当领导的部门赢得了一次部门间的小争论或胜过了竞争对手，就说你们“战胜”了他们。

使用有影响力的语言是体现领导艺术的重要方法，但如果对语言修饰得太离谱或太频繁，也还是会显得靠不住。

此外，领导还可以频繁地使用类比和比喻。类比能使人们注意到两件事物各方面的相似之处以便做出比较。“我们公司

很像微软公司的早期”，这是很多小型高科技公司创始者想激励员工时所使用的一个类比。比喻也是一种比较，但它没有类比明显。它是两个互不相关的事物之间的比较，譬如把一个小型的高科技公司比作美洲幼狮等。

其实，领导者的比较是比喻还是类比并不重要，重要的是这种比较是否能吸引住人们，人们能否被与自己所面临的挑战相关的类比和比喻所鼓舞。

令出如山，不随便下命令

商场如战场，领导企业就像领导军队一样。治军讲究为将者一言九鼎，让士兵感到军令如山，没有讨价还价的余地。在企业中，领导者也一定要拿出将军的威严与魄力去向下属传达自己的命令，做到不随便下令，令出必如山。

领导者作为号令的发布者，一定要明白号令的法规作用，该命令时不能犹豫，而不该命令时也不能随便下令。作为一名领导者，最忌讳的就是滥发命令，随意下令将会大大损害领导者的威信，使下属感到反感。

当领导者下达命令之后，可能有的下属会故意不听号令，他们或许是性情乖戾的员工，或者是与领导者同期进企业的同事，也可能是比领导者年长的员工。这时，不管是什么人，领导者都必须毫不犹豫地坚持命令，否则有令不行就会变成极为平常的事。领导者必须始终秉持一项原则：令出如山，不可动摇。只有这样，领导者才能在下属当中建立起应有的威信。

命令常常被下属打折扣的领导者，除了本身缺乏应有的魄力之外，更为重要的原因是他们没有掌握发布命令的技巧和方法。

下面是几条给下属发布命令的技巧：

（1）下达的命令要重点突出，不必苛求面面俱到。如果领导者把命令讲得过于详细和冗长，只会制造误解和混乱。

（2）为了使领导者的指令叙述得简要中肯，要强调结果，但不要强调方法。为了达到这个目的，可以采用任务式的命令。

一种任务式的命令是告诉一个人要他做什么和什么时候做，而不是告诉他如何去做，“如何做”那是下属要考虑的问题。任务式的命令可以发挥员工的想象力、主观能动性和独创性。

（3）当领导者发布使人容易明白的简洁而清楚的命令时，下属就会知道领导者想做什么，他们也就会马上开始去做。他们没有必要一次一次地到领导者那里，只是为了弄清楚领导者说的话。在多数情况下，一个人没有为领导者做好工作的主要原因就是他没有真正弄明白领导者要做什么。如果领导者希望下属能够丝毫不走样地执行自己的命令，那么命令的简明扼要是绝对必要的。

（4）有效的监督和检查必不可少。有许多命令或指示下达后之所以受阻，就是因为领导者没有监督执行情况。一个没有检查监督的命令就不称其为命令，只是一种美好的想法。要保证工作顺利进行，领导者就必须亲自去检查工作。

检查一个人的工作，不能伤害一个人的感情，这是一种艺术。监督过度会毁坏一个人的主观能动性，监督不够则会对执行命令不利。要监督而又不引起被监督者不满的最好方法是：

随时到工作现场走走、看看。领导者的露面对于能使一个人保持紧张的工作状态起着有力的督促作用。

掌握了以上几条技巧，领导者下达命令时便会胸有成竹，除非下属故意冒犯，否则他们找不出任何理由不去贯彻执行命令。

不要做一个“看什么都不顺眼”的人

企业中难免会有让人看不顺眼的事，但如果在领导者的眼里看不顺眼的事太多，那就有点不大正常了。当领导者很随意地对周围的人和事品头论足、说三道四的时候，很可能在别人眼里，这个领导者才是最让人看不顺眼的。

有的领导者总喜欢盯着别人的缺点，对别人的不足很敏感、很有观察力，甚至会光凭想象大谈别人的缺点，而对别人的优点却总是视而不见。在他眼里，这个世界的一切人和事都应该和他自己想象的一模一样。

对什么都看不顺眼，而且喜欢表现出来的领导，也可能是为了故意显示自己有思想、有个性。只要有其他人在场，他就会故意找出一些“不顺眼”的事例来，大谈特谈，当然在场的人是越多越好，他会谈这个世道如何不公平、某些领导的行为是如何的愚蠢。似乎如果让他去做，这个世界马上就会变个样一般。

有的领导者可能更多的是出于嫉妒，出于不得志。人在不得志的时候会发些牢骚，在嫉妒的时候也会说些难听的话，但是如果动不动就嫉妒，动不动就觉得不得志，那就有些不正常了。如果看不顺眼的东西太多，那他不仅不能拥有好的人缘，而且一定也不会有好的心境。面对一个动不动就说别人风凉话的领导，谁还敢和他深交？这样的领导只会把自己拖入一个孤独的境地，也会被别人看作一个性格怪异的人、一个缺少人情味儿的人。

更主要的是，如果对什么都看不顺眼，那他的心境也就不可能平和顺畅。当他眼睛所及之处，接受的都是些让自己看不顺眼的东西，那么他的心情也就会跟着不顺了。

领导者要想不让下属对你唯恐避之不及，就不要做一个“看什么都不顺眼”的人。让自己放松一点，多欣赏下属的好，能让自己心情舒畅之余，还有利于加深员工对你的信任，何乐而不为呢？

以“忍”制“怒”

一个成熟的领导者应该具有很强的情绪控制能力。无论遇到任何事情，都必须能控制自己的情绪，不得有过激的言行。

这就要求一个领导者必须有开阔的胸襟，因为唯有如此，才能成就大事，从而达到自己的目标。

贞观二年（628年），河南有个叫李好德的人患有精神病，常乱讲一些妖言，唐太宗下令大理寺丞张蕴古去查访这件事。张蕴古查访后上奏说李好德确实有病，而且有检验结果，不应当抓起来。有人上书弹劾张蕴古，说他有意包庇李好德，考察的结果也不会是实事求是。唐太宗很生气，下令把张蕴古杀了。事情过去后，唐太宗暗暗地为自己草率而错误的决定而感到后悔。

由于自己一时的怒气，不详细核实，不做认真细致的调查，就草菅人命，唐太宗确实是过于轻率了。这是不能以“忍”制“怒”的后果，人一发怒，出于一时的激愤，做事就有可能过火，然而等认识到问题的严重性时，已经为时过晚了。

就在同一年里，唐太宗又因为卢祖尚文武双全、廉直公正，征召他进朝廷，告诉他：“交趾久久没有找到适当的人去管理，现在需你去镇抚。”

卢祖尚行礼谢恩后出来，不久就感到后悔，于是他托病推辞。唐太宗派杜如晦等人宣读诏书，卢祖尚坚决推辞，唐太宗非常生气，说：“我派人都派不出去，还怎么处理政务？”

于是一怒之下，下令在朝廷上把卢祖尚杀了。但是很快他又感到后悔。

魏徵对他说："齐文宣帝（高洋）要任肯州长史姚恺出任光州刺史，姚恺不肯去，文宣帝气愤地责备他，他回答说：

'我先任大州的官职，只有功绩并没有犯罪，现在却让我担任小州的官职，所以不愿意去。'文宣帝就饶了他的死罪。"

唐太宗说："卢祖尚虽然有失臣子的礼仪，我杀了他也太过分，由此看来，我还不如文宣帝呢。"马上下令复原卢祖尚荫庇子孙任官的权利。

唐太宗认识到了自己做事因不能以"忍"制"怒"，过于急躁，连杀了两位臣子，悔恨之意溢于言表。尽管他知错能改，但毕竟有些事情是无法补救的。正是由于怒能造成严重的危害，所以古今中外许多人都下功夫去研究制怒的方法。然而几经研究后发现，制怒的唯一良方就是忍。在一般情况下，人们应该学会以"忍"制"怒"，抑制愤怒情绪的发作，以利自身健康，以利团结他人，以利相安和谐，以利事业发展。

作为领导者，首先得学会忍。在该忍的事情上不懂得忍耐，最终误的是自己。

曾经有一位美国经理负责管理印度尼西亚的海洋石油钻井台。一天，他看到一个印尼雇员的工作表现非常糟糕，就怒气冲冲地对助手说："告诉那位混账东西，让他搭下一班船滚开！"这句粗话让这位印尼雇员的自尊心受到了极大的伤害，他被激怒了，于是二话不说，顺手拿起身边的一把斧子，就朝经理杀来。经理见状大惊，连滚带爬地从井架上逃到工棚里。

那位雇员紧追不舍，追到工棚，恶狠狠地砍倒了大门。这时，幸亏井台的人及时赶到加以劝阻，才避免了一场恶战和灾祸。

这位美国经理祸从口出，控制不住情绪，毫无顾忌地发泄一通，结果搞得场面十分难堪。

对一般人而言，忍耐是一种美德，对领导者来说，忍耐却是必须具备的品格。在一些特殊场合和一些特殊的人与事上，必须做到隐忍不发，含而不露，喜形不露于色，愠怒不露于外。

一个成熟的领导者应该有很强的情绪控制能力。一个高层领导的情绪好坏，甚至可以影响到整个公司的气氛。如果他经常由于一些事情而难以控制自己的情绪，就有可能会影响到整个公司的效率。无论遇到什么事情，哪怕是违背自己本意的事情，都得控制自己的情绪，不得有过激的言行。

曾经有一位不速之客突然闯入美国石油大王洛克菲勒的办公室，直奔他的写字台，并用拳头猛击台面，冲他大发雷霆：

“洛克菲勒，我恨你！我有绝对的理由恨你！”接着那人肆意谩骂他达10分钟之久。办公室所有的职员从最初的惊诧转为愤怒，大家都以为洛克菲勒一定会拿起桌上的墨水瓶向他掷去，或是吩咐保安员将他赶出去。然而出乎意料的是，洛克菲勒并没有这么做。他停下手中的活，用和善的眼神注视着这位攻击者，对方愈暴躁，他就愈显得和善！

那个无礼之徒最后被弄得莫名其妙，渐渐地平息下来。因为一个人发怒时，如果没有人反击，他是坚持不了多久的。于是，他只好讪讪地停下来。他是故意来此与洛克菲勒作对的，

并想好了洛克菲勒将要怎么回击他，他再用想好的话语去反驳。但是，洛克菲勒就是不开口，所以他不知道如何是好了。

末了，他又在洛克菲勒的桌子上敲了几下，仍然得不到回

应，只得索然无味地离去。洛克菲勒呢，从头到尾就像根本没有发生任何事一样，神态自若地重新拿起笔，继续他的工作。

当一个愤怒的人开始辱骂及嘲笑你时，不管是不是公正，你必须记住，如果你也回以相同的态度，那么你的心理承受程度将与那个人相同，因此可以说那个人实际上已经控制了你。

如果你拒绝生气，维持你对情绪的控制，保持冷静和沉着，那么，就等于维持了你所有的正常情绪。

具有高度的自制力是一种最难得的美德。作为领导者，应该学会以“忍”制“怒”，在任何时候都能控制好自己的情绪。

保持适当的神秘感

老子说：“知者不言，言者不知。”意思是说：懂得大道的智者不讲话，讲话的人不懂得大道，不算智者。马尔科姆·福布斯在其所著的《思想》一书中曾援引巴尔塔沙·葛拉西安的话说："人若天天表现自己，就拿不出使人感到惊讶的东西，必须经常把一些新鲜的东西保留起来。对那些每天只拿出一点招数的人，别人始终保持着期望，任何人都对他的能力摸不着底。"

对于企业领导者而言，同样也可以适当地运用这一规则，在工作中不时地有意地增加自己的神秘感，而伴随着神秘感的就是权威性。

神秘正是因为他不可捉摸，才使人肃然起敬，因此与其充分暴露，还不如让别人发挥想象力。如果只暴露一半，而隐藏另外一半，则往往别人想象的会多于全部。有个西方谚语说："被发现就是被主宰。"这句话很正确，如果领导者的缺点也暴露在下属面前，就很容易被心怀叵测的下属把握，进而很容易被影响和被主宰。如果领导者暴露太多，被下属充分了解到，他没有了敬畏之心，就会失去很多优势。

所以从总体上看，领导者设法在下属面前保持一种神秘感，让他们感到"天威难测"，使其养成敬畏的习惯心理，对于自己的管理是大有好处的。

在下属面前展示才华要掌握一个度

生活中常见这样两种领导：一种领导喜欢自恃领导的身份，喜欢在下属面前毫无顾忌地炫耀自己，展示自己的才华与能力；另一种领导从不在下属面前展示自己的能力，让人以为他是个软柿子，没有一点能力，又好欺负。其实这两种都是很不聪明的领导。

优秀的领导者会注意把握好一个度，在下属面前展示自己的才华时，即使自己有足够的资本在下属面前炫耀，也会把握好自我展示的程度和标准。这样，下属才会觉得他是一个有真才实学的人，而不是拿着鸡毛当令箭的人。

有时候，领导者刻意表现出自己“与群众打成一片”“关心别人”“是下属的好领导”，只会让下属觉得虚假而不愿与之接近。因为刻意地自我表现会让人感觉你很虚伪，即使是才华也会变得牵强。还有许多领导者在谈话中不论是以什么为主题，总要凸显自己的表现，这种毫无节制的表现，即使很有才华，也会招致厌恶。

威廉·温特尔说：“自我表现是人类天性中最主要的因素。”表现自己并没有错，但如果过分地自我表现，那就错了。一个善于展示才华的领导常常既“展示”了自己，又不着痕迹。著名的人际关系学家卡耐基也说：“我与下属交谈时会多用‘我们’而很少用‘我’，因为后者给人以距离感，而前者则使人觉得较亲切。要知道‘我们’往往使人产生一种‘参与感’，还会在不知不觉中把意见相异的人划为同一立场，并按照自己的意向影响他人。”

在现代社会，充分发挥自己的潜能，表现出自己的才能和优势，是适应挑战的必然选择。但是，表现自己要分场合、分方式。恰如其分地表现自己，不仅会得到下属的承认，更可以让自己的才华显示出更有魅力的价值。

你不只是管理者，更是领导者

许多人经常会把企业的管理者和领导者混为一谈，认为管理者就是领导者，领导者就是管理者。事实上，这种认识不仅概念模糊，而且较为肤浅。一个高效的管理者，并不一定是一个强有力的领导者。

领导是管理工作中的一个重要组成部分，但管理与领导却有所区别。领导力专家、为您服务公司董事长比尔·波拉德针对管理一词时，曾这样说过：管理强调理智和控制，是把一群人组织起来完成一个共同的目标。领导者通常会遇到的问题是——什么是我应该做的，应该如何去做。管理既是一种制度，也是一种方法，它涉及组织行为学等多种因素。如果我们需要一群人来完成一项任务，那么管理就是要解决问题，让从事这项事业的人在合适的岗位上发挥才能，并且确保日常工作顺利进行。

著名管理学家孔茨则把领导一词理解为：领导是一种影响力，是一种对人们施加影响的艺术和过程，从而使人们心甘情愿地为组织目标努力。

那么，管理者与领导者究竟有什么区别呢？从本质上讲，就是领导者影响别人的能力，尤其是当一个团队面临具有挑战性目标的时候。而管理技巧成功地为领导者构建了最好的背景，绝不应当被忽视。但是，管理技巧却无法取代领导技能。管理者或许会为组织的成功做出一个完美的战略性计划，但如果没有领导力，这个计划最终仍然会失败。如果不能成为一个好的领导者，那么你也可以是一个优秀的管理者；但是除了在极少数特殊的情况之外，如果你不是一个好的管理者，那么你也就无法成为一个优秀的领导者。领导者应该投入更多的时间发展领导技能，以增加向上发展的机会。而如果你碰巧是管理技能不足的成功领导者，那么你完全可以通过专业的管理训练来增强这些选项，让自己具有更高的管理技能。

相对而言，领导者比管理者更具有激励他人的能力和意识。领导者们拥有积极的态度，他们不会一味地等待变革发生，而是会及时做出决策，产生更高的生产力。

管理者则不同，除非他同时也是一个领导者，否则即便他做出了一个非常完美的决策，最终也很可能失败。因而，领导者需要更重要、更广阔的视野，变革、冒险、幻想、创新和挑战在你的日常工作中根深蒂固。作为一个管理者，你也许会满足于在组织的基本构架中工作，遵循高阶层人员的领导；而作为一个领导者，则会越来越多地关心企业发展的趋势，你有能力并愿意成为被追随的那群人中的一员。在追求卓越的意识下，一个以领导者为发展目标的管理者，会使自己的领导能力越来越强。

那么，如何才能做好领导者呢？

1. 要有全局观念

正如美国管理学家韦里克所说：“好的领导者是站在企业角度想问题，立足自己岗位做事。”目前有很大一部分领导者虽然拥有更多的经营资源和权力，但仍然习惯于保持服从、执行高层领导者的决策方案，上级让干什么就干什么，没有自动自发地发挥其权力赋予的决策作用，而且在管理实践中也表现为管理成效不佳。这就要求领导者不要只知道摆问题，只问为什么，而要能看出问题，提出解决问题的方案，不仅要知道是什么、为什么，而且要知道该怎么办。因此，对于一些领导者而言，必须保持清醒的头脑，要有全局观念，要能高瞻远瞩、运筹帷幄，既能提出可行的建议，又能帮助员工认清所处的环境和形势，指明活动的目标和达到目标的途径，管理好全局。

2. 抓紧提升领导能力

领导者提升领导力的关键在于建立自身的非职权影响力，塑造自己的人格魅力。由于生产过程专业化、自动化程度的提高，员工很容易对单调、简易的工作产生厌烦情绪，所以单靠等级原则、命令统一原则、奖罚原则等已难以维持员工的生产积极性。而一旦职权性的权力用多了，就会引起员工的不满。

这时就要求领导者提升自己的领导能力，用自己的人格魅力吸引员工、获取员工信任，使员工心甘情愿地、热心地为实现企业或部门的目标而努力。

总之，领导者不能只把自己当作一个管理人员，更应该把自己训练成一个能够用自身的魅力引导员工的领导者。

PART 05

领导的责任意识：敢于担责让你的下属心生崇拜

责任，成就好领导的基石

一个民族需要有责任感，否则这个民族就是可悲的；一个企业需要有责任意识，否则这个企业就是可怜的；一个领导者也需要有责任心，否则这个领导者就是可耻的，是没有办法干好任何事情的，因为责任是成就一个好领导的基石。

在社会上生活，我们每个人都在扮演着不同的角色，而每一个角色又含有不同的人生意义，肩负着不同的责任。领导也好，下属也罢，只有能充分承担责任的人才能演绎好自己的人生角色。对一个人而言，责任是可以让人在成功的兴奋中冷静下来的镇静剂，也是可以让人在困难面前不屈服的兴奋剂；责任让人懂得面对绝望时不放弃，面对机遇时也不自满；责任是人一生中最重要的朋友，是每一个希望获得成功的人的人生基点。对一个好的领导者而言，责任就是他成就和完善自己的翅膀。

修正药业股份公司董事长修涞贵就是一个敢于承担责任的

好领导。这一点从他做药业的口号“做良心药，做放心药”中就能看出一二来。

1954年出生，毕业于吉林大学法律系的修涞贵，于1995年承包了一个固定资产25万元、负债却高达400万元的制药厂。经过近十年的努力，“修正药业”成为吉林省最大的制药企业及中国著名的中药生产商之一，总资产达到了16亿多元，并形成了非处方药、保健品、医疗服务和国际贸易的经营平台，2000年2月在吉林省同行业中率先通过GMP认证。企业已发展成为集科研、生产、营销于一身的大型现代化股份制制药企业，是吉林省制药行业的龙头。修涞贵在“2007年胡润百富榜”中以55亿元的资产成为吉林省首富，“2009年胡润百富榜”上排名第98位。

修涞贵的领导格言是：“药要有良心，人更要有良心；做药要负起对患者的责任，管企业要负起领导者的责任。我取得的成绩越大，我的责任就越多，这是社会发展的必然要求。所以在修正，不需要没有责任感的人！”

领导这个职位本身就意味着责任，地位越高，权力越大，责任也就越重。如果把领导的工作比喻成一座建筑，那么责任对于领导者而言就是这座建筑物的基石，没有了它，领导者成功的高楼大厦就不可能建成。卡耐基说过：“这个世界上有两种人绝对不会成功：一种是除非别人要求他，否则他绝对不会主动做事的人；另一种就是思想里没有责任观念的人。”

海信集团的周厚健也是这样的一个领导。他曾不止一次地说过：“对于企业管理人员而言，责任心比事业心更重要……

当干部就没有休息日，想有休息日就别当干部。”为了那份当领导的责任，周厚健放弃了所有的节假日，每天累得一挨枕头就睡着了。

现代社会，谁没有责任感，谁就没有将来的发展，因为责任才是发展的基础，是做人的必备条件，是领导者顺利领导下属工作的基石。没有了它，下属就没有安全感，所有的理想都只能是空中楼阁——可望而不可即。由此可见，一个领导者要在工作中得到更高的提升，那么他首先就应该是一个有责任感的人。

对领导者而言，无论何时何事，责任都是保证追求更高发展、走得更久更远的基点。只有自己先具有强烈的责任感，才

能一级抓一级，在下属的面前树立好的榜样，才能将整个团队的责任感层层落实到位，也才能让每个下属都具有责任心。

领导的责任感是下属的定心丸

一个企业如果有很好的战略和前景，那就意味着这个企业是一个有希望的企业；但是如果缺少一个负责任的领导带领大家去贯彻，没有强烈的责任心带着大家去严格实施，那么这个企业战略再好、前景再好，也只不过是一堆泡影而已。只有具有责任心的领导，才能得到下属的信任和重视，才能让下属可以安心依靠。

一个久经商场的领导说："只有善尽责任才能为自己带来良好的印象，因为作为企业来说是有社会责任的。如果领导者的形象不好、影响恶劣，那么下属在社会上就会觉得很没有面子，即使你给他们的薪资再高、待遇再好，那些有责任感的下属依然会觉得自己的脸上'无光'，他们也不会长久地干下去，因为在他们的心目中，一个没有责任感的领导是不会对自己负责任的，如果有什么事情出现，自己会是第一个遭到领导抛弃的人，这样怎么会有安全感呢？这样直接的后果就是领导者想留人也留不住，下属迟早会心生恐惧而走掉。所以说，领导者唯有善尽责任，才能塑造良好的形象。"

那么领导者如何才能塑造出良好的领导形象呢？必须担负起自己的责任。许多领导者在这方面做得就很好，他们尽自己的能力为公共事业做出了贡献，不仅赢得了社会的认可，更赢得了下属的尊敬。因为在下属看来，领导者和自己是“一家”，如果领导者对“外人”都能够承担责任，那么对“家里人”就更不用说了，这种发自内心的安全感就会促使下属做好自己的工作，因为在他们的心目中，跟着这样一个有责任心的领导工作，一定也能让自己在安稳的环境中实现自己的价值。

英国首相威尔逊就是如此。一次，威尔逊面对上千人进行演讲，正当他讲到兴头上时，突然飞过来一个鸡蛋，正中他的右脸。这种事情对于一位首相来说，简直是奇耻大辱。可后来的发展却出乎人们的意料。当下属告诉威尔逊是一个小孩儿扔的鸡蛋时，他马上命令他们把孩子放了，并对现场观众说：“在别人的错误中发现自己的责任，这就是我的人生哲学。这个小朋友用鸡蛋打我的确是不礼貌的行为，但是身为大英帝国的首相，我有责任发现那些在某些方面有特长的人才，并为国家做好人才储备。这个小朋友虽然行为不对，但是他能从那么远的地方把鸡蛋扔过来，而且正中目标，看来他是一个未来的体育明星。我要把他的名字记下来，以便培养他成为国家优秀的运动员，为国效力。”说完这番话，人群中爆发出了经久不息的掌声，威尔逊也因此获得了民众的有力支持。

一个人承担的责任越多、越大，那他的作用和地位也就越大、越重要。因为只有一个富有责任心的人才会给大家带来利益和安全感，才会让人感觉可以依靠和信任。一个好的领导，一定是那个最大限度地承担自己责任的人，在他的口中永远没有“其实我没什么责任”或者“根本就不是我的责任”这样的话，因为他们明白，自己的责任心才是下属信任自己、安心工作的前提。也正是因为他们强烈的责任感，所以才从容不惧，才会给工作带来保证，给自己带来无尽的财富。

责任体现在细节中

随着社会的不断发展和市场竞争的日趋激烈，这就要求企业具备越来越强的竞争力。要想在竞争中获胜，一个好的领导者必不可少。而一个好的领导者必备的条件就是要有责任感，责任不仅体现在大事上，更体现在每一个细节中。

现实中也有很多领导者对于细节很不以为然，认为领导者就应该从大处着眼，把大事放在第一位，而对那些不起眼的小事无须在意。其实，这是一种错误的想法。因为在日常工作中，很多事情都是小事、细节，而一个人的责任心也正是从这些小事、细节中体现出来的。

一个年轻人刚来到一家大公司上班，就发现一个问题，中午的时候，办公室的人都从别的部门把饭盒拿回来再去热饭，于是他就问同事："我们部门不是也有冰箱吗？为什么……"同事告诉他："半个月前冰箱就坏了，大家也是没办法，又没有人修。"于是，这个年轻人就利用中午的时间把冰箱里已经发臭的食物清理掉，然后寻找冰箱不能运转的原因。原来冰箱并没有坏，只是电源插座松了，于是他把电源插好，冰箱又开始运转了。后来，这个年轻人由于工作中的突出表现被提升为经理。这个公司就是中国数码产业的龙头企业——创维集团，这个年轻人就是创维集团营销部年仅

30岁的副总经理张志华。

做事不能只做表面文章，要踏踏实实，因为通过一件小事就可以看出一个人的责任心，一个细节就能体现出一个人潜在的领导素质。工作时不要忽略了任何一个细枝末节，以为不重要，要知道“涓涓细流可以汇成江海”，“小”的积累才有“大”的成就。如果在小事上都不能负责，那么有了大事又怎会承担责任呢？而且，小事处理不好，最终会坏了大事。

有一个名声卓著的长者，他学识渊博，受到世人的尊敬。于是就有很多人来到他的住处，希望能够拜他为师，学习知识。有一天，来了两个年轻人拜师。于是长者就让两个年轻人留了下来。

第一天，长者让其中一个年轻人去扫地。过了一段时间，这个年轻人满头大汗地回来了，他说：“我不仅把屋子里的地扫干净了，还把院子也扫过了。”长者低头看了一眼桌子下面，然后说：“辛苦你了，你去休息吧。”

第二天，长者又让另一个年轻人扫地。一段时间以后，另一个年轻人回来向他报告说：“我把屋子、院子和门前的小路都仔细地扫过了。”长者又看了桌子下面一眼说：“辛苦你了，你去休息吧。”

第三天，长者把两个年轻人叫到面前，说：“经过我的测试，你们两个都不能达到我的收徒标准，你们还是回去吧。”两个年轻人都十分惊讶，说：“您还没有考我们呢，怎么就知道我们不合适呢？”“其实，我已经考过你们了。就在你们扫地的时候。”长者说，“你们看看桌子底下是什么？”原来，桌子底下有一枚钱币，这是那个长者早就放好测试他们的。两个年轻人由于对工作的细节不够重视，所以都没有看到那枚钱币。长者说：“一个人的责任不仅表现在大的事情上，更体现在小的细节中，这才符合做我弟子的标准。”

也许领导者会认为工作中的细节都是不起眼的小事，但在激烈的竞争中，许多的完美就体现在一个个细节中。所以，领导者要对每一个细节都负起责任，把每一个细节都做好，把每一件小事都出色地完成，才能带领下属走向成功，同时也让下属心生崇拜。

敢于担责的领导手握永恒的财富

工作中敢于担责是一种具有巨大力量的精神，它可以改变工作的一切。敢于担责的精神，可以改变一切平庸的工作状态，让一个人从平凡变得优秀，可以帮助一个人赢得别人的信任和尊重；敢于担责的精神，可以使人获得好机会的眷顾，从而使自己的工作和事业走向更高的阶段。对于领导者而言，敢于担责就拥有了永恒的财富。

刘延是一家大公司的主管。一天午餐时间，公司的一位董事走进来，想找一些文件。尽管这并不是刘延分内的工作，但是他依然说：“我对这些文件并不了解，不过我会尽快帮您找到它们，然后把文件放在您的办公室里。”结果，刘延利用午饭时间才找到那份文件，这位董事为此很感谢他。

两个月后，公司有一个高一些的职位空缺。在公司的管理会议上，总裁征求这位董事的意见，这时，董事推荐了勇于负责的刘延。

工作总会对每个真心付出的人给予合理的回报，荣誉也好，财富也罢，前提就是你首先要是一个敢于担责的人。一个人具备了敢于担责的精神之后，就会产生改变一切的力量。领导者要有敢于担责的勇气，对自己的行为负责。

有人说，对工作敢于担责，工作就会变成一种乐趣。还有人说，证明自己杰出的最好证据就是敢于担责。而事实上，许多人对责任都有一种畏惧的心理。他们希望工作环境宽松，出了问题也有大家一起来帮他承担，这样的人充其量也就是工作机器而已。

领导者敢于担责，是其一生中最大、最永恒的财富。因为对于下属而言，没有哪个下属希望自己的领导在面对问题时胆小怕事、没有担当，他们需要的是一个敢于担责的领导。因为领导者敢于担责，能出色地完成工作，会为企业创造更多的发展机会，在创造物质利益的同时，更达到了精神上的自我实现，这是人的最高要求，而这种要求一旦得到满足，就会获得最大的快乐，是人生永恒的财富。

“坏”的责任更需要你来担当

作为一个领导者，责任心就是使命。既然你选择了工作，你就应该为自己的选择负责，无论是好的结果还是坏的结局，你都要接受而且必须接受一切。不愿意承担责任，就不配做一个领导者。“不可推诿责任”应该铭刻在每位领导者的脑中。

然而有的领导者在工作一切顺利时，笑口常开，而在发生波折时，却立刻板起面孔责怪别人；工作方案推行成功时，他独居其功，失败时却推得一干二净。这与有影响力领导者的作风迥然不同。

每一位领导者在享受鲜花和掌声的幸福时，也必定要承担起自己的那一份责任——领导者的责任，一份也许是“好”、也许是“坏”的责任。因为工作不仅会为人带来成功和荣誉，同时它也带来了无尽的辛苦、巨大的压力和前进的挫折，所有这些都是工作的一部分。所谓“在其位，谋其政”说的就是这个道理，只要领导者身在其位，就要对工作负起该负的责任，无论好的还是坏的结果：有了成绩要接受，出了问题更要勇于承担。

格罗夫曾任英特尔公司的首席执行官，作为世界顶级企业的领导者，他对于领导者的责任观有着自己的见解。他曾经说：“我们所有处于管理岗位上的人，无论男女老少，都担心一旦犯错误，就会毁掉自己千辛万苦赢得的尊敬。但事实上，承认错误是力量、成熟和正直的标志。”他正是一直遵守着这样的理念，为英特尔公司赢得了大量的发展机会，为下属树立了榜样，也成为英特尔后继领导者们的楷模。他的这一理念在英特尔一直延续到现在。

英特尔首席执行官贝瑞特说：“我们崇拜格罗夫，并以担当责任为荣，这是英特尔的文化。”

身为领导者，不应害怕承担那些“坏”的责任。敢于为不良后果负责，这才是获得下属认可的有效途径。因为，“坏”的责任最能体现领导者对于工作和下属的态度。

可惜的是，实际工作中总是有些领导者害怕承担这样的“坏”责任，害怕自己的前途受到影响，对于“坏”责任总是避而远之，最后导致失去了下属的支持，无法达到成功。

因此，领导者一旦发觉自己走上了这样的歧途，应立即改正，重新开始，做一个敢于承认错误、敢于承担责任的人，这也恰恰是一个人领导能力提升的标志，也是他走向“好领导”的标志。承担“坏”责任的勇气和行为不仅反映出一个领导者的工作态度和强烈的责任感，更意味着领导者的精神境界已然达到了一定的高度，也是他能否赢得下属尊敬、能否带领下属取得工作成功的必备条件。

20世纪90年代，三星集团就曾遇到这样的困扰。当时的韩国，国内汽车产业产能已经过剩，但三星集团的决策者仍然在汽车业务上投资了数亿美元，这一错误的决定直接导致三星汽车公司债台高筑，最后不得不低价出售给雷诺汽车公司。这一事件给集团造成了严重后果，当时的李健熙也被大家公认为是一个失败的领导者。然而这时，李健熙勇敢地承担起这个“坏”责任，并且捐献出了20亿韩元的个人财产作为承担此次失败的惩罚。这个消息发布之后，所有的投资者都惊呆了，而那些正等着裁员公告降临的下属们更是热泪盈眶，李健熙也一下子成为“勇于承担责任的首席执行官”，赢得了下属们的敬重。

无论任何时候，任何情况下，发生了任何事情，领导者都要像李健熙一样，敢于挺身而出，承担责任，承担起那些有可能会使自己的事业走向低谷的“坏”责任。如果做到了这一点，那么领导者就会因为这份承担而让自己赢得尊重。

自己的责任不能推给下属

作为领导者，有些人极少向下属承认自己的错误，甚至有的错误连公司高层都清楚了，还不肯承认。如某人犯了错，使公司蒙受了损失，高层追究起来，就将责任推到下层不受重视的员工身上，在未经调查的情况下将其开除；员工无辜受罚是小事，但因此而成为日后找工作的污点却是无法挽回的损失。

出现如此情形，真正犯错及不问情由的高层难辞其咎。

当事情错到无可挽救的地步时，还想方设法推卸自己的责任，是领导最要不得的行为。这样做，只能使下属进一步看清你的嘴脸，彻底丧失你在下属中的威信。

其实推己及人，领导者身在领导之位，就应该有承担责任的勇气，不仅让下属有安全感，而且也通过自己的勇于负责，使下属进行反思，进而发现自己的问题，并勇敢地承担起他所应承担的那部分责任，这样才能让问题解决起来更加迅速与清楚。因此，当问题出现的时候，无论问题有多严重，领导者都应该有勇气站起来对大家说：这件事情是我的责任。

“金无足赤，人无完人。”每个人一生中或多或少都有这样或者那样的缺点或错误，关键是要诚实正直地面对这些缺点与错误。作为一名领导，面对错误坦率承认，不仅不会丢面子，反而能赢得下属的信任与爱戴。也只有这样敢于承担责任的领导者，才真正可以称得上是下属的保护伞。

在第二次世界大战中，任美国总参谋长的乔治·马歇尔将军是承担责任的领袖楷模。当战斗失败后，马歇尔将军总是先反省自身的错误，勇敢地承担责任，不把错误推给下属，也因此而得到下属的爱戴。

领导者千万不要利用自己的功绩或手中的权力来掩饰错误，从而忘却自己应承担的责任。人们习惯于为自己的过失找种种借口，以为这样就可以逃脱惩罚。当兄弟或伙伴们被叫到一起承认错误时，“是他叫我干的”就成为亘古不变的托词。领导者正确的做法应该是，承认它们，解释它们，并为它们道

歉。最重要的是利用它们，让人们看到你如何承担责任和如何从错误中吸取教训。这些并不会影响你的形象，反而会让人们更加敬重你，愿意为你赴汤蹈火。

与下属一起尽职尽责地工作

责任既是一种权利，更是一种义务。对于一个领导者而言，责任既是一种品格，更是一种境界。领导者对于责任的认识和学习，既是满足工作的客观要求，更是满足自己内在素质的主观追求。一个尽职尽责的领导，一定是一个全心全意工作的人，一定是一个让下属心生崇拜的人。

如果一个领导者足够称职，那么他就会主动去培养下属的责任感，通过不断提高下属的能力和素质，对下属进行有效的领导，进而完成工作任务，履行各自的职责，承担各自的责任。

因为培养下属在日常工作中发现并解决问题的能力，提高下属的综合素质本身就应该是领导者的工作内容之一，因为领导者只有把这一点做好，才能让下属在工作中少犯错误。而领导也只有真正地认识到了这一点，在工作中要求下属不断增强责任心，才算得上是尽到了自己的责任，完成了自己的职责。

1999年，正在美国硅谷领导研发用于卫星、监控、外太空探测高端平行数位成像技术的邓中翰应邀回国，挑起了“星光中国芯工程”总指挥的重担。他说：“在硅谷的时候也研发芯片，但是感觉却是完全不同的，因为在美国，做出来任何结果都是别人的，但是回到祖国之后，我们所做的任何一个‘中国芯’的自主知识产权都是属于我们国家的。每当想起把自己的青春和自己的知识与国家的发展相结合，每当想到作为一名中国人的责任，所有人都感觉到浑身有使不完的力量。”

邓中翰和他的同事们克服困难，经过将近6年的艰苦攻关，终于成功研制开发出了具有中国自主知识产权和国际领先水平的“星光中国芯”五代数字多媒体芯片。这项成果实现了七大核心技术突破，并申请了该领域的400多个国内外专利，先后被三星、飞利浦、惠普等一批国际知名企业大量采用，占据了计算机图像输入芯片国际市场60%的份额，覆盖了欧美和亚太地区。这是我国具有自主知识产权的集成电路芯片首次在一个重要的领域达到全球市场领先地位。

谈到这一伟大的成果，邓中翰说：“我要感谢和我一起工作的每一个人，是他们给了我成功的机会。今天能有‘中国芯’的问世，完全是因为那些和我一起为工作尽职尽责的人。正是因为大家一起全心全意地努力，才会有今天我们耀眼的成就。”

邓中翰正是用自己强烈的责任感唤起了下属的共鸣，与下属一起尽职尽责地工作，所得的成果最终才被大批国际知名企业所采用，获得了世界的承认。“能尽多大的责任就能干多大的事业”，无论在哪个行业，领导者都要牢记自己的责任，认识到自己工作的重要性并全心全意地做好它，这就是领导者的责任。领导的努力不仅能唤起下属的工作热情，还会促进下属的负责精神，从而让领导和下属一起全心全意、尽职尽责地工作。

众所周知，责任意味着要承担更多的压力和风险。当一个领导者在心中形成了责任感时，他才能自觉地意识到自己所担负的责任，在这种自觉的责任意识产生之后，才会进一步产生积极的工作效果，才能带领下属尽职尽责，才能带出一个优秀的团队。

承担责任要冲锋在前

作为一名领导者，当问题出现时，如果不站出来勇敢地说"是我的责任"，而是一味推卸，这是任何一个企业都不允许的。只有在工作时勇往直前，当工作出现问题时，敢于出面承认自己的过失、承担责任的领导，才能获得企业的认同。

事实上，一个团队发展目标能否实现，很大程度上取决于领导者是否有责任意识，以及处理责任时方法与手段是否恰当。一个优秀的领导者，会主动出面承担因下属犯下的错误而带来的责任，给下属足够的时间和空间进行反省，进而站出来承担自己应该承担的责任，并把这种责任化作工作的动力，更加忠诚地追随在这样的领导周围。

一家公司在外地设立了一个办事处，只有两个人，一个主管，一个职员。办事处成立后，需要办理税务申报，但这家办事处的税务申报却由于各种原因一再拖延。在一年后的税务检查中，税务局发现了这个问题，就对其进行了严格的经济处罚。公司老总知道后，就向主管询问原因。主管说道："这一切都是我的责任，当时我想到了申报，可听说其他类似的办事处都没有申报，我想我们也没有必要这么做，所以就一直拖到了现在，这些事情都是我一个人的错。"

接着老总又询问了职员，得到的答案是："我把实际情况向主管汇报了，但是我觉得从为公司省钱的角度看，没有必要急着申报，因为很多单位都没有申报。于是我建议主管也不必着急，时间一长，就……这也有我的错。"最后，老板对主管说："虽然你们的行为不对，但你作为领导能够主动站出来承担不完全是你的责任，这样的领导正是公司所需要的。"

身为领导者，一旦出现问题，首先要做的就是把责任扛起来，绝对不能以各种借口来掩饰，更不能把责任推给下属。即使不是自己的错，但也至少存在监管不力的问题。不管什么原因，不管问题有多大、压力有多重，领导者都应该先把责任担下来，尽快地寻求解决问题的办法才是最重要的。等到问题解决了，问题所引起的后果已经通过及时更正降到了最低，责任变得相对"小"了，这时再追究责任。如此一来，惹出祸事的人也会被领导的担责而感动，主动承认自己的错误。这样既可以改善领导和下属之间的关系，又可以让大家都富有责任心，增强团队凝聚力，提高团队的整体竞争力。

而如果一个人坐在很高的职位上，但是却不能承担更多的责任，丧失掉最基本的职业道德，就会遭到他人的轻视和离弃。

有一家大型模具公司的车间主任，手下管着一百多位技工。有一次，他带着几名员工制造一个精细模具。制造完毕，恰逢总裁和他的几个朋友到车间巡视，其中有一位发现了这个模具上的一个瑕疵，因为总裁在场，车间主任害怕自己挨训，当时就把责任推给了他的下属。总裁一看他这种做法，勃然大怒，当着全车间的人把他训斥了一顿。

如果领导一遇到问题，就先逃开，一味地将责任推卸给下属，那么下属就会人人自危，生怕自己因为一些小失误而成为领导者的替罪羔羊。在这样的情况下，下属怎么会有心思去思考解决问题的办法呢？工作中出现了问题，最重要的是避免以后再发生同样的错误，只有领导主动了，下属才会尽快地平静下来，才会全力以赴地和领导一起寻求解决的办法。即使是天大的错误，领导也要先站出来扛起所有的责任，因为领导是下属的“擎天柱”，即使是天塌了也要顶住，这样下属才会觉得自己是受保护的。

PART 06 领导的执行力：落实要到位，关键看结果

没有执行力，就没有竞争力

执行力是推动工作、落实制度的前提。制度制定、决策下达之后，关键是要执行，再好的制度和决策，如果没有人去执行或执行不到位也是没有用的。因此，作为企业的领导者，你的工作必须着眼在有效的执行上。

美国总统麦金莱要求中尉安德鲁·罗文将信送给加西亚将军，安德鲁·罗文克服了种种难以想象的困难，最后终于圆满地完成了这项神圣使命。安德鲁·罗文因此而被世人所称颂。但是，如果安德鲁·罗文当时不能执行这项任务，那么这项任务的价值就等于零。

在企业同样如此，如果制定了制度而不去执行，做出了决策而不去实施，也同样是分文不值。要知道：没有执行力，就没有竞争力！

1. 立即执行，决不拖延

很多时候，员工执行不力的原因在于拖延。一个企业，当

领导者制定了制度或做出了决策时，影响这些制度或决策实施的，往往是员工长期以来在不知不觉中养成的拖延的恶习。

这里不妨举个简单的例子：一个企业的考核制度是规定每个月的最后一天提交工作报表，但是拖延的恶习让很多员工拖到下个月。这一恶习导致的结果是直接影响了领导对于每个人工作进展的判断，不能很快制订出新的工作计划，导致了企业的整体工作安排向后顺延，直接耽误了企业发展。

因此我们说，立即落实制度规定的每一项工作细节，决不拖延上级布置的每一个工作任务，是卓越员工必须具备的执行素质之一。

《财富》全球最有影响力商业人士排行榜中，埃克森美孚石油公司董事会主席兼总裁李·雷蒙德的名字常名列前茅。

有人说，李·雷蒙德是工业史上绝顶聪明的总裁之一，是继洛克菲勒之后最成功的石油公司总裁，因为没有人能够像他一样，令一家超级公司的股息连续21年不断攀升，并且成为世界上最赚钱的一台机器。

李·雷蒙德的人生信条就是：决不拖延！在他的影响下，这一信条已经成为他所在公司秉持的理念之一。埃克森美孚石油公司之所以能跃升为全球利润最高的公司，离不开埃克森公司和美孚公司的携手，更离不开一支决不拖延的员工队伍。李·雷蒙德的一位下属曾经这样解释这一理念：拖延时间常常是少数员工逃避现实、自欺欺人的表现。然而，无论我们是否在拖延时间，我们的工作都必须由我们自己去完成。通过暂时逃避现实，从暂时的遗忘中获得片刻的轻松，这并不是根本的解决之道。要知道，因为拖延或者其他因素而导致工作业绩下滑的员工，就是公司裁员的必然对象。必须记住的是，没有什么人会为我们承担拖延的损失，拖延的后果只有我们自己承担。如此一来，我们就可能在一个庞大的公司里，创造出每一个员工都不拖延哪怕半秒钟时间的奇迹。

须知，决不拖延，今天该做的事一定要在今天完成，这才是真正有效的执行！

如果你有遇事拖延的习惯，不妨做一个自我分析。具体有如下几个步骤：

第一步，记下一件你拖延的事情。既然你有拖延的习惯，那你拖延的事情肯定不止一件，你不妨先写下自己认为最重要的那件事情。

第二步，自己反问一下，假如继续拖延下去，不采取行动，会造成什么样的后果。

第三步，想一下，如果你现在采取行动，完成这件事情，会对你有什么好处。这和第二步正好相反，这些好处会给你采取行动增加动力。

第四步，马上行动！

千万不要认为这样做没有什么效果。事实上并不是所有人在拖延时都曾认真考虑过这样做的后果到底有多严重。从很多被降职或被辞退的人那里看到后悔的神情时就可以知道这一点：早知道会被降职或辞退，就不会拖延执行了。

因此，无论如何，最重要的一件事情是：你必须采取行动，不要把事情留到明天。

2. 百分之百地执行

没有执行力，就没有竞争力，因此执行力也是企业的生存力。一旦计划、制度已经出台，我们就要百分之百地执行到底。在执行制度完成工作时，除了追求速度之外，还要追求质量，速度和质量是衡量员工执行能力的两大标准。只有每个员工都能百分之百地执行既定计划和制度，都能高效高质地完成工作，企业才能更快速地前进，每个员工也会因此受益匪浅。

下面是一位房地产老总的一次亲身经历：

“一个与我们合作的外资公司的工程师，为了拍合作项目

的全景，本来在楼上就可以拍到，但他硬是徒步走了两千米爬到一座山上，连周围的景观都拍得很到位。

“当时我问他为什么要这么做，他只回答了一句：‘回去董事会成员会向我提问，我要把这整个项目的情况告诉他们才算完成任务，不然就是工作没做到位’。”

这位工程师的个人信条就是：我要做的事情，不会让任何人操心。任何事情，只有做到100%才是合格，99%都是不合格。

百分之百执行的另一个表达方式是：结果决定一切。即使你在工作中付出了很多努力，但是最终没有完成任务，还是等于没有执行。所以你必须明白，自己需要做的事情不是向别人说明自己有多辛苦，而是要认真反思，看是不是有什么更好的方法可以完成任务。用结果来评判执行力，是对一个人执行力的最佳评价方法。

在许多著名的企业中，百事可乐就是这样一个以“结果决定员工成就”的公司。百事可乐推崇一种深入持久的“执行力”文化，强调员工“主动执行”公司的任务，百分之百地去完成它。那些业绩优秀的员工总是能得到公司的嘉奖，而那些业绩不佳的员工则会被淘汰。这种以“结果论成败”的企业文化塑造了一支有着坚强战斗力的员工队伍。在激烈的市场竞争中，百事可乐终于渐渐从市场中脱颖而出，并且成为唯一可以和可口可乐抗衡的对手。

要做到百分之百执行，你就必须从以下三个方面着手：

（1）要严格要求自己。如果你只是希望在一个公司里混，能够保住饭碗，而不求上进，那么你很难做到百分之百执行。一个人成功与否在于他是不是做什么都力求做到最好。成功者无论从事什么工作，他都绝对不会轻率疏忽。因此，在工作中你应该以最高的标准要求自己，能做到最好，就必须做到最好。

（2）要牢记使命。很多人之所以不能做到百分之百执行，一个很重要的原因就在于他常常忘记了自己肩负的任务。

（3）要做到尽力而为。在很多时候，你之所以没有做到百分之百执行，原因不在于你的专业能力不够，而是你没有竭尽全力。

责任心为执行撑起一片天

一个有责任心的人做一件事情就一定要做好才放手，绝不会半途而废。因此，企业要想提高执行力，问题不在于管理经验的高低，而在于每个人的责任心。

某县有位干部因成绩突出而被领导选中要调往省城，而他却自愿留守县城，虽然干得有声有色，却也辛苦至极。别人问他：“值得吗？”他答道：“既然留下来，就有责任干好。”

这就是责任的力量。有些部门，因职位高下、利益不均，有人就推三阻四、拖沓怠工；可也有人照样无利而往、披星戴月地工作，单位兴旺发达了，他们仍旧默默无闻，只是一个幕后英雄而已——可是他们的出发点很简单，“做这份工作，就要为此负责”。由此可见，在企业发展阶段，企业员工的责任心更能影响企业的生存和发展。只有责任心有了，才会凡事严格要求，在执行中不打折扣，不玩虚招，做到令行禁止。

遗憾的是，现实生活中的情形并不完全如此乐观。有一家公司员工给一家有合作意向的公司的老板发送电子信函，连发几次都被退回，向那位老板的秘书查询时，秘书说邮箱满了。可是4天过去了，邮件还是发不过去，再去问，那位秘书还是说邮箱是满的！试想，不知这4天之内该有多少邮件遭到了被退回的厄运？而这众多被退回的邮件当中谁敢说没有重要的内容？如果那位秘书能考虑到这一点，恐怕就不会让邮箱一直满着。作为秘书，每日查看、清理邮箱，是最起码的职责，而这位秘书显然是责任心不够。

人们在企业各部门还常见到这样的员工：电话铃声持续地响起，他仍慢条斯理地处理自己的事，根本充耳不闻。一屋子人在聊天，投诉的电话铃声此起彼伏，可就是无人接听。若有人询问，他们的回答竟是："还没到上班时间。"其实，离上班时间仅差一两分钟，就看着表不接。有些客户服务部门的员工讲述自己部门的秘密："5点下班得赶紧跑，不然慢了，遇到顾客投诉就麻烦了——耽误回家。即使有电话也不要轻易接，接了就很可能成了烫手的山芋。"

不是上班时间就不做，看上去没什么大不了，但却恰恰反映了员工的责任心。而正是这些体现员工责任心的细小之事不去执行，才影响到企业的信誉、效益、发展，甚至生存。那么，员工为什么会缺乏责任心呢？

首先，是因为领导者根本就缺少经验，缺乏智慧，不知道该如何体现和增强员工的责任心。

其次，是企业的领导者思想懈怠或疏于管理监督，员工自然跟着懈怠。正所谓“领导懈怠一，员工能松懈十”。

最后，是人的天性使然。人天生就有一定的惰性，企业的规章制度原本执行得很好，但时间一长就自然产生懈怠，思想上一放松，责任心就减弱，行为上自然就松懈，再体现到日常工作中就是执行力下降。

总的来说，责任心体现在三个阶段：一是执行之前；二是执行的过程中；三是执行后出了问题时。那么如何才能提升人的责任心呢？首先，在执行之前就要想到后果；其次，要尽可能引导事物向好的方向发展，防止坏的结果出现；最后，出了问题敢于承担责任。勇于承担责任和积极承担责任不仅是一个人的勇气问题，而且也是执行力是否能到位的关键，因此，企业从上至下都应该增强责任心的训练，让责任心为执行撑起一片天！

下达命令需因人而异

先说一个经典的故事：

有艘轮船在近海触礁，很快便开始下沉。船上来自几个不同国家的商人却对如此危急的情况毫不知情，仍在高枕无忧地谈论着生意。船长命令大副说："快去告诉那些商人，立刻穿上救生衣逃命！"

过了好一会儿，大副跑回来报告说："他们都坚持不往下跳。"

于是船长只好亲自去解决这一问题，几分钟后他回来说："他们全都跳下去了。"

大副既佩服又吃惊，问船长用了什么办法。船长说："很简单。我对法国人说那是一种浪漫，于是他跳下去了；我对英国人说那就像是一种体育运动，于是他跳下去了；我对德国人说那是命令；对意大利人说那不是被基督教禁止的；对苏联人

说，那是革命行动。”

可见，“千人不同面，二人难同心”。每个人不但长相各不相同，就连心里所思所想也各不相同。一个人一个头脑，一个人一种性格，一个人一种经历、学识和技能。管理就是一项让人心甘情愿去做事的艺术，就是设身处地地了解别人的需要，考虑别人的利益，以及如何撩起他们心中真正的渴望。因此，领导者在下达命令时也要因人而异。

1. 做事缺乏信心、不够大胆的员工

对这样的员工，领导者应该予以特别关照。在详细地说明了工作任务之后，还要做一些鼓励他的动作，比如拍拍他的肩膀，让他的精神振作起来，然后对他说：“这个任务，依你的实力来看，算不了什么，努力去做吧！你一定会给我们一个惊喜的。”话说完，再一次拍拍他的背部。这种鼓励是非常有必要的，这会让员工觉得：只要我加倍努力，必有所得，哪怕失败了，还有一个大集体在支持着我呢！

2. 好胜而自负、进取心极强的员工

在面对这样的员工时，领导者在下达了命令之后，最好用一句最简洁的话触动一下他那根“好战”的神经。领导者可以说：“这个任务对你来说有困难吗？”在得到他带有轻蔑的回答之后，便可以收场了。对这类型的员工，领导者太多的叮咛只会引起他的烦躁，而且还会使他对任务的执行更加不屑一顾。

3.“唯利是图”的员工

谁都不愿意与这样的人打交道，但是在一个公司中，讲求实惠的员工大有人在，他们关心的可能并不是任务本身，而是那些任务背后的物质利益保障。对待这样的员工，领导者下达命令时可以适当地轻描淡写，但也一定要让他清楚地意识到出色地完成任务是论及其他东西的前提。在向他传达完了任务的主旨之后，就进入了他所关心的阶段。领导者故作神秘只能让他丧失对工作的兴趣，因此不妨向他挑明完成任务之后所能带来的丰厚的物质利益。最好在完成任务的过程中，再增设一定的物质刺激，并在委派之时向他说明出色完成意味着什么，这显然对他漂亮地完成任务是大有益处的。

4. 年长的员工

倘若部门中有这类的员工，那么领导者需格外注意。由于他们岁数偏大、精力有限、资历比较老，因此领导者在向他们下达命令时，就要特别尊重他们的感情与意见，体谅他们的难处。

谦虚的态度是与岁数较大的员工成功交往的关键。清楚、详细地说明任务的每个细节，并及时向他们询问任务执行的可行性以及他们的难处，这样能让领导者在委派任务的同时又获得许多宝贵的经验。

在下达命令时，领导者还要亲切地对他说："这个任务的完成最需要的就是您的丰富经验和聪明才智，如果在其他方面有什么问题或意见，希望您能及时地帮我们提出来，我们会立刻解决的。"

须知，领导者的几句谦逊、嘘寒问暖的话，会让这些年长员工的心得以足够慰藉，也许还会焕发出青年时的干劲与热情。

5. 对工作抱有极大热情的员工

人最大的乐趣就在于做他们想做的事。对于那些本身对所委派的工作就抱有极大兴趣的员工来说，任务就是爱好，使他们乐而忘返，得到极大满足的事物，他们的创造力会在任务的完成过程中得到极大的发挥。

领导者对这样的员工肯定是赞赏不已。对他们不必将任务说得太细，因为他们或许会问得你都招架不住。任务解释清楚之后，领导者只需谦虚地说一句："对这种工作，你是专家，全看你的了。"留给他们充分的时间与空间去展示个人的创造才能。

总之，作为领导者，在下达命令时一定要因人而异，才能让员工的落实获得最大效益。

工作要简化，但不要简单化

现代企业普遍重视企业制度的建立，其中内部管理日益走上科学化、程式化。但是也还是有不少企业存在管理受到管理理性主义影响的情形，走到了另一个极端面上：造成组织机构设置过于庞大、复杂；规章制度的制定过于烦琐，单纯追求表面化；过分依赖流行的理论模型，决策、指挥过于追求系统化而陷入形而上学，等等，影响着企业管理的有效性，制约了企业的发展。

因此，企业管理工作有必要进行简化。通用汽车就是一个力求简化的企业。

多年以来，通用汽车一直在努力寻求简化信息技术程序、降低信息技术成本的途径，并且尽可能地采用标准化操作技

术。自1996年对信息技术管理进行大的调整以来，通用汽车已在信息技术管理上缩减了10亿美元的费用，而信息技术资源管理人员也由过去的7000多人减少到现在的3000多人。

现在，通用汽车重整信息技术团队，试图把庞大而臃肿的通用巨人变成一个更加强大、行动迅速的机器，期望能使企业决策通畅运行，企业数据及时无误地传递，而不再为复杂的操作系统所困扰。

我们清楚地知道，企业的竞争集中体现在人力资源的配置上，而配置的优化都需要企业的组织结构来实现。一些企业的人才并不差，但却受制于复杂的科层制结构，管理层次太多、效率低下的缺点使得人才优势大打折扣。

一个出色的企业，其正规的体制是一大亮点。当企业各部门达到一定规模的时候，就以某种方式把它拆开，分为比较小的、更容易管理的新分部。这样不但便于管理，更重要的是能够激发企业成员的责任感。因为组织规模小，而占主导地位的核心业务又只有一项，领导者才能真正了解它并负起责任来。

对于企业而言，没有简化的管理就会让企业陷入混乱。

因此企业制度必须简洁、明了，使员工能够方便获得、理解一致、记忆深刻，进而转化为行动。但是，企业管理的简化并不是简单化，相反，简化是以精细化管理为前提而实施的简化管理。必须做好精细化管理，才能合理有效地使管理简化。

现代企业追求的是更高效益和更快速度，并能让企业做大、做强、做久。这种情况下，简化管理就显得尤其必要，在实际操作中也能使企业的经营活动具有更高的效率。简化管理是一种管理方法，更是一种管理思想，也是一种企业文化，深刻理解并能在实践中广泛应用的企业也必能在市场竞争中立于不败之地。

落实执行力关键在于**责任到位**

实际工作中，一些企业之所以会出现一些重大决策没有很好地落实到位，一些重要政策在落实过程中打了折扣，一些重大工程在实施过程中进展缓慢等现象，往往不是因为方向不明、道理不清、招数不对，而是由于责任划分不清。

一个家电制造有限责任公司曾经发生过这样一起“事故”：3号车间有一台机器出了故障，经过技术人员的检查，发现原来是一个配套的螺丝钉掉了，怎么找也找不到，于是只好去重新买。

采购过程波折重重。先是发现市内好几家五金商店都没有那种螺丝钉，又发现就连市内几家著名的商场也没有。

几天时间很快就过去了，采购员还在寻寻觅觅地找那种螺丝钉，可是工厂却因为机器不能运转而停产。于是，公司的领导者不得不介入此事，认真打听事故的前因后果，并且想方设法地寻找修复的方法。

在这种“全民总动员”的情况下，技术科才想起拿出机器生产商的电话号码。打电话过去询问，得到的答案却是：

“你们那个城市就有我们的分公司啊。你联系那里看看，肯定有。”

联系后仅过了半小时，那家分公司就派人送货来了。问题解决的时间就那么短，可是寻找哪里有螺丝钉就用了一个星期，而这一个星期，公司已经损失了上百万元。

很快，工厂又恢复了正常的生产运营。在当月的总结大会上，采购科长特别提出了这件事情。他说：“从技术科提交采购申请，再经过各级审批，到最后采购员采购，这一切都没有错误，都符合公司要求，可是结果却造成这么重大的损失，问题竟然是因为技术科的工作人员没有写上机器生产商的联系方式，而其他各部门竟然也没有人问。之所以会出现这样的问题，是由于公司责任划分不清，才导致了需要负的责任没有人负！”

可见，企业组织的岗位与岗位之间、员工与员工之间，都是责任与责任的关系，他们之间就犹如一台高速运转的机器中一个个相互啮合的齿轮，每一个齿轮的运转都对整个机器的运转担负着重要的作用。很可能一个齿轮的缺失，将导致整个机器停止运行；小螺钉缺失，导致机器运营缓慢甚至出现危险。责任不落实到位，一点点儿小问题就可能酿成大祸，使企业蒙受巨大的损失！

最宝贵的精神是落实的精神，而最关键的落实是责任的落实！落实任务，先要将责任落实到位，因为责任不清则无人负责，无人负责则无人落实，无人落实则无功而返。责任落实是否到位，是抓好工作落实的重要保证。

只有责任落实到位，才是落实任务、对结果产生作用的真正力量。只有将责任落实到位，我们的单位和企业才能更加欣欣向荣；只有将责任落实到位，战略才能隆隆推进，崭新的未来才能扑面而来；只有将责任落实到位，个人的潜力才能得到无限的开发，个人才能一步步走向成功。

执行的过程要**重视细节**

落实在于细节，落实的成效在于对细节的关注。这样说起来也许有些笼统，我们以上海地铁为例，来看看细节的差别对于落实的影响。

上海地铁一号线是德国人设计的，二号线是我们中国人自己设计的。从表面看来，两条地铁几乎没有什么差别，但是投入运营后，却出现了二号线亏损、一号线盈利的现状。仔细一比较，才发现原来是因为我们忽略了几个小细节：

（1）进出站口的三级台阶。一号线每一个室外进出口都比地面高，有三级台阶，下雨时可以阻挡雨水倒灌，从而减轻地铁防洪压力；而二号线没有这三级台阶，一下雨就要防洪，浪费了大量人力、物力。

（2）进出站口的一个转弯。一号线每一个室外进出口都设有一个转弯，这大大减少了站台和外面的热量交换，从而减轻了空调压力，节省了电费；而二号线从外面到里面都是直的通道，没有转弯，热量直接进入地铁，导致电费居高不下。

（3）站台外的装饰线。一号线在安全距离处用黑色大理石嵌了一道边，里外地砖颜色不同，给乘客较强的心理暗示，乘客总能很自觉地站在安全线以外；而二号线的地砖颜色都一样，乘客稍不注意就会过于靠近轨道，很不安全，公司不得不安排专人在站口提醒乘客注意安全。

（4）站台宽度。一号线站台比较宽，上下车比较方便；二号线站台较窄，一到客流高峰时就会拥挤不堪，也使乘客在车厢里看不清楚外面的站牌，特别容易坐过站，结果不得不用不同的颜色重新装饰站台的柱子，方便乘客辨认，代价是损失了在柱子上的广告收入。

虽然这四点都是很小的事情，但对最终的结果却产生了很大的影响。

一个地铁就有如此多的细节需要掌握，那么落实一项耗资更高的建设工程，落实一项苦心论证的项目方案，落实一个规定呢？又有多少细节需要掌握，又有多少人真正努力去研究和思考这些细节呢？

贝聿铭是一位著名的华裔建筑师，他认为自己设计最失败的一件作品是北京香山宾馆。因为他在这座宾馆建设时一直没有去督促过。

实际上，在香山宾馆的建筑设计中，贝聿铭对宾馆里里外外每条水流的流向、水流大小、弯曲程度都有精确的规划，对每块石头的重量、体积的选择以及什么样的石头叠放在何处最合适等都有周详的安排，对宾馆中不同类型鲜花的数量、摆放位置，随季节、天气变化需要调整不同颜色的鲜花等都有明确的说明，可谓匠心独具。

但是工人们在建筑施工的时候却对这些细节毫不在乎，根本没有意识到正是这些细节方能体现出建筑大师的独到之处，随意“创新”，改变水流的线路和大小，搬运石头时不分轻重，在不经意中“调整”了石头的重量甚至形状，石头的摆放位置也是随随便便。看到自己的精心设计被无端演化成这个样子，难怪贝聿铭要痛心疾首了。

因此，香山宾馆建筑的失败不能归咎于贝聿铭，而在于落实中对细节的忽视。

一个计划的成败不仅仅取决于设计，更在于落实。如果落实得不好，那么再好的设计也只能是纸上蓝图。唯有落实得好，才能完美地体现设计的精妙，而落实过程中最重要的就在于细节。

中国人绝不缺乏聪明才智，也绝不缺少雄韬伟略的战略家，缺少的是精益求精的落实者；绝不缺少各类规章、管理制度，缺少的是对规章制度不折不扣的落实。好的战略只有落实到每个细节上，才能发挥作用，也就是所谓的“各适其位”。

海尔、联想为什么可以成为中国传统产业和科技产业的领头羊，就是因为他们的领导者、员工对公司的战略落实到位。

如果我们每个人能把自己岗位上的事情做细、做到位，那么企业也就能不断发展了。

多做一些慈善事业

马克思说：“人的本质是一切社会关系的总和。”人是社会的人，社会是人的社会。企业是人类生产与生活的基本组织，“贫则独善其身，达则兼济天下”，企业家作为企业的所有者或掌舵人，自然担当着与其地位、权力与财富相应的、更大的社会责任。

在“2008年胡润慈善榜”中，曹德旺以捐赠金额1.46亿元位居第14位。胡润表示，如果曹此举能落实，他将成为“中国最慷慨慈善富豪”。

资料显示，曹德旺自幼家贫，14岁辍学，放过牛，卖过烟丝，贩过水果，修过自行车。发家后，曾被评为“中国十大慈善家”之一。

可见，曹先生不仅是一位成功的企业家，而且是一名享誉中国的慈善家。当然，在中国企业家中，还有很多的领导者都热衷于慈善事业，例如知名电子商务企业斐贝国际集团。

斐贝国际集团是一家建基香港的跨国性投资集团，公司致力于帮助全球女性提升及创造自身价值。目前，斐贝国际集团的业务遍及中国及北美地区，集团成员企业业务涵盖电子商城、连锁体验店、资讯门户网站、在线教育等四大主要板块。斐贝国际如此热心公益，是因为他们始终认为：做公益是“企业公民”的责任！而这个精神的沉淀，最大的影响来自于斐贝国际董事局的主席——李昱桦。

李昱桦从小就热心公益，很小的时候就当义工，帮助弱势群体。23岁时，他成为香港区议员，开始了他长达10年的为弱势群体谋利益的生涯。后弃政从商，他的信念始终没有改变，因为他一直认为“人性本善”，只要有能力，就应该尽量帮助有需要的人。从一个公民的角度来看，他有各种权利和义务，做善事就是他的义务之一。企业就是法人，它也是社会公民，因此也有自己的权利和义务。企业法人的权利是通过合法的途径赚钱，那么它的义务就是回馈社会。所以说，只要有一点能力，他和他的企业就应该尽力去做，有更大的能力，就多做一点。

因此，从牵手粉红丝带，到大力开展四川地震灾区产业扶持项目；从积极参与善美天使慈善基金成立，到成功合力中华女性素质教育基金；从西南旱灾送水行动，到千里驰援玉树，斐贝国际的身影活跃在各项慈善公益活动中，公司更专门成立企业公民办，专注于社会公益事业的开展……

斐贝国际以及社会上众多企业的善举让我们知道：企业领导者身上流淌着道德的血液。他们在实现自我价值的同时，也承担着社会责任，帮助社会上更多的人拥有实现自我价值的机会。而投身慈善，就是履行这种社会责任的有效途径。

如今，在中国的经济舞台和社会舞台上，企业领导者正越来越受到人们的推崇和关注，企业领导者热衷于慈善，能给全社会树立一个好榜样，能让人们感受到，这部分社会精英正在改变着中国的财富形象。而当领导者对社会承担责任、做出贡献之时，他必将从社会得到相应的回报。

PART 07

领导者的制度意识：靠制度管人，用制度办事

制定制度必须遵守的十大原则

无论是已发展到一定规模的组织，还是刚刚成立的新组织，都需要一些规章制度来进行规范管理。制定制度本身并不难，难的是制度的执行。其主要原因在于：制度的执行实际上是在规范和改变成员的工作习惯。

中国有句俗话叫"江山易改，禀性难移"，改变一个人的习惯是相当困难的，况且制度是要改变所有成员的工作习惯，其难度可想而知。所以在制定各项制度时，不但要确保制度的正确性，更重要的是保证制度在实施时能被成功地执行。

为此，制定制度不能草率。制定管理制度要符合以下十大原则：

1. 当事人参与的原则

让当事人参与制度的制定是一个重要原则。如果这个制度是针对整个组织的，就要尽量使组织的全体成员都参与到制度的制定中来，如果只是针对某个工作流程而制定的制度，则需

要请该流程的相关成员参与进来。一般的做法是由起草人认真调查之后，起草制度的草案，将该草案公布于众，让大家进行讨论和修改，并由起草人收集意见进行修改。对于重点的当事人，起草人要个别征求他们的意见，并认真做记录和总结。

要注意的是在收集到的意见中，会有80%的意见是重复的或不可行的（对这些意见要向提出人耐心解释），只有20%的意见真正有作用。但这种让当事人参与讨论制度的形式不可缺少，因为这种参与的形式比参与的结果更加重要。

虽然让当事人参与会让制定制度变得复杂起来，但会为今后制度的执行减少很多障碍。人本能地会对约束他的东西产生反感，让成员参与到制度的制定中来，可以减少这种反感，因为人们都不会讨厌自己的劳动成果。

2. 简明扼要的原则

制度是需要执行的，当成员对制度本身无法深入地了解时，就谈不上能很好地执行。制度是针对所有当事人的，所以制度本身的语言描述应该尽可能地简明、扼要、易懂，并且不产生歧义，让所有的当事人都可以轻松理解。另外，制度不必非常缜密和完备：首先，是因为这样会损害制度的简明性和易懂性，不利于制度的执行；其次，是每位成员都对制度有基于常识的认识和理解，而这些常识性的东西并不必在制度中面面俱到。

3. 不求完善但求公正的原则

在制定新制度时，很难做到一次性制定得非常完善。随着组织的发展和管理水平的提高，可能还要不断修改和充实。制定制度是为了使用，所以制度一定要适合组织。在制度执行的过程中，可能会因为制度本身的不完善和不合理而出现一些问题，但这些不应该影响制度的公正执行。比起制度的完善性，成员往往更加关心制度及其执行的公正性，所以对于制度的制定者来说，也应该更加关心这一点。

4. 系统和配套的原则

制度要全面、系统和配套，基本章程、各种条例、规章、办法要构成一个内在一致、相互配套的体系。同时要保证制度的一贯性，不能前后矛盾、漏洞百出，避免发生相互重复、要求不一的情况，同时要避免疏漏，要形成一个完善、封闭的系统。

5. 从实际出发的原则

从实际出发是制定制度必须遵守的重要原则。制定制度要从组织的实际出发，根据组织的构成内容、工作对象、管理协调的需要，充分反映各项组织活动的规律性，体现组织的特点，保证制度具有可行性和实用性，切忌流于形式。

6. 重视成员工作习惯的原则

懒惰是人的一大弊病，没有人会主动更改自己熟悉的工作方式，所以在制定制度时，一定要认真分析现有的工作流程和工作习惯。在达到目标的原则上，要尽可能地继承原有的流程和习惯，这样才能有效地保证日后制度的执行。

7. 以需要为依据的原则

制度的制定要以需要为依据，即制度的制定要从需要出发，而不是为制度而制度。需要是一项制度制定与否的唯一标准，制定不必要的制度反而会扰乱组织的正常活动。如有些非正式行为规范或习惯能很好发挥作用，就没有必要制定类似内容的行为规范，以免伤害成员的自尊心和工作热情。

8. 具有先进性的原则

制度是一个组织的“骨架”，先进的制度有利于组织的正常运营，因此，制定制度一定要从调查研究入手，总结本组织的经验，同时吸收其他组织的先进经验，引进现代管理技术和方法，保证制度的先进性。

9. 采取措施、改造习惯的原则

新制度的执行过程就是改变成员工作习惯的过程。管理者应该很清楚地认识到该制度的执行会带来哪些工作习惯的改变，这种改变成员是否可以接受，接受的程度是多少。根据具体情况，管理者必须采取一些辅助措施来加强对成员工作习惯的改变，比如在新制度执行时，进行制度培训，或进行频繁地抽查和监督等。

10. 具有操作性的原则

制度必须具有可操作性，否则就失去了制定制度的意义。要想使制度易于操作，最好在制度中就明确一般的操作方法。另外，要写明制度的原则，这样便于对特殊情况进行处理。

制度化管理的核心是**执行制度**

许多优秀企业成功的根本原因，不仅仅在于它有规则，更在于它按规则行事，以及在于它不为其他任何形式，哪怕是道德的、情义的“例外”所干扰，能够始终坚定不移地执行规则。也就是说，不管是好心或无意，规则不能被轻易地违背和破坏。

如果你不这样想、不这样去做，可以预见的结果是你迈开了许多的管理步伐，走的却是弯路；或者在管理上你付出了艰辛，却事与愿违。极端地说，渎职的管理者不是没有管理，而是没有按规则行事。

有规则，并坚决按照规则展开管理工作，你才能获得你所期望

的管理绩效。因为，规则是从大多数人的利益考虑而制定的，执行了规则，大多数人就能够受益，组织和企业也就能够受益。因此，我们说制度化管理的前提是制定制度，而它的核心则是执行制度。

在执行规则时，管理者往往不自觉地拿各种要求、标准去管理成员，而很少会想到管理自己。其实先律己才能律人，制度化管理首先要求管理者自己遵守制度。一个普通的人要想获得别人的尊重，就必须具有他人所没有的优秀品质。作为一个管理者更是如此，如果不具有独特的风格，就很难获得下属的尊敬，而在此特质中，最重要的就是管理者本人的自我约束。

约束自己的原则与方法不是一朝可成的，必须有“三军可以夺帅，匹夫不可夺志”的决心和毅力，在不断地尝试与努力中锻炼自己，促使自己一步一步地走向优秀管理者的境界。

在管理者做出自我约束的努力的过程中，他的一举一动都逃不过下属的眼睛，他的一切努力都不会白费。下属的内心会如此想：“这位管理者看来是足以信任的。”“依此看来，他是值得尊敬的。”让人遗憾的是，多数管理者总是忽视或没有能力做到这个“自我约束”，遇事总是喜欢归咎于他人。

有一句话叫作“善为人者能自为，善治人者能自治”。一个组织的业务能否在激烈的竞争大潮中得到发展，关键还在于它的管理者是否有正确的自律意识。管理者只有坚定不移地执行各项规章制度，才能建立起人人遵守的组织制度。比如说，要求组织成员遵守时间，管理者首先要做出榜样；要求下属对自己的行为负责，管理者也必须明白自己的职责，并对自己的行为负责。只有以身作则的管理者，才能调动其下属的自觉性，并影响他们朝着良性的方向发展。管理者自己做不到的事，就不要要求下属去做；要求下属改掉坏毛病，自己就要先改掉坏习惯。

培养良好的自律性、成为下属的表率，最好能从这几个方面身体力行：一是要乐于接受监督；二是要保持清廉俭朴的习惯；三是要戒掉不良嗜好。

制度的设置应兼顾公平和效率

我们生活在社会组织形式中的个人都是有趋利性的。正如西方哲学家洛克所说的那样："人的本性是趋利避害的。"然而在企业中，如果任由这种趋势发展，那么企业就会变得一团糟，企业内部的秩序也将无从谈起。因此，为了规范人们由于"趋利"而产生的一些不符合组织利益或他人利益的行为，制度应运而生——它的第一功能就是规范人们的行为，使人们生活在一定的秩序中。

那么，是不是企业只要有了制度就能令所有的问题全部得到满意解决呢？是不是有了制度就能遏制人类"趋利"的本质呢？回答是否定的。从历史的角度观察，制度是人制定的，往往是谁在制定制度的过程中占据了主导权，谁就有可能在制定制度的过程中为自己或自己的利益集团谋"利"，制度也就变成了某些人的获利工具。尽管如此，我们也不能否认，制度无论怎样制定、由谁制定，它都是企业所必需的，不然，企业内部的秩序就无从保障。因此，如何才能让制度充分发挥其功效就成了最大的问题。而这一问题解决的关键在于，必须为制度的设置确定最基本的原则——公平原则与效率原则。

公平是众多企业一直孜孜追求的目标，然而公平却又是一个完全无法确定的东西，不同的时期，不同的阶段，公平被赋予的意义是不一样的。但如果在“合理设置制度”这一语境里，公平似乎又是确定的，即制度的设置须为大多数人“谋利”才是合理的。那么，如何才能做到这一点呢？

首先，制度的设置必须符合企业大多数成员的意愿，这是制度公平的基础。正所谓“顺应民心者得天下”，只有制度的设置成为大家的需要，符合企业大多数员工的意愿，它的存在才有普遍而牢靠的基础——至少在精神层面上如此。

其次，制度的设置应该是一个公开、透明的过程，这是制度公平的关键。既然企业成员有了设置制度的意愿，那么就应该让企业成员参与其中，对设置制度的过程进行监督，让企业成员有表达意愿的机会和渠道，让所有的过程在“阳光”下进行。正所谓“公道自在人心”，公平就不言而喻了。

最后，制度的设置应该是建立在为大多数人谋利并可执行的基础上，这是制度公平的核心。设置出的制度，不应该被束之高阁让人顶礼膜拜，而应该是为民众所执行，为民众谋福利。

然而，公平也存在着先天的不足——妥协性和平均性。任何的公平都是方方面面相互妥协的结果，最终这会使企业成员坐享其成而无视公平的真正含义，让他们产生平均主义的惰性。因此，合理公平的制度又必须兼顾效率。

如何才能在公平的基础上兼顾效率呢？

（1）制度要明确其运行的规则和程序。一旦制度运行的规则和程序确定了，那么运行时就可以按部就班，从而避免混乱和无序带来的效率低下的后果。

（2）制度的执行者要明确自己的职责。制度最终是要被执行的，执行者就成了制度是否具有效率的关键。为此，要让执行者清楚自己的职责所在，只有责任在肩，执行者才会高效地去完成其执行的任务。

（3）制度要有的放矢、清晰明了。企业制度是通过解决组织中的问题来维系秩序的，有明确的目的性和针对性。因此，制度一定要有的放矢，清晰明了地规划出解决这些问题的措施。

（4）制度要让所有员工明白和理解。制度是个互动的平台，通过这个平台，制度的执行者和被执行者之间产生互动。为了保持这种互动的通畅与效率，除了执行者要明确自己的职责外，被执行者也应该对制度熟知并理解，这样才能保证制度的效率不打折扣。

总之，制度将伴随人类前进的脚步不断发展，直至“世界大同”。无论怎样，制度是人类社会的必需，是社会秩序的保障，兼顾公平与效率的制度将在人类发展的长河中熠熠生辉。

制定一套**更人性化的管理制度**

在企业，给予下属福利、良好的人事关系及工作环境，晋升或调任其担任更好的工作，享有购买企业股票、分享利润的权利，定期征询下属意见等，都是企业聚集人才、吸引人才的办法。

许多企业设有积金计划，但是并没有受到下属的普遍欢迎，原因是这些积金计划是从他们的原有薪金中扣了一部分，加上还规定要做满某些年数才能取回，这无疑是一种变相扣押员工收入的行为。

如果企业能在固定的薪金之外，再替下属积蓄每年薪金的十分之一，一方面不损害下属的基本收益，另一方面也是一种额外利益。需要注意的是，这些资金宁可由其他方面抽调，也不能让下属有被剥削的感觉。

在上班时间之外，应该尽量不去烦扰下属。一些企业为了让员工最大限度地投入工作，不让下属有一刻空闲，不管其时间、能力是否足够，就把大量工作推给下属。其结果是下属每天超时工作，而企业又明文规定没有超时补贴或补假的制度，令下属不堪重负。

其实，企业可以制定一些有利于下属的制度，采取一些无须花费太多金钱却能收到很好效果的办法，例如给予富有挑战性的任务、公开表扬下属、赋予更高的头衔，记下每位下属的生日，在当天送他一点小礼物、蛋糕之类，让下属感动之余主动投入工作。

另外，管理者还应该给员工一些费用较多的福利，例如：

（1）交通费、餐费补助。

（2）提供房屋部分免息贷款。

（3）适当的加班费。

（4）提供旅游优惠计划。

（5）供应免费的报纸杂志。

（6）除法定节假日外，在下属完成一项颇艰难的工作后提供额外的个人休假。

（7）为额外的工作提供额外报酬。

（8）分享企业利润，如企业赚钱愈多，员工分红愈高。

总之，制度是用来管人的，也是用来保护人的。制度制定得更为人性化，有利于企业聚集人才。

PART 08

领导者的企业文化意识：企业文化是企业的灵魂

重视企业文化建设，锻造企业灵魂

被誉为20世纪最成功的企业家韦尔奇曾说：“如果你想让列车再快10千米/时，只需要加大油门；而若想使车速增加一倍，你就必须要更换铁轨了。只有文化上的改变，才能维持高生产力的发展。健康向上的企业文化是一个企业战无不胜的动力之源。”

宝洁创立于1837年。这家公司长寿的秘诀有很多，但注重企业文化建设、通过企业文化建设来塑造企业灵魂是最为重要的一条。宝洁自成立到现在的大部分时间里，一直运用灌输信仰、严密契合和精英主义等方法努力保存公司的核心理念。宝洁前董事长艾德·哈尼斯的解释是：“虽然我们最大的资产是我们的员工，但指引我们方向的却是原则及理念的一致性。”这个原则及理念就是著名的“宝洁之道”。

“宝洁之道”由三方面组成，其中最为重要的是强调内部高度统一的价值观。为了保证价值观的统一，宝洁甚至做到了中高层管理人员只从内部选拔，从CEO到一般管理人员，宝洁基本上没有空降兵。宝洁有些长期实施的做法，例如：仔细筛选有潜力的新进人员，雇用年轻人做基层工作，严格要求他们遵行宝洁的思想和行为方式，清除不适合的人，中级和高层的职位只限于由忠心不贰、在公司内部成长起来的宝洁人担任。

《美国最适合就业的100家大公司》一书写道："加入宝洁后竞争很激烈……新人员进去后，可能会觉得自己加入了一个机构，而不是进入了一家公司……从来没有人带着在其他公司的经验，以中高层的职位进入宝洁——从来没有，这是一家彻底实施循序升级的公司……他们有一套宝洁独有的做事方式，如果你不精通这种方式，或者至少觉得不舒服，你在这里就不会快乐，更别提想成功了。"

宝洁要求员工密切配合公司的规定适用全公司，适用每一个地方、每一个国家和世界每一种文化。一位从商学院毕业后加入宝洁、在欧洲和亚洲工作过、现已离职的人说："宝洁的文化延伸到地球的每一个角落，我被派到国外时，公司明确告诉我，说最重要的是必须符合公司的文化，其次才是符合所在国的文化。身在宝洁就好比属于一个独立国家。"

宝洁CEO约翰·斯梅尔1986年在一次公司的聚会上也说过意思类似的话："全世界的宝洁人拥有共同的锁链，虽然有文化和个性的差异，可是我们却说同样的语言。我和宝洁人会面时，不论他们是波士顿的销售人员、象牙谷技术中心的产品开发人员，还是罗马的管理委员会成员，我都觉得是和同一种人说话，是我认识、信任的宝洁人。"

企业需要一种文化，一种能反映企业价值观、企业发展观、企业精神、企业道德的文化。企业管理者要寻找的、要提炼的就是这种能同化员工理想与追求的精神境界，成就让员工魂牵梦绕的企业灵魂，心若在，梦就在！它会让企业的员工更团结，会让企业更有活力。

一个企业是一支军队，一支军队重要的是什么呢？那就是一支军队的军魂。在《士兵突击》中，“钢七连”为什么强大？因为这支部队中有一个军魂：不抛弃，不放弃。只有拥有灵魂的企业才能所向无敌，战无不胜。

企业价值观决定企业发展方向

企业文化是一种物质和精神因素的综合体，不仅影响着企业整体与员工个体行为的方向，而且影响着他们的行为方式。之所以会影响，是因为有一种价值理念的存在。只有当企业文化渗透到员工内心，员工才能真正明白企业追求的价值标准，从而形成企业内部的向心力和企业内部大多数员工的共识，这时企业文化的执行才是有效的执行。可见，企业文化建设的核心思想就是重视价值观的建设。

在企业价值观塑造的过程中，管理层必须遵循一定的原则，使价值观伴随着企业的发展而不断完善。具体来说，塑造企业价值的基本原则如下：

1. 以人为本

以人为本是确立企业价值观的首要原则。企业文化强调以人为中心的管理，强调把人放在企业的中心地位，在管理中要尊重人、理解人、关心人、爱护人。

首先，把人放在企业的中心地位，就是要确立员工在企业中的主人翁地位，使员工真正成为企业的主人，参与企业管理，行使企业主人的权利，尽到企业主人的责任和义务，最大限度地调动起他们的积极性、主动性和创造性。

其次，把人放在企业的中心地位，就是要尊重人的尊严、权利和价值，满足人的需要，从而调动人的积极性。人的积极性在很大程度上是指人的行为的积极性，而人的行为是由动机引起的，动机又源于需要。因此，要最大限度地调动人的积极性，必须从尊重人和满足人的需要入手。

人的需要是一个由对物质条件的渴求必然上升为对精神生活的追求和升华的发展过程。因此，企业首先要满足和维持员工的物质需要，为员工提供基本的生存、工作环境和物质保障。员工的基本物质需求和自尊得到满足，才会真诚地与人分享这种感觉并在工作中体现出与满足感相等的积极性。

最后，要刺激、引导需要，即提供激励因素，引导需要向更高层次发展，如确立科学的价值观、培育员工崇高的精神和道德理想追求，等等。总之，现代企业须以人为中心，通过对人的需要的不断激发和满足，来最大限度地调动人的积极性，使企业价值观得到丰富和发展。

2. 顾客至上

企业的生存和发展离不开消费者，只有消费者购买产品企业才会有效益。因此，顾客至上、消费者优先是塑造企业价值观的又一基本原则。

企业要坚持“顾客至上”原则的前提条件是对顾客有正确的认识。美国本纳公司是最成功的邮购商行之一，他们对顾客的界定是：顾客永远是最重要的人，是企业的依靠，是企业员工工作的目的。由此可见，顾客或消费者与生产者的关系是互为一体、相互统一的关系。企业只有把消费者看作自己的衣食父母、看作自己的亲人，才能真诚地对待消费者，以优质的产品和良好的服务获得消费者的信任。企业也只有得到消费者的信任，才能在激烈的市场竞争中立于不败之地。海尔集团的成功就是一个很好的实例。

在海尔的成功经验中，最值得称道的是海尔集团在国内企业中率先提出的服务竞争理念，并首次推出的“海尔国际星级服务”。海尔的每一台冰箱从上生产线到进入用户用地，它所有的信息都详尽地输入微机，在30秒内，所需信息一览无余。“真诚到永远”，这不仅仅是海尔集团的广告词，更是海尔人日复一日、年复一年以真诚对待每一位顾客所赢得的盛誉。海尔集团正是以自己的真诚，急用户所急，想用户所想，建立起了厂家和顾客之间血肉相连的密切关系，不仅使顾客真正获得“上帝”的体验，更使海尔获得广泛而牢固的信任和支持，为海尔的发展奠定了广阔的市场基础。

3. 企业利益与企业社会责任相统一

现代企业在塑造企业价值观的过程中，必须坚持企业利益和企业社会责任相统一的原则。企业进行生产经营活动的目的是获取最大化的利润，这是企业得以生存和发展的基础，没有利润的获得，企业就失去了生存的保障。

但是，追求利润并非企业的唯一目的，企业只有在承担社会责任的基础上追求利润最大化，才会取得长足发展。这就要求企业不仅要关注自身利益的实现，同时还要关注自身之外的社会利益，承担企业的社会责任。

所谓企业社会责任是指在提高自身利润的同时，对保护和增加整个社会福利方面所承担的责任，即对社会长远目标所承担的责任，既包括强制的法律责任，也包括自觉的道义责任。履行企业社会责任有可能会损害企业的短期利益，但它有助于企业的长远利益。另外，企业履行社会责任，有利于树立良好的企业形象。企业拥有良好的外部环境和较高的员工士气，就能更好地促进企业的发展。

如果说愿景是表明企业未来的发展方向，使命是企业要实现的社会责任，那价值观就是实现企业目标的强大保证。统一的价值观是企业精神的灵魂，保证员工向统一目标前进。

让员工有一种使命感

一些管理者谈到使命感这个词时，直觉上会觉得太过言重了。其实使命感才是促使员工勤奋工作的最强动力。如果有的员工对公司没有一种使命感，那么在公司面临困境的时候，又如何能指望他们与企业同舟共济、共渡难关呢？

就目前的社会经济发展状况而言，大多数人已无须再为温饱而苦恼，他们的生理需求已基本得到满足，随之而来对于精神方面的需求就提高了，这为培养使命感创造了条件。

韩国精密机械株式会社实行着一种独特的管理制度，即让职工轮流当厂长管理厂务。一日厂长和真正的厂长一样，拥有处理公务的权力。当一日厂长对工人有批评意见时，要详细记录在工作日记上，并让各部门的员工收阅，各部门、各车间的主管得依据批评意见随时核正自己的工作。这个工厂实行“一日厂长制”后，大部分员工都担任过厂长这个职位，工厂的向心力增强，工厂管理成效显著，开展的第一年就节约生产成本300多万美元。

企业管理者要相信，员工是否有使命感，是员工仅仅作为

打工者或者从心里觉得自己是企业的一员的重要区别。如果员工关心企业的发展，但管理者不给予他参与的机会，他自然会疏远企业，企业对他而言只是个打工赚钱的地方。因此，作为公司的管理者，你应该关心、体贴员工，尽力为他们做一些实实在在的事情，让员工能感受到公司对他的关心，使他感到自己是公司这个大家庭中的一员，使员工看到自己在企业中的地位和作用，这样的员工才能更多地投入到工作中去，更主动地关心公司的发展情况，使员工产生归属感。这样，员工就会把公司的事情看作自己分内的事，就会觉得自己应该负起一定的责任，而使命感也就在这潜移默化中悄悄地植根于员工的心中了。

PART 09

领导者的成本意识：控制成本，提高利润

砍预算，刀刀进逼

管理大师德鲁克说："管理的领域限于内部的假设意味着管理者只关心成本或者努力工作。"因为工作是存在于一个组织内部唯一的事物，同样的，组织内部的一切都是成本中心。

但是，任何机构的成果只存在于外部。所以对企业而言，需要做到控制企业的内部消耗，省钱就是挣钱。

洛克菲勒是美国的石油大王，他拥有的财富无人可比，但他深深懂得节约的重要性。洛克菲勒经常到公司的几个单位悄悄查看，有时他会突然出现在年轻的簿记员面前，熟练地翻阅他们经营的分类账，指出浪费的问题。

正是由于洛克菲勒始终如一地注意节约，美孚公司才取得了辉煌的成功。节约使成本降低，既增加了利润，也提高了企业竞争能力。美国钢铁大王卡内基就曾说过："密切注意成本，你就不用担心利润。"在他的一生中，从未为利润担心过，因为他最注重的就是节约成本，省却每一笔不必要的开

支。卡内基在商海中纵横一生，他从来没有忘记节约，一辈子坚持最低成本原则。

19世纪50年代，成本会计制开始在美国铁路公司中最大的宾夕法尼亚公司中实行。这种会计制度能保持准确的记录以便在经营、投资及人事等方面做出决策，核算成本耗费和收入情况，以便判明是否赢利。卡内基是一个有心人，他认识到这一方法是做生意的一条最基本的要诀，于是在宾夕法尼亚的7年中，他学习并熟练掌握了成本核算知识。

在他后来从事钢铁业时，成本会计知识得到了最大限度的运用，他也因此获得了大量的利润。在生产中，他灵活地运用成本会计知识，处处以最低成本衡量，使卡内基钢铁厂获得了不菲的利润，生产效应也得到了大大提高。他的工厂生产第一吨钢的成本是56美元，到1990年时降为11.5美元（这年年利润为4000万美元）。这一切都归功于“密切注意成本，就不用担心利润”的经营哲学。

艾柯卡曾在自传中写道：“多挣钱的方法只有两个：不是多卖，就是降低管理费。”节约成本开支、降低产品售价，这是提高竞争力、改善经营效益的关键所在。艾柯卡在福特公司和克莱斯勒公司都非常重视降低成本，减少开支成为他成功的法宝。

艾柯卡刚到福特公司担任总经理时，所办的第一件事就是召开高级经理会议，确定降低成本的计划。他提出了“4个5000万”和“不赔钱”计划。

“4个5000万”就是艾柯卡要求在设计、生产、销售等4个方面各减少费用5000万元，4个5000万就是两个亿。艾柯卡希望在产值不变的情况下，通过企业运作费用的降低，实现两个亿的净利润。

以转产管理一事为例，以前转产周期需要两周的时间，转产造成工人和设备的闲置，浪费很多资金。艾柯卡通过周密的设计和电脑管理，使转产周期由两星期变为一星期。3年后，一个周末的时间就可以完成转产的准备工作。这种速度在汽车史上都是没有先例的。仅此一项，就为公司每年节约了几百万元的成本支出。

3年后，艾柯卡实现了“4个5000万”的目标，公司利润增加两亿元，也就是在不多卖一辆车的情况下，就增加了40%的利润。

福特公司是一个大企业、一个大系统，分工合作既宏大又精细。一般的大公司都有几十项业务是赔钱的，或者说是赚钱很少，福特公司也是如此。在众多的项目和门类中，总会优劣共有、长短不一。这在整体上就影响了企业的实力和竞争。

艾柯卡对汽车公司的每项业务都是用利润率来衡量的。他认为每个厂的经理都应该心中有数：工厂是否赚钱？造的部件成本是否比外购贵？所以，他宣布：给每个经理3年时间，要是该部门还不能赚钱，那就只好把它卖出去了。

这就是艾柯卡的“不赔钱计划”。在执行这个计划过程中，艾柯卡砍掉了近20个赔钱部门。他通过这种办法尽量减少公司负担．节约原材料、劳动力和机器设备，公司的相对利润急剧上升。企业变得精悍，富有竞争力。艾柯卡也因此得到了众多员工的一致好评。

在克莱斯勒公司，艾柯卡在减少开支上双管齐下：改善库存管理，改变采购办法。

克莱斯勒公司一直采用的是“以防万一”大量库存的制度，库存成本很大，艾柯卡决心对此进行改革。他大胆地引进日本“本田无库存生产”的库存管理技术，采用“基本部件一体化，车型品种多样化”的产品策略，将产品零配件由7万多种减少为不到1万种，进一步减少了进货与库存，节约了大量的管理费用。

与此同时，他还废止了将产品存放在公司的待机而售制度，实行与销售商订货生产的新制度，改变了产品库存的局面。经过上述改革，克莱斯勒公司的年度库存额由21亿美元下降至12亿美元，管理费用也大大下降，为公司节约了一大笔资金。

在采购上，艾柯卡采用了灵活的采购办法：自产零部件如果比外购贵，就依靠外购；进口零部件较贵的，就不依赖进口而自己生产；各工厂的成本预算，必须与同行业中的最低成本作比较，而不能“按需编制”。艾柯卡要求经理们勤俭经营，节约每一分钱，把钱花在刀刃上，他说：“只要你能控制好成本，你压根就无须担心利润。”

完全将资源集中于成果

德鲁克说：“完全将资源集中于成果是最有效的成本控制。”成本不是孤立存在的，它始终是为了取得某种成果而发生的。所以，重要的不是绝对的成本控制，而是资源和成果的比率。一种资源，如果失去了成果，那么不管它是多么廉价、多么有效率，也是浪费，而不是成本。

营销学上有个“聚焦战略”。聚焦战略是指公司把优势资源集中于某一个特定的细分市场，在该特定市场建立起比较竞争优势，比竞争对手更好地服务于这一特定市场的顾客，并以此获取高的收益率。聚焦战略体现的核心思想就是“完全将资源集中于成果”。

在英国《星期日泰晤士报》公布的“2002年富豪排行榜”上，美国零售公司沃尔玛主席罗伯逊·沃尔顿力挫微软公司董事长比尔·盖茨，荣登全球首富宝座。当年出炉的全美“财富

500强”排名中，沃尔玛成为全美（同时也是全球）最大的企业。沃尔玛成功的秘密何在？答案就是“聚焦战略”和“不做任何的浪费”。

沃尔玛独特的聚焦战略在建立之初就已经完全展现了。沃尔顿将精力集中于整体市场中最狭窄也是最具挑战力的乡村。除了因为这样的目标市场并不是同行业中主要竞争对手的重点聚焦对象，甚至被它们所忽视之外，还因为那个时候的美国乡村小镇的居民已经有了足够的购买力，而生活条件和基础设施都不够完善，沃尔玛的出现吸引了来自周围几十到上百公里范围的居民前来购买商品。

在后来的十几年间，沃尔玛继续占领小城镇这个被其他零售商店所遗忘的细分市场，逐渐形成了星火燎原之势，避开了激烈的竞争，在悄无声息中占领了全美的零售市场。

与聚焦战略相比，沃尔玛在“不做任何的浪费”上近乎苛刻。沃尔玛从来没有专门用来复印的纸，用的都是废报告背面。打印纸也是一样，除非是非常重要的文件，否则一律用纸的背面。一般来讲，每家沃尔玛店都会有两间工作站，一个属于非食品部门，另一个属于食品部门。工作站往往一专多能：它是部门经理和主管处理文字工作的地方，还是所有人到系统里查看相关数据、打印标签的地方，也是摆放商品的地方——包括散货、需要索赔的商品、临时撤下的商品、贵重商品、赠品等统统都放在这里。所以工作站可能经常拥挤不堪，杂乱不堪。另外，工作站还是召开部门会议和人力资源进行培训的地方——人力资源只有一个培训室，如果有几种培训一同开展，

就只有安排到其他工作站进行。

沃尔玛和别的超市一样，每逢节日，也会进行促销活动的宣传，但是与别的商家不同的是，他们喜欢空手套白狼。他们用自己的员工或者员工的子女充当彩页上的模特，并对彩页的印制数量进行精确计算。事实上，无论在美国还是在世界上任何地方，沃尔玛都很少做广告。一般同行的广告宣传占到了总运营费用的10.6%，沃尔玛则只占到0.4%。平常，沃尔玛的宣传广告仅仅是黑白两色的几张纸而已，远不比同行的制作精美和发送频繁。沃尔玛的促销部经常会组织艺术字体等促销技术的培训，为的就是尽可能让一切宣传活动都在本部门内部得到解决。因为，节约人手就是节约成本。

在沃尔玛的中国店，很多店为员工准备了免费的纯净水，但不可能准备纸杯；有的店在员工餐厅配有电话——当然是投币电话。专供员工使用的洗手间根本没有卷纸，更不会有香皂，很多情况下，员工们用来洗手的都是部门不能销售的洗手液、沐浴露，甚至洗衣粉。

连沃尔玛主席外出时都经常和别人同住一个房间，沃尔玛的员工自然不但不能例外，而且还要把这种“优良”传统发扬光大。召开“2001年沃尔玛中国年会”的时候，来自全国各地经理级以上的代表所住的，只不过是招待所而已。每次开新店之前，沃尔玛总部总是派人来指导，据说这些人住的只是三星级的宾馆，而且开店第二天立刻就走人，因为沃尔玛只承担因工作而产生的费用。

在沃尔玛中国店，经常要进行诸如“最佳团队”的评比，获胜团队将得到流动锦旗，因为全店只有一面。在某沃尔玛店举行的一次“趣味运动会”上，第一名得到的奖杯是用塑料泡沫制作的模型，沃尔玛的节省程度可见一斑。

德鲁克说，为产生经济成果而使用的资源，是成本；不能产生经济成果的任何支出，都不是成本，而是浪费。沃尔玛的苛刻不是针对成本的苛刻，而是绝对要杜绝浪费。

优化工作方法，高效创造高利润

德鲁克说，试图削减成本是极少有成效的，试图少花点钱去做本来就完全不应该做的事情，是毫无意义的。也就是说，企业管理者要敢于删除毫无意义的经济活动或环节，以快速达到成本控制目的。

1903年，亨利·福特用来自12位投资者的28000美元在一个原先制造马车的工厂里开始了他的事业。当时汽车的生产方式是以2～3个工人为一组，从零件制造到销售订单都是由一组工人负责到底。因此最开始的日子里，福特公司的生产效率比较低下，每天只能生产几部车。

1908年，福特汽车公司开始发行福特T型车。最早的一批T型车都是在制造车间完成装配的，后来公司将生产部分移动到空间更大的高地公园的车间来满足市场对于T型车源源不断的需求。虽然空间大了很多，但是在旧有的生产方式下，依然供不应求，产量与市场需求缺口很大。

福特为此十分困惑，每天思考如何提高工作效率。1913年，亨利·福特决定进行改革将原先的流水线装配法发展成了由机械传送带来运输零件让工人进行组装。这个创新将原先装配底盘所需的12小时30分钟的时间减少到2小时40分钟。但是，伴随这个创新而来的问题是：工人们对这种传输模式极不适应，失误率相当高。

失误就意味着更多的生产延误以及更多用于工人培训所需的额外支出，还有就是要使用干活较慢的工人。福特决定再次进行改革，这次他改革的不是生产程序，而是工人薪酬、招聘和劳动时间问题。1914年1月，福特宣布：将工资加倍，从2.5美元每小时提高到5美元每小时；缩短工作时间，每天仅仅工作8小时；设立专门负责雇用工人的人员。

这些措施的实施，使困扰公司多年的生产效率低下的问题迎刃而解。员工失误率大幅下降，公司生产力也随之腾飞。

截至1913年年底，全美国有50%的汽车都是福特公司生产的。然而至1918年年底，全美国的汽车有一半都是T型车。当时绝大部分T型车的颜色都是清一色的黑色，基本没有什么其他颜色可供选择。据传亨利·福特有一句名言："顾客可以选择他想要的任何一种颜色，只要它是黑色。"福特汽车生产线的产生，被誉为汽车制造史上最重要的变革之一。

整个企业是一个系统，根据不同的分类原则内部又可以分为若干个独立系统，各系统之间都会通过各流程系统之间的接口建立起紧密联系，最终织成一个涵盖全局的网络系统。减少不必要的工作环节，优化工作流程，使企业运营更有成效，不仅是成本控制的要求，更是市场竞争的要求。但凡取得市场竞争胜利的企业，必然是拥有着最合理的运营方法的企业。

技术更新是实现节约的关键

著名经济学家郎咸平教授在高校演讲的时候，发现很多同学脚上穿的都是耐克和阿迪达斯，很少有人穿国产的李宁。同学们一致认为李宁没有耐克和阿迪达斯设计得好，后者仅从外观上就能感受到品质和舒适度。但是众人所不知的是，耐克的运动鞋很多都是在东莞制造的，耐克根本不做生产，它只做设计和打广告。中国企业目前面临的困境就是，守不住，也出不去，非常脆弱，所以金融危机一来，大量企业就开始倒闭。

以玩具为例，我国制造玩具的利润空间只有2%，而且净利润很可能更低。为什么呢？因为我国的企业基本上不负责设计，只负责制造环节。我国工厂出产的芭比娃娃，生产成本是0.35美元，利润不到2%。而经过采购、仓储、订单、出售，最后到沃尔玛的零售价是8.99美元。

从中我们可以看出，在产品的整个价值链里面，最不能创造价值的就是制造业。在整个制造业的环节里，真正有价值的产业链都掌控在外商手里，价值最低的制造业掌控在我们中国企业家的手里。这就是目前的本质问题。在这种情况之下，随着我国利率和汇率的不断调升，处于产业链低端的企业势必会大批死亡。

那么，企业到底要怎么办呢？答案就是，必须要掌握产业链的中上游。

在我国，饮料行业同样面临着企业成本压力日益增加的事实，糖价的上涨、国际石油价格的上涨以及PET（生产饮料瓶的主要材料）价格的上涨，使得饮料企业的成本大大增加。

在众多饮料企业无奈接受低利润的时候，汇源果汁却通过技术设计改进了整个生产线，不仅销售额持续上升，而且保持了较高的毛利率。

在吹瓶环节，汇源经过瓶坯优化设计后，吹出的瓶子可比其他饮料企业的瓶子降低2克的重量，每天吹瓶设备每小时可节省100～110克PET。如果每克PET的价格为1分钱，那么一个吹瓶站一小时就可以节省10～11元钱。以此计算，这道工序实际上为汇源果汁节约了巨大的成本。

在灌装环节上，汇源果汁率先采用了无菌冷灌装技术，相对于传统热灌装技术来说，冷灌装技术受热时间短，能最大限度保持产品的新鲜自然，并进一步节约了成本。此外，汇源还采用了一台灌装设备配一台套标设备的设计，不仅保持了整个生产系统的高效率，而且成本压力也得到了大大的缓解。

因为从设计技术上得到了突破，汇源果汁保持了良好的经营业绩，也敢豪迈地对外宣布：即便是面临价格上涨的压力，汇源果汁仍然可以不加价，且利润基本上不会受到影响。

由此可以看出，技术是企业的生命线，掌握了核心技术以及相关的设计，才能从根本上节约成本，才能真正做到经济独立。如果技术上不占优势，就只能处于被动受剥削的局面。我国企业目前必须走出单纯依靠低廉劳动力来赚取微薄利润的被动局面，必须要掌握产业链的中上游，控制设计、原料采购、订单处理、仓储运输、物流、批发以及零售等利润空间较大的环节。

PART 10 领导者的市场意识：有市场才能有发展

把主要精力放在**自己的优势上**

对于管理者而言，在竞争中，应该把主要精力放在自己的优势上，而不是花费精力来补自己的短板。对于企业不太擅长的领域，尽量避免花费力气，因为要从“不太胜任”进步到“马马虎虎”，其中所花费的力气和工夫要远多于从“一流表现”提升到“卓越优秀”。

1981年，通用电气旗下仅有照明、发动机和电力3个事业部在市场上保持领先地位。2001年，杰克·韦尔奇退休时，通用电气已有12个事业部在各自的市场上数一数二。如果它们能单独排名的话，那么通用电气至少有9个事业部能入选500强企业之列。这是杰克·韦尔奇推行“数一数二”战略的辉煌成果。

1981年，杰克·韦尔奇担任通用公司CEO后，开始不断向投资者和下属宣传他的“数一数二”经营战略。他认为，未来商战的赢家将是这样一些公司：“能够洞察到那些真正有前途的行业并加入其中，并且坚持要在自己进入的每一个行业里做到数一数二的位置——无论是在精干、高效，还是成本控制、全球化经营等方面都是数一数二……（20世纪）80年代的这些公司和管理者如果不这么做，不管是出于什么原因——传统、情感或自身的管理缺陷——在1990年将不会出现在人们面前。”

“数一数二”战略开始的时候并不被人们理解。在20世纪80年代，只要企业赢利就足够了。至于对业务方向进行调整，把那些利润低、增长缓慢的业务放弃，转入高利润、高增长的全球性行业，这在当时根本不是人们优先考虑的事情。当时无论是资产规模还是股票市值，通用电气都是美国排名第十的大公司，整个公司内外很少有人能感觉到危机的到来。

但其实当时美国的市场正被日本一个一个地蚕食掉，如收音机、照相机、电视机、钢铁、轮船以及汽车等。通用的很多制造业务的利润已经开始萎缩。而且1980年美国的经济处于衰退状态，通货膨胀严重，石油价格是每桶30美元，有人甚至预测油价会涨到每桶100美元。这对通用的制造业也是个冲击。

韦尔奇接任通用公司CEO的时候，通过雷吉·琼斯的介绍，韦尔奇和德鲁克见了面。德鲁克问道：“如果你当初不在这家企业，那么今天你是否还愿意加入进来？”言外之意，通用公司虽然还是美国排名第十的大公司，但它已经面临着来自全球，特别是日本的竞争压力，利润已经开始萎缩，一些业务处于疲弱不堪的状态。德鲁克接着问道：“那么你打算对这家企业采取什么措施？”问题十分简单，也非常深刻，发人深省。

听完德鲁克的话，韦尔奇下了推行“数一数二”战略的决心。他的想法非常简单明了：一项业务必须做到“数一数二”，否则就“整顿，出售，或者关闭”。杰克·韦尔奇对“数一数二”战略的诠释是：“当你是市场中的第四或第五的时候，老大打一个喷嚏，你就会染上肺炎。当你是老大的时候，你就能掌握自己的命运，你后面的公司在困难时期将不得不兼并重组。”

在最初的两年里，通用出售了71项业务和生产线，回笼了5亿多美元的资金。尤其是中央空调业务的出售，在通用的员工中引起了非常大的心理震动，因为空调业务部是基地设在路易斯维尔的大家电业务部的一个分部，恰好位于通用公司的中心地带。

中央空调业务部门的市场占有率只有10%，这样的市场占有率无法做到由自己掌握命运。通用品牌的空调产品卖给地方上的分销商后，他们带着锤子和螺丝刀“叮叮咣咣”地把空调器给用户安装上，然后他们就开着车一溜烟地回去了。用户们则把自己对分销商服务的不满都记到了通用的账上，他们经常投诉通用。而市场份额大的竞争对手能够获得最好的分销渠道以及独立的承包商。对通用来说，空调是一项有缺陷的业务。

出售交易完成一个月之后，杰克·韦尔奇给原来空调业务的总经理斯坦·高斯基打了个电话，他随同业务转让一起去了特兰尼公司。斯坦说道：“杰克，我喜欢这儿。每次我早晨起来到公司上班，看到我的老板一整天都在考虑空调的问题。他喜欢空调，他认为空调非常了不起。而我每次和你通电话的时候，我们总是谈用户的投诉，或者是业务的赢利问题。你不喜欢空调，我知道。杰克，现在我们都是赢家，我们都能体会到这一点。在通用，我是个孤儿。”

这次通话让杰克·韦尔奇进一步认识到：把通用的弱势业务转给外边的优势企业，两者合并在一起，这对任何人都是一个双赢的结局。特兰尼在空调行业中占据领先位置，合并后，原通用空调部门的人员一下子成了赢家中的一员。面对各种反对意见的狂轰滥炸，斯坦的话坚定了杰克·韦尔奇的决心，无论如何，他都要把“数一数二”战略坚决实施下去。

“数一数二”战略使通用公司很快摆脱困境，走向成功。这种战略体现的正是发现自我优势的思维方式，企业管理者应该从韦尔奇的做法中获得宝贵的启示和经验。

2200多年前，科学家阿基米德对叙拉古国王说：“给我一个支点，我就能撬动地球。”对于企业而言，撬动市场的支点是什么？其实就是要找到自己的优势，找到自己最擅长的业务领域，充分发挥自己的长处，这样才能将市场撬起来，将企业的利润滚动起来。

以严谨的调研找准市场需求

1988年，中国台湾顶新集团开始在大陆投资。然而，在进入方便面市场之前，他们也经历了一段坎坷。

刚到大陆时，顶新集团注意到当时许多家庭的食用油都是品质较差的散装油，于是决定生产高品质的包装食用油，开始了在大陆投资的第一步。由于缺乏对市场的了解，产品价格定得过高，不被消费者所接受，顶新集团的第一炮并没打响。

顶新集团并不甘心失败，又在济南投资生产“康莱蛋酥卷”，还曾到内蒙古投资一个蓖麻油项目，都以失败告终。顶新的董事长魏应行回想起创业时的心境曾感慨地说：“当对内地形势认识只有5%～10%的时候，感觉真是太好了，什么东西一乘上13亿，心情就很激动，恨不得拥抱大陆；但随着时间的延长、投资的深入，当认识到30%～40%的程度时，就沮丧起来，因为不合市场规律的事太多，做什么都不顺利；等到股本赔光，恨不得卷铺盖回家的时候，已经是认识到50%～59%了，一旦越过这个阶段，到达60%以上时，就会‘柳暗花明，峰回路转’了。”

幸运的是，这个“柳暗花明，峰回路转”的契机很快便到来了。但它的到来却具有相当的偶然性和戏剧性。

有一次，魏应行乘火车出差，因为他不太喜欢火车上的饮食，便带了两箱从中国台湾捎来的方便面。没想到这些在台湾地区非常普通的方便面却引起了同车旅客的极大兴趣。大家纷纷夸奖这面好吃，两箱面很快一扫而空。就是这次经历，魏应行发现了一个新的创业契机，就是进军方便面市场。

魏应行等人吸取前几次投资失败的教训，在进军方便面市场之前，对大陆的方便面市场进行了详尽的市场调研。他们对当时市场上已有的方便面品牌做了仔细的分析，发现国内的方便面市场呈两极化趋势：一方面，国内厂家生产的方便面仅几毛钱一袋，但是质量较差，面条一泡就烂，而且都黏在一起，调味料配料简单，冲出来就像味精水；另一方面，进口方便面虽然质量好，却要五六元一碗，一般消费者都接受不了。同时，他们还针对不同层次的消费者做了调查，发现随着生活节奏的加快，大多数人们都希望有一种物美价廉的方便食品。如果生产出一种价格在一两元钱且味美可口的方便面，一定有很大的市场潜力。

大陆和台湾地区虽然同根同源，但两地的很多习俗、观念乃至喜好都有很大不同。这是顶新集团在大陆交了大笔学费后学到的最有价值的一课。于是，在进军方便面市场的过程中，他们始终把市场调研工作放在第一位，绝不做任何武断的决策。

顶新集团首先考虑如何为产品命名。为此，他们颇下了一番功夫，最后给产品起名叫“康师傅”。“康”念起来很响亮，加上顶新集团运作生产经营过的“康莱蛋酥卷”有一定的知名度，方便面姓“康”，与“康莱”可以“称兄道弟”。此外，“康师傅”方便面有个“康”字，也容易引起人们对“健康”“安康”“小康”等的心理联想。“师傅”是大陆最普遍的尊称，也是专业上有好手艺的代名词，“康师傅”叫起来既上口，又亲切，再配上笑容可掬、憨厚可爱的“胖厨师”形象，是一个很具感染力的品牌名称。

确定了品牌名称，接下来就是开发适合大陆百姓口味的面。这也是最为关键的一步。顶新集团对“康师傅”的定位是既要比大陆生产的方便面好吃，同时还要保留大陆风味。考虑到大陆人口味偏重，而且比较偏爱牛肉口味，集团决定以“红烧牛肉面”作为进入市场的主打产品。

在方便面的制作工艺和口味配方确定上，集团的调研策划者采用了最原始的办法——试吃。他们摆设了摊点，请一批试吃者品尝某种配方的牛肉面，一旦有人提出不满意的地方就改。待这批人接受了这种风味后，再找第二批人品尝，根据反馈意见再加以改进。调研部门经过上万次的口味测试和调查，才将大陆风味的方便面制作工艺和配方最终确定下来。

当新口味的康师傅方便面正式上市销售时，消费者的反应几乎异口同声：“味道好极了！”一时之间，康师傅方便面成了北京、天津、上海、广州等几大城市居民最喜欢的方便食品。

顶新集团并没有满足康师傅方便面在大城市的火爆销售。从卖出第一碗面开始，“康师傅”就下定决心要做中国的“面王”，他们瞄准的是全国市场。然而，要在这样一个巨大的市

场上获得消费者的青睐，仅靠红烧牛肉面这一种口味的产品显然是不够的。顶新集团从1994年开始相继在广州、杭州、武汉、重庆、西安、沈阳、青岛等地设立生产基地，生产线也从1条增加到88条。他们每设立一个生产基地，都会在当地展开详尽的市场调研，了解消费者对其产品的意见。根据各地的口味差异，他们先后开发生产了20余种不同口味的产品。这些口味的方便面，由于有详细的市场调研资料为基础，推出后受到了消费者的普遍欢迎。

顶新集团不但努力开发新产品，还从细节处着手，竭力做到让消费者满意。他们最典型的一个创新便是首创在碗面中加放塑料叉，以方便消费者尤其是出门在外的消费者的食用。此项看似不起眼的创举迅速成为潮流，生产方便碗面的厂家纷纷效仿，碗面配小叉成了一项不成文的标准。诸如此类的例子很多。顶新集团正是靠着对市场精确的把握，想消费者之未想，而最终实现了中国面王的梦想。

从顶新集团以前失败和成功的对比中，我们可以看到市场调研的重要性，所以企业要找准需求，抓住商机，就必须重视对市场调研的运用。

市场细分考验管理者市场眼光

市场细分是市场营销的一个基本工具，任何一个企业都要运用它，但是如何运用以及效果如何却有很大区别。市场细分考验管理者的市场眼光，能够看到市场空白的管理者自然会从市场细分中找到最适合企业的市场空间。我们不妨以当年喜力公司进入中国市场为例。

中国市场一度是国际各大啤酒厂家眼中的一块肥肉，世界知名的啤酒公司几乎齐聚中国。20世纪90年代中期，荷兰喜力啤酒公司进入中国市场。与其说喜力啤酒进入的是一个市场，不如说它踏上了一个战场。

几经“战火硝烟”后，不少公司被淘汰出局了。1998年，澳大利亚的富仕达卖掉了它在珠海的工厂，某新西兰公司声称要完全退出中国。2000年8月，一条消息更是震撼了整个中国啤酒界，世界第五大啤酒企业嘉士伯集团在上海的工厂被青岛啤酒收购了。

与此同时，喜力啤酒已经成为中国境内成长最快的国际啤酒品牌。人们不禁要问，在激烈的竞争中，喜力啤酒是如何成长起来的呢？这应该归功于市场细分策略。

中国啤酒市场的竞争异常激烈，产品多处于中低档，消费者对原装进口产品存在心理上的认同，特别是高档产品。通常啤酒的饮用场所分为几种——大众中餐、西餐、酒吧，喜力啤酒的主要细分市场在后两个。

随着中国经济的发展和社会的进步，高档餐厅、酒吧这类的消费场所的数量在迅速增加，而且这一类高档消费场所的功能也趋于多样化，由原来单一的餐饮功能变成了社交场所，在北京、上海、广州、深圳等大中城市甚至出现了“酒吧一条街”。

许多人把商务会谈、私人聚会、情感沟通都搬到西餐厅或酒吧。在有的城市，年轻人甚至以“泡吧”为时尚，出现了“泡吧”一族，这些就为高档啤酒提供了更多的需求，而且人们需要一些有文化内涵的、与众不同的啤酒。

像啤酒这一类消费品，产品不只包括酒的本身，包装的差异化也是一种推销产品的方法。中国市场上的啤酒包装除了易拉罐外，绝大部分为深绿色或棕色的长颈“B”字瓶。而喜力啤酒的酒瓶形态独特，质感均匀，晶莹剔透，观感比目前大部分啤酒瓶都好，整个产品系列采用独有的近似草绿色的基调，给人以清新感。这使得喜力啤酒很容易在超市的货架上被区分开来，给人以良好的第一印象，同时很适合酒吧中的情调。

通过仔细观察可以发现，喜力啤酒无论在文化内涵，还是啤酒的酒精含量、口感，甚至包装上，都迎合了中国高端人士的需求，从而被广泛地接受。

一个优秀的品牌不仅仅应有良好的品质，还要传递给消费者一种文化和理念，在品牌的宣传与推广中形成自己的特色，使竞争能力大大加强。正如喜力公司国际行销经理汤姆森所说：“消费者想看一看我们公司如何为其创造价值，我们要给顾客带来享受和体验。”喜力啤酒在全球市场营销上所投入的费用曾一度达到其年收入的14%，高达10亿美元，并且频繁在各种体育赛事和音乐节上露面，反复向消费者传递一个消息：喜力不仅仅是一杯冰凉的啤酒。

喜力啤酒的目标消费群体主要是高收入人士，所以喜力公司对网球这一贵族运动显得情有独钟。过去喜力啤酒一直在赞助如澳洲网球公开赛、美国网球公开赛和戴维斯杯赛这一类的一流赛事，而之后，它已经开始自己举办网球赛了。它在1998年创办了上海网球公开赛，这是中国首届国际级网球锦标赛，云集了如诺曼、张德培等国际一流选手。比赛过后，喜力啤酒的销量一下增加了30%。

之后，喜力公司又开辟了宣传品牌和增加内涵的“第二战场”——音乐会。在1999年北京“喜力节拍夏季音乐节”后，喜力公司又于2000年5月举办了“喜力节拍2000年夏季音乐节”。在音乐节开始之前，喜力公司进行了强大的宣传攻势，在五星级的凯宾斯基酒店举办了新闻发布会，将北京悠久的文化与音乐鉴赏结合起来，瞄准了有活力、求新、求变的青年人做宣传。

音乐会也选址于靠近北京使馆区与商务区的地坛公园，以显示其国际化的地位，而100元/张的门票则突出了它的贵族身份。另外，在场外还设有大屏幕以吸引更多的潜在消费者，它向人们展示多种世界音乐潮流，为人们带来热烈奔放的节日气氛。这次活动取得了很好的效果。

喜力啤酒另一个值得称道的地方就是它富有针对性的广告。喜力啤酒广告的针对性很强，从它所选择的媒体就可以看出。《中国民航》杂志是在长途航线上发送的，20世纪80年代初可以坐飞机长途旅行的后来大多成了中产阶级，相当一部分成为富有阶层。如《管理者》《商业周刊》（中文版）等，基本是社会中上层及白领阶层的必读杂志，而高档酒店、宾馆的介绍手册也没有被“喜力”忽略。

此外，喜力啤酒广告的主题非常鲜明。例如在《商业周

刊》上连载的系列广告，每期杂志的广告各不相同，其中有的介绍一处名胜附近的一个有历史渊源、又有冰镇喜力啤酒供应的酒吧，并且附上详细地址，以佐证其存在，而在喜力啤酒的商标下又是一行小字——“世界最纯的啤酒”。

在一张纸上，国际化、文化内涵、高品质这几点特征被巧妙地融合。这样一来，喜力啤酒的品牌形象更清晰了，喜力啤酒的高档品位和文化内涵也被更多的人所接受。

喜力啤酒公司面对中国巨大的市场，没有盲目跟进，而是认清行业竞争的情况，对中国啤酒市场进行了精确的细分，在此基础上结合自身优势，选择高收入人士作为目标消费者，进而采取与之相适应的营销策略，使喜力啤酒成功步入中国市场，在高档市场中站稳脚跟。可以看出，无论多么具有诱惑力的市场，都需要对它进行细分，如若不然，就会像进军中国啤酒市场的另外几家外国公司一样遭遇失败。

"善变"的企业往往能持续获胜

随着我国产业结构的调整与升级、竞争性行业竞争激烈程度的日益加剧，越来越多的企业不得不面对一个艰难的抉择：要么甘冒风险实施战略转型，要么坐以待毙终被市场淘汰。

IBM一直是计算机产业的领袖，它每一次改变游戏规则不仅使自己立于不败之地，而且能引领产业发展的潮流。从制表机到计算机领域，从大型机到PC，再到软件服务，再到电子商务，乃至IBM今天倡导的"随需应变"，IBM的历史几乎是由不停地战略转型组成的，而这种转型的频率大概是十年一次。

在20世纪80年代，如果没有IBM对PC的推动，可能就不会有今天的英特尔和微软，也不会有互联网、电子商务。IBM并不是第一个做PC的企业，但是它开启了PC时代。

今天的联想已成为中关村的传奇，它已成为国内PC市场的龙头，占据了超过30%的国内市场，年销售额两百多亿元人民币，在全球技术型企业排名中位列第八。而二十多年前，它还只是一家依靠做电脑代理和维修服务起家的小公司。

联想的历史是一个不断转型的历史，在竞争激烈的电脑市场，联想做别人不想做与不能做的事，通过不断创新，改变游戏规则，如开发汉卡、确立贸工技路线、建立ODM（OriginalDevelopment Manufacturer，原始设计制造商）平台，在国内率先导入了集打印、复印、扫描、传真于一身的多功能机等，联想把一个个竞争对手甩到了后面。

柳传志的"管理三要素"（建班子，带队伍，定战略）与

“房屋理论”，同样重新定义了中国企业的管理，使联想改变了中国民营企业“做不长，长不大”的宿命。进入21世纪，联想面临再一次的跨越，要成为全球领先的计算机公司，它又在重新定义自己。

而那些对市场变化反应迟钝、满足于一时成功的企业，则要为此付出代价。1900年，哈维·费尔斯通创立费尔斯通轮胎橡胶公司。20世纪60年代，并购潮流盛行，许多公司涉足与本业不相干的行业，费尔斯通坚信应固守本业，其多元化经营的脚步仅跨入钢制轮圈领域。不仅哈维在世时所发展的轮胎基本设计一直沿用下去，轮胎寿命也一直维持在两万英里左右，而用了数十年的制造流程也一直未作改变。福特是费尔斯通多年以来最大的客户。

一家公司不断延续其成功方式，当然能维持高效率和经营重心，从而帮助公司在稳定环境中竞争。但是，倘若竞争环境出现变动，公司原有的长处可能变成弱点，资产可能变成负债。

自米其林将辐射胎引进美国市场后，费尔斯通即面临类似困境。从车主关切的每一个角度观之，辐射胎均优于传统的斜纹帘布胎。辐射胎的寿命是传统轮胎的两倍，因此减少发生“爆胎”而导致车祸的概率。再者，辐射胎平均可节省5%～10%的耗油量。

20世纪60年代，米其林在欧洲积极拓展辐射胎市场，米其林在欧洲辐射胎市场的占有率，从先前不到10%激增为接近75%。米其林的成功出击，对不少国家的轮胎产业都造成了

"大地震"，从德国、奥地利、英国到意大利，许多轮胎企业不是关门大吉，就是被迫合并。到了20世纪70年代初期，米其林已成为欧洲轮胎产业唯我独尊的领导厂商。

费尔斯通站在最近的距离，观看米其林一个个击倒欧洲竞争者。20世纪60年代中期，米其林开始为西尔斯生产辐射胎，并宣布将在北美建造第一座辐射胎工厂，并在福特林肯大陆牌汽车上安装辐射胎。从那一刻起，攻击炮火已落到家门口了。

费尔斯通公司的管理者也知道辐射胎时代来临了。事实上，辐射胎是不容忽视的商机。费尔斯通管理者本应迅速积极响应，然而，他们却循着现有战略性框架、资源、流程、关系与价值观的轨迹做出回应。

1988年，日本轮胎制造商普利司通并购费尔斯通，但此一合并行动并未完全终结费尔斯通的问题。2000年，费尔斯通卷入一场饱受社会批评的风暴。问题出在费尔斯通的长期伙伴福特，对其"探险家"旅行车安装的费尔斯通轮胎有安全上的疑虑，因而引发大众的不安。次年，普利司通——费尔斯通公司的主管，正式宣布终止和福特之间近一个世纪的轮胎供应关系。

在这种市场瞬息万变，技术变革不断加速，客户需求捉摸不定的非连续性竞争条件下，企业必须保持其触觉的高度敏感，善于捕获新的机会，适时进行战略调整、业务转型与组织重构等。换言之，适应市场和环境骤变的需要，启动可持续性的企业转型对于国内的企业而言，是一条没有终点的路途。

树立鲜明的服务个性

长长的走廊里陈列着各种各样的小商品、小礼物，诸如钟表、拖鞋、土豆片、玩具、磁带、首饰、工艺品等。也许看起来有点杂乱无序，但它们都可用一个词来表达——便利。这就是沃格林公司的零售商店。

这种策略证明是有效的，沃格林不知不觉上升为全美领先地位最牢固、利润最高的零售企业之一。它顺利地度过了衰退期，创造了17年利润持续上涨的好成绩。它经营的1700家药店分布在29个州，年获利70亿美元，居全美第一。

“我们吸引了许多人，包括青年人、老人、结婚的、单身的，之所以有如此大的吸引力，关键在于便利，这正是顾客最希望的。”凡纳·贝鲁纳说。公司的商品陈列及位置的选择无不体现了公司无论何时何地都将便利放在最重要的地位的宗旨。

公司取得如此辉煌的成绩，还在于他们从小处做起，尽力为顾客提供便利，不放过任何机会，做好每一笔生意。沃格林的每一件商品都是“个人的日常用品”，这不仅指食物和药品，还包括电池、磁带、手表、闹钟、收音机等其他商品。

贝鲁纳说："从方便顾客的角度看，如果你的一台出毛病的收音机需要修理的话，你愿意去商店花50～100元再买一台呢，还是去沃格林的任一商店花3.99～19.99元换一台呢？这就涉及方便顾客的问题。"由此他认为，价格也与方便顾客有关。

公司管理人员也说："无论顾客希望在沃格林买到什么商品，我们都能很快满足，我们为此十分骄傲。并且我们与生产商密切联系，随时可获取最新产品的动态。"

沃格林公司对新商店选址的考查情况，如对每一待选地点的交通状况、出口和入口、人口增长、人口分布、竞争性、销售潜力和便利性等都进行认真研究，其中便利性又是关键。商店是否醒目、停车是否困难、进出是否方便等，这些都是沃格林首先考虑到的问题。

毫无疑问，每增加一个新品种，沃格林必须淘汰某一旧品种，比如它曾淘汰室内用品，给蓬勃兴起的化妆品和药品市场让出经营的空间。一段时间，废品罐、废纸篓、洗衣篮等室内用品占据了沃格林5.5～7.3米的货架，后来降到1.83米，只够放一只桶、一只废纸篓、一只小废物罐和一只洗衣篮。这样，公司在不放弃为顾客提供便利的前提下，可以用增加的空间来经营利润更高的产品线。

企业在营业推广时，需提高相应的服务能力，以增强营业推广的效果。不能为推广而推广，不考虑效果。这些基础服务包括：

（1）信息服务。向顾客迅速、准确、有效地传播有关商品的信息，使顾客能获得比广告宣传更完整的有关商品功能、使用、特色、维修等方面的信息。

（2）知识服务。向顾客传播新的产品概念和科技知识，引导顾客消费。

（3）技术服务。向顾客提供产品设计安装调试、维修保养、保证零配件供应、解答技术咨询、进行技术培训、提供解决问题的技术方案等。

（4）便利服务。向顾客提供运输、储存、包装等便利顾客购买和使用的服务；在销售咨询、购买地点、购买时间、付款方式、保修退货、事故处理等方面给予可能的便利。

（5）财务服务。向顾客提供分期付款、延期付款、资金融通、租赁等财务性服务。

（6）态度服务。企业所有会影响顾客的人都要以很好的态度对待顾客，体现出对顾客的尊重和关心。

当然，要做到这六点是需要强大的财力支持的，非一般企业所能接受，但只要做好了其中的两点或三点就可以树立鲜明的个性，从而实现吸引顾客的目的。沃格林把全部力量放在了便利上，无论是商店选址、商品的种类还是服务措施都体现了便利，成功也就顺理成章了。

机遇属于第一个到达的企业

孙子说：“兵贵胜，不贵久。”意思是说：“军队的价值在于获得胜利，而不是在于久攻不下。”其核心思想是：打仗要速战速决。在商业竞争中，很多管理者都有着这样的经验：

机遇虽然是给予有准备的人，但如果有准备的人多了，机遇肯定是给予第一个到达的人。

打仗就是为了获胜，时间一久就会耗损军力、挫伤锐气，攻打城池时兵力已经不济，长期在外作战，国家的财力就会不足。耗损军力、挫伤锐气、实力不济、财力枯竭，那么其他诸侯国就会趁机起兵，那时就算是再有智慧的人也无力回天了。据史学家考证，在孙武的时代，战争一般就打一天。孙武一再强调要速战速决，是考虑到打仗要损耗财力，让国家经济发展受到拖累。

“兵贵神速”历来为兵家所推崇，所以古今中外的军事家都强调“速战速决”的作战思想。战争中，时间就是胜利的保证，谁抢先占领了战争的先机，谁就最有可能取得战争的胜利。孙子对旷日持久的战争对国家和民众造成的伤害进行了详细的论述，因此提出进攻作战应该速战速决，宁可“拙速”，不可“巧久”。

对于企业来讲，竞争的核心问题同样是速度的竞争。比尔·盖茨在其《未来时速》一书中描述：“在未来的10年中，企业的变化会超过它在过去50年的总变化。如果说20世纪80年代是注重质量的年代，90年代是注重再设计的年代，那21世纪的头10年就是注重速度的时代，是企业本身迅速改造的年代，是信息渠道改变消费者的生活方式和企业期望的年代。”

比尔·盖茨本人就亲历过一次以速度取得胜利的事件。20世纪80年代，美国莲花公司在“莲花1-2-3”研制的基础上，趁势为苹果的麦金塔电脑开发软件，名为“爵士乐”。比尔·盖茨在透彻分析了“莲花1-2-3”的优劣后，决定超越莲花公司，尽快推出世界上最高速的电子表格软件，并将该软件定名为“超越”。

在整个设计过程中，比尔·盖茨紧紧盯着莲花公司的进程，唯恐落后于人，并一再加快“超越”的研制步伐，决心抢在“爵士乐”之前吹响“超越”的号角。在比尔·盖茨与操作人员的共同努力下，“超越”整整比莲花公司的“爵士乐”提前5个星期问世。这5个星期就决定了“爵士乐”的命运。到1987年，市场报告表明：“超越”以89：6的绝对优势，远远超过了“爵士乐”。

比拼速度，其实就是比拼时间的利用效率。时间是一种不可再生的稀缺资源，所以在商业活动中只有充分重视时间，才

有可能把握住稍纵即逝的商机。

时间对于企业来说，就是成本，也是资本。抓住了时间，就挽回了很多损失，同时也超越了同行。而对现在的领导者来说，重视时间一方面要行动果断、流程顺畅；另一方面则要鼓励团队珍惜时间，提出更高效率的建议。

速度可以说是当今社会最珍贵的东西了，因为只要有了适宜的速度，往往就会获得成功。速度竞争有以下优势：为企业赢得最宝贵的时间；带给企业更大的现金流；提高企业的赢利能力及抢占更多的市场份额。速度决定着企业的竞争能力。

有人说："现代企业的竞争，就是速度的竞争。"大家都在追求速度，只有具备比竞争对手更快的速度，企业才能获得真正的价值和额外利润。

PART 11

领导者的创新意识：创新是企业长青的基础

企业长青的基础

1928年，保罗和约瑟夫从芝加哥一家倒闭的蓄电池公司购买了整流器业务，创立了摩托罗拉公司的前身——高尔文制造公司。从生产出第一台汽车收音机，到进入家庭收音机领域，再到寻呼机的面世，一直到成为世界无线通信业的巨头，摩托罗拉已经走过了八十多个春秋，而且在很长一段时间都保持着旺盛的生命力。它的秘密何在呢？

秘密就在于摩托罗拉的“三新”法宝：不断地创造新产品，开辟新领域，占领新市场。创新造就了摩托罗拉，也向世人证明了一点：企业只有不断创新，才能保持长久的生命力。

1966年，弗农提出了著名的“产品生命周期”理论。该理论认为，由于技术的创新和扩散，产品和生物一样，也具有一个生命周期。产品的生命周期大致分为五个阶段：产生期、成长期、成熟期、销售下降期、衰亡期。

根据弗农的产品生命周期理论，每一个产品的生命周期都

是有限的，到了一定时间就必然会演化成另外一种新的形式。如影碟机代替录像机，手机代替寻呼机，汽车代替自行车，这些都是由于技术变革而引起的，同时导致了原来从事录像机、寻呼机、自行车生产的企业转产或同时发展其他产业，进入新的成长领域。

同样，在生物法则下，企业也有作为生命有机体的诸多生命现象，如企业追求成长，企业遵从优胜劣汰的自然规律，企业有自觉能力并对环境做出反应等。在市场法则下，任何企业都不是一个孤立静止的实体，而是一个不断发展的生命体，而且企业也具有从出生到死亡的生命周期。

美国人伊查克·爱迪斯在他写的一本名为《企业生命周

期》的书中，把企业的生命周期分为10个阶段，即孕育期、婴儿期、学步期、青春期、壮年期、稳定期、贵族期、官僚化早期、官僚期、死亡期。爱迪斯准确生动地概括了企业生命不同阶段的特征，并提出了相应的对策，为我们指明了企业生命周期的基本规律，提示了企业生存过程中基本发展与制约的关系。

根据爱迪斯理论，壮年期是企业生命周期曲线中最为理想的阶段，在这一阶段上企业的自控力和灵活性达到了平衡。壮年期的企业知道自己在做什么，该做什么，以及如何才能达到目的。壮年期并非生命周期的顶点，企业应该通过自己正确的决策和不断的创新变革，保持持续增长的势头。因为一旦失去创新的劲头，就会丧失活力，停止增长，走向官僚化和衰退。所以我们说：创新是企业长青的基础法则。

企业只有在变革、创新中才能成长，也只有创新才能保证企业不断强大。

有一天，龙虾与寄居蟹在海中相遇，寄居蟹看见龙虾正把自己的硬壳脱掉，露出娇嫩的身躯。寄居蟹非常紧张地说："龙虾，你怎可以把唯一保护自己身躯的硬壳也放弃呢？难道你不怕有大鱼一口把你吃掉吗？以你现在的情况来看，急流会把你冲到岩石上去，到时你不死才怪呢！"

龙虾气定神闲地回答："谢谢你的关心。但是你不了解，我们龙虾每次成长，都必须先脱掉旧壳，才能生长出更坚固的外壳。现在面对危险，只是为了将来发展得更好而做准备。"

企业也是如此，如果一个企业总是依靠自己某一时期的成功产品来赚取利润，而不去开发新的项目，就会像寄居蟹一样，永远活在自己过去辉煌的庇护之下，不会有太大的发展。

只有不断地脱壳，龙虾才能保证自己不断发展强大。当然，这期间有成长的机会，同时也充满了危险。一个企业同样有自己的脱壳期，就是一个企业的战略转折点。一个企业的走向转为下降或上升，出现较大变化的这个转折点非常重要。

在企业生命周期曲线上，我们看到这样的点非常多，特别是在两个阶段交替的时刻。这样的点就叫企业的战略转折点，也叫危机点，包括危险和机会。如果能够化危险为机遇，企业就能继续发展下去，否则就会走下坡路。

企业成长中的变革与创新正如生物成长过程中的蜕变一样，是不可避免的进化过程。

创新是企业生存的基础，是企业不断成长的保证。在技术更新不断加快的今天，创新的企业日新日强，守旧的企业逐渐衰亡。

知识创新是创新管理的核心

创新并不是简单地创造新东西，它具有特定的经济学内涵。创新不同于“发现”和“发明”。早在熊彼特提出创新的概念时，就把创新与发明进行了区别。发现是知识新的增加，是发明和创新的重要知识来源；一项发明则是一个新的人造装置或工序等。

发明可以申请专利，但不一定能为社会带来利益；而创

新是创造和执行一种新方案，以达到更高的社会效果。创新与发明的不同之处就在于它是一种具有经济和社会目标导向的行为。一般来说，为了使一项发明带来利润就需要创新，但一项创新不一定要基于一项发明。

以经济和社会利益为目标的创新是目前世界各国理论界和政府政策制定者主要关注的对象。从知识经济的角度来看，发明是一种知识生产活动，创新则表现为知识创新。创新与发明的区别，也就是知识创新与知识生产的区别。

知识经济时代的创新与工业经济时代的创新的最大区别，就是创新的核心已经从技术、组织、制度等拓展到了知识。知识不仅包括科学技术知识，还包括人文社会科学知识、商业知识和工作中的经验知识，等等。知识创新是知识经济时代讨论创新的重点，它不是在过去的创新之外，而是新时代所有创新活动的共同实质。在工业经济时期，创新主要表现为技术创新；在知识经济时代，创新则主要表现为知识创新。

知识创新，是指通过科学研究，获得新的基础科学和技术科学知识的过程，目的是追求新发展、探索新规律、创立新学说、积累新知识，并应用到产品（服务）中去，促使企业获得成功，使国家经济活力得到增强，社会取得进步。

知识创新的各项特征要求知识创新具备各种特殊条件，而这些特殊条件又与其他类型创新的条件截然不同。

第一，知识创新需要仔细地分析各种元素——社会元素、经济元素、知觉元素及知识本身。这个分析过程必须验证某些知识体系是否健全，然后企业才能决定能不能使知识变成产品。或者，企业会决定顺延一段时间再试。莱特兄弟的故事是这个方法的最佳说明。他们先弄清楚建造一架有人驾驶的飞机需要哪些知识，然后他们弥补知识的欠缺，同时也学习可能会用到的知识，接下来再从理论到实验，进行实际飞行，直到得到他们所要的数学公式，再利用这些珍贵的公式来制造辅助翼及修正主翼等。

第二，知识创新的第二项要求是战略地位的清晰与集中。在实际操作中，知识创新不能只是实验性的执行，它必须保证每个步骤都正确而不寄希望于第二次机会。在前述的各种创新中，即使在某一步骤失败，创新者也不用担心会受到外界的干扰，这种现象不会在知识创新里出现。在这里，创新者有太多的对手，创新者只要跌倒一次，爬起来想要再追，恐怕就只有望尘莫及了。

基本上，知识创新有三个要点：一是发展出一个完全主宰创新范围的系统；二是知识创新可以创造自己的市场、自己的客户，而不受其他厂商干扰，它创造的这个市场不容易有外来者侵入，因为它的产品是独一无二的；三是占据一个商业据点，集中精力在社会的某一层面实施创新。

第三，知识创新者尤其是高科技方面的创新者需要学习管理企业的能力。因为，企业管理对知识创新者的重要性远超过其他行业。知识创新的风险较大，所以它的回报率也很高。

但是，一般的知识创新者的管理知识普遍不足。大致上来说，知识创新的风险之所以这么高，主要的责任还是在于管理者本身。他们轻视高科技外的一切知识。他们为本身的高科技知识沾沾自喜，而变得目空一切；他们相信所谓“品质”的定义就是复杂的科技，而非满足客户价值观的产品。

创新的考验就在于能否**创造价值**

德鲁克说：“创新的考验在于能否创造价值。”创新的考验也是对质量的考验，并不是“我们是否喜欢这个创新”，而是顾客“是否愿意花钱购买这个创新”。

总经理一定要有理想，但不要理想化。理想与现实是人类永恒的话题，认清两者之间的关系对企业来说尤为重要。总经理若空有理想，而没有对现实和环境的认识，那么企业很可能还没成形便已夭折。一个过于理想化的总经理，往往会令企业的成长道路布满荆棘。

1987年，留学日本的何鲁敏谢绝了日本方面的高薪挽留，带着9箱技术资料回到国内。何鲁敏是一个纯粹的技术人员，他完全可以进入国家科技部门从事技术研发工作，但是他选择了创业。

那时候，中国人均GDP才290美元，何鲁敏却把创业的目光瞄准了空气加湿器。

加湿器、净化器这个产业在国外叫IAQ（英文Indoor AirQuality的缩写），即室内空气品质行业。它的市场容量和人均GDP呈正比例关系，一般人均GDP在4000～5000美元的时候，这个行业才会出现比较大的增长。

当时对这些情况一无所知的何鲁敏带着一腔热血，头也不回地跳进了这个非常冷门的领域。很快，对做生意过于理想化的何鲁敏遭到了来自市场的当头棒喝。

创业之初，何鲁敏相信科学技术是第一生产力，一个企业中没有比技术更有用、更值钱的东西了。后来他发现不完全是这样的，技术先进并不是一个企业成功的先决条件。当公司做市场调查时，才发现最先进的东西消费者未必接受，消费者接受的东西未必是最先进的。

好在抗挫折力极强的何鲁敏一路坚持，终于大难不死，取得了成功。如今，亚都公司不仅坐稳了国内同行业老大的位置，也成为2008北京奥运会的空气质量独家供应商。

回忆起年轻时的创业经历，何鲁敏忍不住感叹："太前瞻了不一定是好事，可能会遇到许多倒霉事。但好在亚都不断地遇到倒霉事，也不断地遇到机会，最终还是伴随着中国的GDP一起成长起来了。"显然，成长过程就是不断将目标褪去理想色彩的过程。只有将目标完全与现实的市场需求对接起来，目标才可能实现，事业才可能获得发展。

文化创新是创新管理的源泉

企业文化通过员工价值观与企业价值观的高度统一，通过企业独特的管理制度体系和行为规范的建立，使管理效率大幅提高，使企业得以飞速发展。

创新作为企业的一项基本功能，是企业管理的一个根本特征。当代管理大师彼得·德鲁克说，创新和企业家精神是人类进入"开拓进取型经济"阶段后的"正常的、稳定的和连续不断的需要"。在这里，德鲁克不仅把创新当作现代企业文化的一个重要支柱，而且把它看成是社会文化的一个重要部分。

企业应该如何进行文化创新？组织文化是由相对稳定和持久的因素构成的，这一事实往往导致文化的变革受到相当的阻力。一种文化需要很长时间才能形成，一旦它形成，又常常是牢固和不易更改的。如果某种特定的文化已经变得对组织不适宜，就必须设法变革。要注意的是，不要幻想组织文化的创新在短时期内就会完成。即使在最有利的情况下，组织文化的创新也常常要经历较长（不是几周或几个月）的时间，才能看出其中的变化。

1. 促进组织文化创新的有利条件

（1）大规模危机出现。这可以成为动摇现状的一个震源，促使人们对现有文化的适应性产生怀疑。例如发生令人吃惊的财务亏损、重大的决策失误，或者组织失去重要的客户。

（2）高层领导者换人。在这里，高层领导者既可以指首席执行官（企业最高领导者），也可能包括所有的资深经理。新的领导者往往会给组织带来一种不同的价值观，他们对危机也会有更强的感觉和反应能力，同时原来文化对他们的约束又相对较少。

（3）组织新而小。新建立的组织，其文化的渗透力较弱。当组织规模较小时，管理者也更容易传播新价值观。

（4）组织文化弱。一种组织文化越是广泛渗透并在成员中形成对总价值观的高度认同，那么它就越难得到改变。相反，弱文化比强文化具有更大的可变性。

2. 促进组织文化创新的策略

如果具有合适的条件，那么管理者如何推动组织文化的变革呢？重要的一点就是对现有的文化进行创新，这需要一个全面的、协调的战略。

（1）组织文化分析。创新的最佳着眼点是进行组织文化分析，这包括进行文化审核以评估现有的文化，即分析现有文化与环境是否适应；确定与环境适应的文化内容；将现有文化与预期的文化作比较，进行差距评价以确定哪些价值观及文化要素需要创新。

（2）向员工宣传创新组织文化的必要性和紧迫性。虽然危机可以作为变革现有文化的一种契机，但危机并不是组织的所有成员都能意识到的。因此，管理者必须向员工明确说明，如果不马上推行变革，组织的生存就会受到致命的威胁。要是员工没有意识到文化创新的必要性和紧迫性，那就很难使组织文化对创新的努力做出反应。

（3）任命具有新观念的新管理者。任命新的最高层管理者本身就是一个信号，它预示着一场重大的变革即将发生。新的管理者常会带来新的观念和行为标准，大胆地推动文化的变革。当然，新管理者要想把他的新观念尽快地注入组织中，往往需要将关键管理职位的人员调换成忠于这一观念的人。例如，美国的克莱斯勒公司曾成功地进行了文化的创新，首先公司任命了新的首席执行官李·艾柯卡，而他又对公司高层经理做了大规模、迅速地调整，这为文化变革打下了坚实的基础。

（4）发动一次组织重组。伴随着主要管理者的调整，发动一次组织重组也具有重要的意义。设立一些新部门，或者将某些部门合并或取消，这些都以显而易见的方式传达着管理当局下决心将组织引入新方向的信息。

（5）引入新口号、新故事、新仪式、新象征来传播新价值观。新的领导者也要尽快创造出新的口号、故事、仪式、物质象征等来取代原有的文化载体，以便更好地向员工传播组织的主体价值观。这需要迅速行动，耽搁只会使新管理者与现有文化为伍，从而关闭推行变革的大门。

（6）围绕新的价值观体系，树立新的榜样。管理者还要改变人员的选聘和社会化过程，以及绩效评估和奖酬制度，树立新的榜样，以便对采纳组织所期望的价值观的员工形成有力的支持。

下篇

领导艺术

PART 01

领导的识人艺术：做优秀人才的“伯乐”

优秀人才具有哪些品质

领导者选择人才，首先要看重一个人的品行，因为具备优秀品质的人才才是可塑之才。一般而言，优秀的人才都具有以下8种品质。

1. 进取心与责任心

进取心是使个体具有目标指向性和适度活力的内部能源，认真而持久的工作是个体事业成功的前提，而具有进取特质的个体也就具有了职业成功的心理基石。责任心强的人往往能够审时度势选择适度的目标，并持久地、自信地追求这个目标，所以责任心强的人的事业更容易成功。

2. 自信心

自信为个体在逆境中开拓、创新提供了信心和勇气，也为怀疑和批评提供了信心和勇气，自信总能使自己的好梦成真。没有信心的人会变得平庸、怯懦、顺从。喜欢挑战、战胜失败、突破逆境是自信心强的人的特点。

3. 自我力量感

虽然人的能力存在差别，但只要个体具有中等程度的智力，再加上善于总结经验、教训，善于改进方法和策略，那么经过主观努力之后，许多事情都是能够完成的。因此，可以把成功和失败归因于努力水平的高低和工作方法的优劣。

4. 情绪稳定性

稳定的情绪对技术性工作有预测力。冷静、稳定的情绪状态为工作提供了适度的激活水平。焦虑和抑郁会使人无端紧张、烦恼或无力，恐惧和急躁易使人忙中出乱。

5. 自我认识和自我调节

了解自己的优势和短处，与组织环境的关系，善于调节自己的生涯规划、学习时间等。

6. 社会接纳性

在承认人人有差别和有不足的前提下接纳他人。社会接纳性是建立深厚的个人关系的基础，领导者应真诚地对他人及他人的言语感兴趣，在其言语表达时认真倾听并注视对方。

7. 社会敏感性

有对人际交往性质和发展趋势的洞察力和预见力，善于把握人际交往间的逻辑关系。行动之前要思考行为的结果，设身处地地想一想他人的处境，乐于与人交往，能设身处地地体察他人的感受。

8. 社会影响力

有以正直和公正为基础的说服力，有使他人发展和合作的精神，有一致性和耐力，善于沟通和交流。具有自信心、幽默等对情感的感染力，仔细、镇静、沉着等对行为的影响力，仪表、身姿等对视觉的影响力，忠诚和正直等对道德品质的感染力。

如果一个人具备以上8种品质，那他就会是一位不可多得的人才。

人不可貌相，海水不可斗量

人不可貌相，海水不可斗量。领导者不能被下属的外表所迷惑，应该由表及里，通过观察现象认清他的本质，看准下属的“庐山真面目”。

当一个应试者衣冠楚楚地站在你的面前时，或许你会赏心悦目于他的外表，但要记住：华丽的外表与能力的大小不一定成正比。企业需要的是有能力的人，而不是时装模特或电影明星。一个穿着普通的人也许会成为企业业务发展的栋梁之材。

怎样才能避免仅以貌识人的错误呢？作为一名领导，要想迅速而有效地识别和发现潜在人才，应注意以下几点：

1. 观其行，看其追求

一个人的行为，体现着一个人的追求。任何一个人，一旦进入了自己希望进入的角色，就会为了保住这个角色而多多少少地带点“装扮相”。而那些处在一般状态中的人才，他们既没有失去角色的担心，又不刻意寻觅表现自己的机会，所以他们的言行都比较质朴自然。领导者如果能在一个人才毫无装扮的情况下透视出他的“真迹”，而且这种“真迹”又包含和表现出某种可贵之处，那么就可以大胆起用这种人才，十有八九是可靠的。

2. 听其言，识其心志

潜在的人才大多尚未得志，他们在公开场合说官话、假话的机会极少，因此他们的话绝大多数都是在自由场合下直抒胸臆的肺腑之言，是不带情感倾向的本质之言，因而就更能真实地反映和表达他们真实的思想情感。

3. 闻其誉，察其品行

善于识别人才的人，应时刻保持头脑清醒，有自己的独到见解，不受“语浪言潮”所左右。对于已成名的显露人才，不跟在吹捧赞扬声的后面唱赞歌，反而应多听一听负面意见；对于未成名的潜在人才所受到的赞誉，则应留心在意。这是因为，人们大多有“马太效应”心理，人云亦云者居多，大家说好，说好的人愈发多起来；大家说不好，说不好的人也会随波逐流。而当人才处在潜伏阶段时，是不会受到“马太效应”影响的。再者，人们对他吹捧没有好处可得，因此人们对潜在的人才的称赞是发自内心的，所以用人者如果听到大家对一位普通人进行赞扬时，一定要引起注意。

4. 析其能，辨其才华

潜在的人才虽处于成长发展阶段，有的甚至处在成才的初始时期，但既是人才，就必然具有人才的先天素质，或有初生牛犊不怕虎的胆略，或有出淤泥而不染的可贵品格。总之，既是人才，就必然有他不同寻常之处，否则就称不上是人才。一位善识人才的“伯乐”，正是要在“千里马”无处施展腿脚之时就识别出它与一般马匹的不同。若是“千里马”早已在驰骋腾越之中显出英姿，又何须“伯乐”识别！

领导者通过以上四点，就可以避免以貌取人，从而在实际工作中顺利找到真正的人才。

选人的范围要“厚”

领导者选人时，在范围上要秉承宽厚的原则，要任人唯贤，不能计较个人恩怨，做到“内举不避亲，外举不避仇”。古代帝王在选拔官员的时候，唯一的标准是这个人是否有能力，在其位是否能最大化为国家利益服务。如果满足这个条件，仇人也可以举荐，亲生儿子也可以举荐，直属的下级也可以举荐。

为什么历史上有许多杰出的领导者都能够做到“不避仇敌而委以任用”这一点呢？

仔细分析起来，其实也很简单，还是回到用人的出发点上，只要是有德有才的人，就不应该因为一己私利而弃之不用。真正高明的领导者，要成就大事，完全不会去注意个人的恩怨和感情问题，他们的眼里只有“人才”和“无才”之分，而没有亲仇的概念。他们更为清楚的一点就是，如果能够放手使用原来敌对阵营的分子或与自己政见不合的人，是表现自己宽宏大量、公正无私、求贤若渴的最好时机，也只有这样做，才能广纳天下贤才！

唐朝建立后不久，唐高祖李渊的两个儿子李建成和李世民为争夺皇位继承权展开了激烈的斗争。魏徵原是李建成的主要谋士，曾献策除掉手握兵权的李世民。李世民获悉后发动了“玄武门之变”，消灭了李建成的势力，魏徵作为李建成的余党被抓获。按当时的惯例，应当把他处死并株连九族。

但李世民并没有这样做。在审问魏徵的时候，太宗问他：“你为何要为李建成出谋划策，与我作对？”魏徵毫无惧色，答道："人各为其主，可惜太子不听我的劝，否则今天的胜负尚未可知！"李世民见他机警刚直，是个难得的人才，便不计前仇，不仅没有治他的罪，反而任命他为谏议大夫。而魏徵也没有因为感谢不杀之恩而对太宗阿谀奉承，只是一心一意辅佐太宗治理朝政，并尽心尽力直言进谏，经常对太宗提出意见和批评，许多意见尖锐激烈，有时甚至把太宗弄得面红耳赤，在众大臣面前下不来台。太宗虽然有时很生气，但他完全明白魏徵的批评是出于一片忠心，为了维护江山社稷的长治久安。因此太宗十分器重魏徵，并在一次酒宴上公开表扬魏徵："贞观以来，尽心于主，安国利人，犯颜正谏，匡朕之违，唯见魏徵一人。古之名臣，何以如此。"并随即解下佩刀赐予魏徵。

当然，也并不是所有的仇家敌将都应该招为己用，否则历史上也就不会有那么多因用人失败而国破家亡的血腥史了。在运用"不避亲仇"的谋略时，领导者还需注意的一个问题是：在考虑所谓的"仇""敌"时，要考虑到对方是否人品出众，是否有才有能，用了他对于自己是利是弊，等等。

在用人上，完全弃用仇敌固然不可取，但完全信用仇敌也是不明智的。历史上有许多事例都证明，领导者不加审查，随意招降纳叛，结果招进来的所谓"人才"不但不予感激，反而尽展阴谋诡计，毁掉了自己苦心经营的事业。

可见，"外举不避仇"的用人谋略，其根本出发点就是有利于自己的事业。只要有利于事业，即使是再仇恨的人，也能以诚相待，邀其加盟，为自己的事业发挥作用。否则，即便他才能世间无双，也坚决不能吸收到自己的帐下。

选人的标准要“严”

领导者选人的标准要“严”，意思就是领导者在为企业选择人才时，对人才的能力素质要有严格的要求，不能什么人都要，萝卜白菜一把抓。

有一篇著名的寓言，说一个人惧怕锋利的剃刀，为了不使自己的脸面受伤，就用一个很钝的剃刀来刮胡须，结果不但胡子没有刮干净，还刮得满脸是血。他最后写道：“世上好多人也是用这种眼光来衡量人才的。他们不敢使用一个真正有价值的人，光搜集了一帮无用的糊涂虫。”

现代的领导者，应该从这个极富哲理的寓言中获得启迪。

日本企业在选人方面绝对可以说是费尽心机，因为他们

懂得选人的要义：只有选得严格，才能用得准确、提高管理能力，从而收到预期的效果。日本企业的员工，之所以工作起来充满激情，首先就得益于企业选人有道。日本一家拉链厂为了选派一个车间主任，厂领导先后同应聘的十余位候选人交谈，初步选中一个后，又把他放到好几个科室去分阶段试用，试用合格后才最终留下来。美国国际商业机器公司（IBM）是世界著名的高效能企业，该公司领导自称花在人事方面的精力比任何方面都多。该公司的销售代表史蒂夫说："我曾与许多大公司负责招聘的人洽谈过，但是没有一家像国际商用机器公司问得那么详细，在他们决定录用我之前，至少有十几个人和我谈过话。"由此可见该公司选人之严。

日本电产公司在选人时标新立异，充分显示了"严"的手段。

该公司招聘人才主要测试3个方面：自信心测试、时间观念测试和工作责任心测试。

自信心测试时，他们让应试者轮流朗读、讲演或打电话，主考官根据其声音大小、谈话风度、语言运用能力来判断是否录取。他们认为，只有说话声音洪亮、表达自如、信心百倍的人，才具有工作能力和领导能力。

时间观念测试是看谁比规定的应试时间来得早就录取谁。另外，还要进行"用餐速度考试"。如他们通知面试后选出的60名应试者在同一天到公司进行正式考试，并说公司将于12点请各位吃午饭。考试前一天，主考官先用最快的速度试吃了一碗生米饭和硬巴巴的菜，大约用5分钟吃完，于是商定10分钟内吃完的人为及格。应试者到齐后，12点整主考官向大家宣布：“正式考试1点钟在隔壁房间进行，请大家慢慢吃，不必着急。”但应试者中最快的不到3分钟就吃完了，截至预定的10分钟，已有33人吃完饭。公司将这33人全部录取了。后来，他们大都成为公司的优秀人才。

工作责任心测试是让新招的员工先扫一年的厕所，而且打扫时不用抹布、刷子，全部用双手。在这个过程中，把那些不愿干或敷衍塞责的人淘汰掉，把表里如一、诚实的人留下来。

从质量管理角度看，注意把看不到的地方打扫干净的人，不只追求商品的外观和装潢，而且注意人们看不到的内部结构和细微部分，会在提高产品质量上下功夫，养成不出废品的好习惯。这是一个优秀的质量领导者应具备的美德。

日本电产公司正是采用上述奇特的招聘术获得人才，使公司生产的精密马达打入了国际市场，资本和销售额增长了几十倍，获得了巨大的成功。

对人才不能求全责备

赵国有一个人，家中鼠患成灾，于是到中山国去，讨了一只猫回来。这只猫善捕老鼠，却有个爱咬鸡的毛病。过了一段时间，家中的老鼠被捕光了，消除了鼠患，但家中的鸡也被那只猫全咬死了。

于是，儿子问父亲：“为什么还不把猫赶走呢？”言外之意是说，猫有功也有过。

父亲回答说："这你就不懂了。咱们家最大的祸害在于有老鼠，不在于没有鸡。有了老鼠，它们会偷吃咱们家的粮食，咬坏我们的衣服，弄坏我们房子的墙壁，毁坏我们的家具器皿，我们就得挨饿受冻，不除老鼠怎么行呢？没有鸡，最多不吃鸡肉。赶走了猫，老鼠又来为患，那为什么要赶走猫呢？"

赵国人深知猫的好处远远超过猫所造成的损害，所以不愿赶走猫。日常生活中，确实有像赵国人家的猫那样的人，他们的贡献是主要的，比起他们身上的毛病和他们所做的错事来，要大得多。如果只是盯住别人的缺点和问题不放，怎么去团结人，充分发挥人才的积极性呢？领导者在用人时也应该像这个故事中的赵国人一样，不能求全责备，世上十全十美的人才是没有的。只要一个人的长处能为我所用，其短处不会对事业产生危害，就应该大胆地使用。

某计算机公司的一位女推销员在与客户交谈时总能游刃有余，谈笑风生，可是一接触文字工作就会束手无策，头痛不已。她说："每当我看见表格、文件，比如与客户会谈的报告、费用表时，我会立刻神经紧张。"针对这种情况，公司老板不是强求她去克服缺点，而是再雇一个人来帮助她处理文字工作方面的事宜，使她能将精力全部投入到产品推销方面，她的工作绩效由此提高了一倍。

这个老板无疑是聪明的。如果对这名女推销员弃之不用，肯定是浪费了人才；如果总是强调她改正缺点，就会让她陷入自己不想干、干不好的文字工作中，当她被自己的劣势折磨，就会直接影响到她另一特长的发挥。请一个人来协助她，只需消耗新增销售利润中的一点点儿，不仅经济总账上是得远大于失，而且还会获得该女推销员的感激与忠诚。

南宋戴复古说“黄金无足色，白璧有微瑕”“金无足赤，人无完人”，世界上没有十全十美的人才，人总难免有短处与缺陷。面对这样的现实，领导者要如何解决，陆贽给出了答案：只求能人，不求完人。他是这么说的：“人之才行，自昔罕全，苟有所长，必有所短。若录长补短，则天下无不用之人；责短舍长，则天下无不弃之士。”

子思曾向卫王推荐过苟变：“他有可以率领五百辆战车的才能，可任命他为军队的统帅。如果得到这个人，就会天下无敌。”卫王却说：“我知道他的才能可以成为统帅，但是苟变曾经当过小吏，去老百姓家收赋税时，吃过人家两个鸡蛋，所以这个人不能用。”子思开导卫王说：“圣明的人选用人才，就好像高明的木匠选用木材，用它可用的部分，抛开它不可用的部分。现在您处在纷争的时代，要用的是军事将领，不能因为两个鸡蛋就不用能打仗的人才啊！”卫王如梦初醒，马上拜谢说：“愿意接受你的指教。”

苟变的故事告诉领导者，不能因为人才有缺点，就放弃使用他的大才干。鲁迅曾拿书与人才作比较：“倘要完全的书，天下可读的书怕要绝灭；倘要完全的人，天下配活的人也就有限。”那些明智的领导者正是认识到了这一点，不仅会用人之长，还能容人之短，用人不求全责备。他们看重的是人的才干，而不是缺点，不会因为人才有哪一方面的缺陷就放弃使用。

求贤若渴是领导者责无旁贷的职责，但这并不是要求领导者一定要选用十全十美的人才。领导者选人应该将人才的长处和短处都看得清清楚楚，只要这个人的长处能为我所用，短处不会对事业产生危害，那么这个人就是人才，就要大胆地使用。

要知道，能力比学历重要

成功的企业领导者在识人用人方面从来都崇尚实才。注重实才、慧眼识英才、大胆起用人才是领导者提高识人用人能力的重要途径。但是要想真正地做到人才为我所用，就必须树立正确的识人用人观，注重所用之人的真才实干，不慕虚名，不唯学历。在实践活动中能够真正做到这一点，企业领导者才有可能获得事业的成功。

不唯学历是领导者起用人才的一个重要内容。

文凭的性质和作用是认可一种知识和获得新知识的能力，

现代社会中，许多企业老板都把严格的学历要求看作保证人才素质的重要条件。有的公司在选拔任用制度上，对学历有明文规定，甚至达到十分严格的程度。企业领导过于注重人员的学历文凭，已经成了一种十分普遍的社会现象。

诚然，企业领导在选择录用人才时，把学历作为一个条件是应当的，而且也是必要的。但是，如果不从实际出发，竞相制定一些高学历的规定，对学历的要求十分苛刻，甚至唯学历取人，大搞唯文凭论，则很难选拔出真正优秀的人才。

其实学历并不代表一个人真正的知识水平和实际才能，它只表示一个人可能达到的某种知识程度，可能向社会提供的劳动质量和数量，仅是对其才学程度和能力大小做出预测的一种根据。所以说有学历不等于就有能力，有文凭也不等于就有水平。无数事实说明，在没有较高学历、没有大学文凭的人中也同样存在着不少才华横溢、能力卓绝的人才，这些优秀人才的才华和能力是很多高学历者所不具备的。

世界知名的文化人陈寅恪先生、梁宗岱教授、王国维先生以及鲁迅先生等都是一些有实才而学历却不高的优秀人才。他们的学历不高，但是却凭着自己的真才实学为世界文化做出了突出的贡献，在世界文化史上留下了光辉的一页。

鲁迅先生的经历很多人都知道，他以“医专”学历在北师大、厦门大学、中山大学等高校担任教授之职。他后来的文学成就与这些教职应该有所联系。学校营造的学术氛围使他的学术研究有了突破性的进展，给他奠定了深厚的、非同一般的基础。今天人们读鲁迅论文，常惊叹其犀利，而杂文写到耐读、耐时光打磨，绝非随随便便看到报纸发一段论文可及。

如果论学历，梁漱溟先生只是中学毕业，但蔡元培先生读他的文章之后，马上请他到北京大学任教。

舒芜先生虽然“高中未毕业”，但后来却在许多所高等院校任教，并且最早接受副教授职务时年仅22岁，这算是真正的“破格”录用。

所以企业领导者不能以文凭取人，推行学历主义。日本管理学家占部都美说：“注重学历、只看时间早晚的形式主义人事工作方法最省事，不需花精力，但永远无法掌握正确识别人的能力。”企业领导者在识人用人时就应当不唯学历，而要注重真才实干。

如何做好面试的工作

所有的公司都有其选拔员工的办法和惯例，领导者不要以为随便招一些员工到自己麾下就算完成招聘工作了。一般来说，企业面试通常会分以下3个步骤进行。

1. 电话沟通

电话沟通通常是人事部门用来决定该申请人是否参与面试的第一步。通过电话的沟通，招聘者可以迅速获得充足的信息，并初步了解申请人员的沟通能力和语言表达能力。但电话筛选还须谨慎运用，因为如果电话面试不成功，申请者可能会认为招聘者未免过于草率，仅凭一次电话沟通就决定了他不能得到足够的机会来展示学历资料及才能。

在进行电话沟通之前，应该为申请者有可能的回复做充足的准备，以便能够高效地运用这种工作方式。

而且，领导还应该准备一系列问题，以便能在电话的问答中获得足够的信息。

例如，招聘一名营销人员。

你好，这里是×××单位。我们正在寻求一位营销人员，如果你有时间交谈的话，我将问你一些问题。

（1）你现在从事什么工作？

（2）你有经验吗？

（3）你一分钟能够打多少字？

（4）你所期望的薪水是多少？

（5）你可以用来工作的天数和小时数是多少？

以上是全部的问题。谢谢你对我公司的青睐。请问你的电话号码和电子邮箱（通信地址）是什么，我们将很快通知你有关申请此职位的情况。

一旦发现申请者的条件符合要求，就可以邀请申请人到公司进行第二轮面试。

2. 简历筛选

个人简历和自荐信是找工作的第一份材料，因此，求职者最愿意在个人简历和自荐信上下功夫。即便如此，还唯恐自己准备的材料拿不出手，求行家里手来加工润色。现在有人专门设计个人简历和自荐信样本，求职者只要改动几个字就可以了。于是乎，招聘人收到的个人简历和自荐信几乎千篇一律，有的甚至连样本上的地址、电话号码也不改。招聘人头痛之余，不得不来一番去伪存真。

如果你要求申请人发送简历到公司，那么你就需要通过筛选这些简历来挑选候选人。在评价一份简历时，没有唯一的标准，因为这些简历存在许多不同点。你可能接到一些传统的简历，它们包括录用日期、职位、单位名称和地点以及对每一种工作的描述；你也可能接到一些职能类型的简历，上面将候选人所具备经验中的特殊部分进行了分类。这些经验一般按业务功能进行分类，如营销、销售或领导，并将所有申请人的能力置于一个主题之下。它提供了从一个方面迅速了解申请人能力的方式。

通过一番简历筛选，领导者就可以对剩下的申请者进行下一步的面试了。

3. 正式面试

面试主要是根据测试结果以及简历等资料加以归纳和整理，并且根据面试中所得的印象，去判断申请人是否符合工作的要求。这是企业使用频率最高的面试步骤，因为：第一，面试时，主考官直接面对申请人，可以对申请人作出判断并可以随时解决各种疑问，而申请表和测试无法做到这一点；第二，面试可以让主考官有机会判断和评估申请人的情绪控制能力以及是否热忱等性格特质。

为了使面试顺利进行，主考官必须掌握如下所示的一些技巧：

（1）发问的技巧。为了形成一个良好的面试气氛，同时有针对性地对于申请人的某一方面状况或素质有所了解，主考官必须掌握一定的发问技巧，恰当地发问。

（2）听的技巧。这是主考官必须掌握的技巧，以便能够在申请人谈话时，获得所需信息。

（3）观察的技巧。主考官应掌握好观察的技巧，从一些侧面留心观察，以便掌握一些有关申请人的信息。因为一个人的体态在无意间暴露他的心态，例如不敢抬头仰视对方的人很可能怀有自卑感，不断地晃腿或抖腿表明此人焦虑等。

除了以上面试方法外，在面试过程中，主考官还应注意在合格人选条件差不多的情况下，优先录取那些工作经验丰富而工作绩效较好的人选。招聘录用人才应遵循重视工作能力的原则，如果合适人选的工作能力相同，则要优先录取那些工作动机较强的候选人。

在思考录用对象时要集中精力，全力解决你所了解的事情，忽略那些你所不了解的事情。在做最后的聘用决定时要记住以下4点：

1. 使用全面衡量的方法

要录用的人才必然是符合企业需要的全面人才，对于所需要的各种才能分别赋予不同的分值权重，然后用加权法求出各个求职者的得分总值，录用那些得分最高的求职者。

2. 尽量减少下达录用决定的人

企业决定具体录用的人选时，只需由面试主考官决定即可。如果把所有的人都叫来决定，只会给录用决策增添困难，因为每一个人都有自己的录用偏好，都希望自己的建议得到采用，并为此而争论不休，浪费了大量的时间和精力，浪费了大量的金钱。而且由于你们将讨论的是求职者的长处和短处，这些材料外露不利于求职者在企业中生存。

3. 确定录用人选时要迅速而果断

如今，优秀的人才在市场上很抢手。谁都不希望看到这样的结果：花了许多时间做出决定，结果却发现最终想录用的求职者已经接受了别的工作，或他不再对这份工作感兴趣。在录用决策时该出手时就出手，切不可拖拖拉拉，以免延误时机。

不要推迟录用时间，要尽快做出决定，然后付诸行动。

4. 不要吹毛求疵

有些主考官录用人才时总是希望能招到十全十美的员工，遇到一点儿小毛病便挑剔，永远都不满意。企业必须分辨哪些能力对完成这项工作是不可缺少的，哪些是可有可无的，哪些是毫无关系的，抓住问题的主要方面，才能招揽到合适的人才。

PART 02

领导的用人艺术：用对人，才能做对事

掌握方与圆的用人智慧

在企业中，领导要掌握方与圆的智慧。“方”指用人的原则性，包括用人的规范和范围，是用人的内在要求；“圆”指用人的灵活性，包括用人的技艺和策略，是用人的艺术形式。方与圆的智慧其实就是“方”与“圆”的辩证统一，也就是原则性与灵活性的有机结合。过于求“方”，可能有“迂腐”之嫌，会导致下级和员工敬而远之；过于求“圆”，则会有“圆滑”之嫌。出现这样的结果，都是领导者没有掌握方与圆智慧的缘故，没有通过运用方与圆的智慧发挥人才的最大效益，是领导不称职的表现。

如果你想成为一名称职的领导，就必须做到方与圆的辩证统一。那究竟如何做到方与圆的统一呢？就是在管理过程中要方中有圆，圆中有方，方圆相济，方圆适应。具体地说，有以下几个方面：

1. 开局需“先圆后方”

开局即领导刚刚走马上任之时。俗话说，“新官上任三把火”，作为领导，就一定要把这“三把火”烧出艺术来，不能烧得太急。因为这时即使自己有不少的抱负，由于对新环境不熟悉，要经过一段时间的摸索才能逐渐进入角色，才能把自己的抱负付诸实施。三把火烧好了，有利于领导者以后顺利打开工作局面。开局用人艺术应该是先圆后方，首先着眼于人际沟通，与上级的沟通，与同级的沟通，与下属的沟通。着力于调查研究，增进相互了解，逐步在领导活动中扩大用人权的使用范围，由圆而方。

2. 进局需“外圆内方”

进局是指开局过后，新的领导者要改变或发展前任领导

留下的局面，形成自己用人风格的领导过程。这时的用人艺术是：在继承和模仿中融入己见，在容忍中纠错。对于前任领导的用人弊端既要有宽宏的肚量，又不能为求稳定而遵循守旧；

对前任领导的成功用人之道，要继承和发扬。通过兴利除弊来形成自己的用人之道，这就叫作外圆内方。

3. 中局需“人方我圆”

中局是指进局过后，领导可以而且应该站在源头，以开拓和创新的用人气概作出自己贡献的时期。这个时期领导者要讲究“人方我圆”的用人艺术。这种用人艺术的关键之处在于充分调动人的积极性，也就是我们常说的用干部出主意。主意出得好，用人用得好，就可以让别人按照自己的意图主动去开拓创新，领导只需适当介入，着重从旁观察、背后支持和当面制约，并不断地探索，不断地总结经验。

4. 定局需“上圆下方”

定局是指领导者形成自己相对稳定的领导格局的状态。在这种状态下总体上代谢减弱，以维护自己的领导格局与开拓兼顾为宜。这一时期，领导对上级的工作意图要彻底掌握，不能完全自行其是，应该把自己在用人方面的开拓与创新也纳入上级领导的范畴之中，做到原则性与灵活性相统一，这就是“上圆”；所谓“下方”，是指领导在这一时期用人必须坚持原则，排除各种制约因素，只要自己认准了的，就应当坚持到底，而不应畏缩不前。

5. 选才需“腹圆背方”

所谓“腹圆”，是指领导在行使用人权时应该有开放的心态和容才的海量，善于接纳各种类型的人才，知人善任，不要怕他们“分权”；所谓“背方”，是指领导用人时要坚持标准，严格要求，公道正派，切不可任人唯亲。

6. 立威需“近圆远方”

领导通过一系列手段建立自己的威信叫作立威。对领导而言，至少需要立两种“威”：一是在企业中的威信；二是在行业中的威信。前者可使领导有效地实现领导目的，后者能使领导及其单位在社会上树立良好形象，吸引各种人才的关注与兴趣。领导立威艺术在于“近圆远方”。

所谓“近圆”，是指领导在企业内部要充分尊重各类人才，善于听取他们的意见，尊重他们的意愿，多为他们排忧解难，多为他们办好事、办实事；所谓“远方”，是指领导在参与各种外界活动的过程中，要坚持站在本企业的立场上代表本企业的利益，这“方”是维护本单位以及本企业人才的合法权益，而不能用损害他们的利益来换取别人的好感。

7. 激励需“形圆神方”

激励的目的在于调动人的积极因素，团结和谐，形成群体合力。所谓“形圆”，是指激励时要注意手段和方法，并加以灵活应用；所谓“神方”，是指激励必须坚持正确的原则，即针对不同需要，注重工作和人才本身，努力做到公正、公平。

8. 处事需“方圆兼顾”

企业是一个复杂的群体，人与人之间的各种争端和矛盾不可避免。领导在处理争端和矛盾时一定要做到方圆兼顾，既要通情达理，又要合情合理，不能失之偏颇。只有方圆兼顾，才能公正；只有公正，才能平衡，才能减少人才的内耗与矛盾。

9. 协调需“小圆大方”

沟通协调，是领导处理人才之间相互关系常用的方式，它的艺术在于小圆大方。所谓“小圆大方”，即在整体上和方向上坚持原则，在细节与局部上宽宏大量。领导要把握好原则与细节、整体与局部的关系：其一，求大同存小异，求“大方”而可“小圆”；其二，善于“委曲求全”，增加人才之间的相互依赖与信任。

10. 建立领导模式需“表圆本方”

“表圆”旨在保住新用人模式的认同基础，以免格格不入；“本方”旨在继承中发挥自己的优势，形成自己的独特风格，把人才对前任领导的认同慢慢转移到自己身上来。

疑人不用，用人不疑

“疑人不用，用人不疑”的核心就是信任。作为一个合格的领导者，具备这样的用人之道，毫无疑问是其最基本的素质之一。但是，在具体运作的时候，很多人会觉得真正做到这一点是十分困难的。

与员工建立良好的信任关系，是领导者试图达到的一种理想的用人状态。所谓“疑人不用，用人不疑”，讲的就是这个道理。问题的关键是：你如何在用权的时候赢得下属的信任，或者如何使下属对你的权力支配心甘情愿呢？一些领导者之所以紧紧抓住权力，其中一个重要的原因就是不信任下属，怕下属把事情办砸了。因此，领导者放权的一个前提就是信任下属。没有信任，上下级之间很难沟通，很难把一件事处理好，这样，领导用起人来就很困难，甚至受到阻碍。

信任下属——要做到这一点，必须“用人不疑，疑人不用”！这就是说，必须是在可以信任的基础上用人，否则坚决弃而不用。因为没有信任感地用人，即使委以重任，也形同虚设，起不到应该起的作用。“疑人”是必要的，但不是“用人”的前提。假如一个员工某些方面存在严重不足，已经属于“疑人”范围，要么弃而不用，要么等到条件成熟后再用，不必非要冒险，这是常识。

日本人曾盛誉松下公司创始人松下幸之助被称为“用人魔鬼”。他在用人方面就很有手腕。

松下幸之助是一位在日本企业界乃至全世界的企业家中大名鼎鼎的人物，被誉为日本的“经营之神”。在日本现代企业经营史上，获得成功的大小企业家数不胜数，但只有松下幸之助一人被誉为“经营之神”。之所以如此，是因为他不仅是一个白手起家的成功者，而且是一个优秀的企业经营思想家。

松下幸之助的成功，与他的用人之道分不开。松下幸之助可以称得上是“疑人不用，用人不疑”的企业家的典范。他的秘诀之一，就是充分相信自己的下属，最大限度地调动他们的工作热情和积极性。

在松下幸之助还只是个20岁的小伙子时，对人的理解就已经达到了相当高的水准。当时日本流行一种用沥青、石棉和石灰等构成的烧制材料。为了维护各自的利益，一般的企业都把这种烧制材料的制作配方作为企业的秘密严加保护，除了亲属绝不外泄。

但是，年轻的松下幸之助却一反常规，他不仅不对自己的员工保守秘密，而且还毫不犹豫地将技术传授给刚招进厂的新职工。有些人很为他担心，松下幸之助却不以为然地说："只要说明原委，新职工是不会轻易背信弃义而随便向外泄露秘密的。重要的是相互信任，否则不仅事业得不到发展，也无法造就出人才。"结果，他的工厂不仅没有发生泄密的事情，而且还收到了良好的效果，职工因受到信赖而心情舒畅，生产热情十分高涨。

这件事也让松下幸之助初次尝到了用人不疑的甜头。后来松下幸之助为了扩大市场，需要在西海岸的金泽市开办一家营业所，推销产品，为此必须派出一名主任领导这项工作。在营业所主任的人选上，他看中了一名初中毕业、参加工作才两年的年轻人。别人认为这个小伙子没有经验，资历也不够，但松下幸之助坚持己见，破格提拔他为主任。

松下幸之助对这个年轻人说了这样一段话："你已经20岁了，这个年龄在古代已是武士到阵前取回敌方大将首级的年龄了。你也有了两年的工作经验，一定可以胜任这个职位。至于做生意的方法，你认为怎样做对，你就怎样去做。你一定会干好的，你要相信自己。"

结果，这个年轻人因为松下幸之助的充分信任而激动万分。他信心十足地率领派给他的两个学徒在新的地点拼命工作，不仅很快打开了局面，而且获得了极大的成功。这件事一直是松下幸之助最为自豪的往事。松下幸之助从这件事中得出了这样的结论：“人只要有了自觉性和责任心，就有力量去完成乍看起来好像不可能完成的困难任务。”

松下幸之助的用人之道至今仍在日本的企业界被到处传诵着。他的成功，除了具有胆识和魄力以外，还主要源于他对人的了解。只有充分了解各种各样的人，才有可能从中发现人才，并将其放到能发挥作用的地方，合理使用人才。银行界大亨摩根把他无数的钱财全部交给属下分别掌管，这并非是他不重视这些钱财，而是他已经训练出他的属下具有了切实负起责任而不疏忽大意的能力。当然，摩根的信任决非盲目，他先将小的责任交给手下人，待手下人陆续用事实证明自己确实可信任时，再委以重任。

可见企业领导者最好的用人办法是给员工充分的信任和鼓励，大胆起用人才，做到“疑人不用，用人不疑”。

善于用人之长，避人之短

《淮南子·道应训》中有记载：

楚将子发非常喜欢结交有一技之长的人，并把他们招揽到麾下。当时有一个其貌不扬、号称“神偷”的人，子发对此人也是非常尊敬，待为上宾。有一次，齐国进犯楚国，子发率军迎敌。由于齐军强大，三次交战，楚军三次败北。正当子发一筹莫展的时候，那位其貌不扬的“神偷”主动请战。当天夜里，在夜幕的掩护下，“神偷”将齐军主帅的帷帐偷了回来。

第二天，子发派使者将帷帐送还给齐军主帅，并对他说："我们出去打柴的士兵捡到您的帷帐，特地赶来奉还。"那天晚上，"神偷"又将齐军主帅的枕头偷来，然后又于次日由子发派人送还。第三天晚上，"神偷"又将齐军主帅头上的发簪子偷来，次日，子发照样派人送还。齐军士兵听说此事，甚为恐惧，主帅惊骇地对手下们说："如果再不撤退，恐怕子发要派人来取我的人头了。"于是，齐军不战而退。

一个企业需要的人才是多种多样的，同时，每个人也只能够在某一方面或某几个方面比较出色，不可能在各个方面都非常出色。高明的领导者在用人时，不会盯住人才的缺点，而是发现人才的长处，让他的某方面特长能为团队的事业做出贡献。

明代永乐皇帝朱棣是一位很有作为的皇帝。他当皇帝二十多年，摸索出了一套"君子与小人"的用人经验。有一次，他和内阁辅臣聊天时谈到用人，对现任的六部大臣逐一

评价，说了一句：“某某是君子中的君子，某某是小人中的小人。”这两个人当时一个是吏部尚书，一个是户部尚书。

用“君子中的君子”我们很容易理解，但举国上下那么多人，为什么朱棣还要让一位“小人中的小人”担任那么重要的职位呢？这正是朱棣用人高明的地方：让“君子中的君子”做吏部尚书，不会结党营私，把自己的门生、亲戚和朋友全部安排到重要岗位上，而是以国家利益为重，为国家、朝廷选拔人才；而让“小人中的小人”做户部尚书，能为了把财税收起来不择手段。朱棣每年的军费开支非常大，正常的财政收入根本无法应付，除了常规的赋税外，每年还必须要有大量的额外收入来支撑军费，所以他必须找一个会给他搞钱的“小人”。

有人说：没有平庸的下属，只有平庸的领导。每个人都是长与短的统一体，任何人只能在某一领域是人才，一旦离开他精通的领域，人才也会变成庸才。因此领导者在用人时，只能是“择其长者而用之，恕其短者而避之”。任何人的长处大都有其固有的条件和适用范围，长只是在特定领域里的“长”。

如果不顾条件和范围，随意安排，长处就可能变成短处。

有那么一位颇负盛名的女园艺工程师，专业上很有造诣。不料被上司选中，一下子提拔为某局局长。结果，女工程师的业务用不上了，对局长的工作既不擅长，又不乐意干，两头受损失，精神很苦恼。这就叫作“舍长就短”。举人者也是出于好心，想重用人才，但由于不懂用人的“长短之道”，反而浪费了人才，造成了新的外行。

领导者应以每个下属的专长为思考点，安排适当的位置，并依照下属的优缺点，做机动性调整，让团队发挥最大的效能。最糟糕的领导就是漠视下属的短处，随意任用，结果总是使下属不能克服短处而恣意妄为。一个成功的领导者，在带领成员时，并不是不知道人有短处，而是知道他的最大任务在于发挥他人的长处。

然而，如果一个人的短处足以妨碍其长处的发挥，或者妨碍到团队组织的纪律、正常运作与发展时，那么领导者就不能视而不见，而且必须严正地处理。尤其是在品德操守方面，人的品德与正直，其本身并不一定能成就什么，但是如果一个人在品德与正直方面有缺点，则足以败事。所以，领导者要容忍短处，但也要设定判断及处理的准则。

敢于用比自己强的人

敢不敢用比自己强的人？这恐怕是领导者在用人中对自己最大的考验，同样也是老板最容易犯的错误。

“他都比我强了，那在别的员工眼里，他是老板还是我是老板？”

有些领导者认为：（1）别人比他强就意味着自己不称职，同时意味着会在员工心目中丧失威信，而后就做不了老板。（2）员工中有比自己强的人，那他一定会对自己的位置虎视眈眈，总想取而代之，不能养虎为患。（3）有能力的人或多或少都是有野心的，明知等他们强大后会自立门户，为何还要给他营造个发展的机会，多个强劲的对手呢？（4）在企业，我称老二就不能有人敢称老大……

在这类心态的支配下，领导者往往就希望别人无限放大他的才能，而他自己却无限缩小别人的才能。当员工工作取得比领导者好的成绩、获得更多的支持时，领导者就会觉得他们是在树立自己的威信并且威胁到他的领导权。领导者在这种心态的支配下，势必会严重挫伤这些员工的积极性。

其实，一个优秀的领导者，想获得成功，不是要处心积虑地去压制属下，而是要想方设法雇用比自己优秀的人，并且让他们受到重用，让这些比自己更优秀的人来效忠。

全球零售巨头沃尔玛的总裁李·斯科特，就是一位敢于聘用比自己更优秀的领导者。

1995年，斯科特雇用了一个员工迈克·杜克负责物流工作，向自己汇报。到现在，迈克已经是沃尔玛的副主席了。

当时迈克被提升接管物流部门的同时，斯科特自己也升职了。那一天他正在法国，忽然收到了一封传真，调任他做新的销售部总经理。

这让斯科特有点吃惊，之前他一直负责物流和仓储运输，从来没有从买方的角度来工作。于是他就问老板为什么要自己来负责全球最大零售商的销售，得到的答案是：因为斯科特可以找到一个雇员，做得比自己还好。即使斯科特把销售部搞得一团糟的时候，至少还有迈克可以让物流部保持原样！

正因此，斯科特一直认为是他雇用了比自己更强的人，他才能够走到今天这一步。

凡是想要成大事的人，都应该像斯科特一样，能把比自己强的人招揽到自己旗下，并诚心相待。

美国的钢铁大王卡内基的墓碑上刻着：“一位知道选用比他本人能力更强的人来为他工作的人安息在这里。”卡内基的成功在于善用比自己强的人。在知识经济时代，领导者就更需要有敢于和善于使用比自己强的人才的胆量和能力。

领导者要想成功，除了敢用比自己强的人外，还要做到以下3点：

（1）领导者要具备足够的胆量。因为，任用比自己强的人，往往会产生一种“珠玉在侧，觉我形秽”的危机感。作为一名领导，要想做到乐于用比自己强的人，就必须有胆量去克服嫉贤妒能的心理。那些生怕下级比自己强，怕别人超过自己、威胁自己，并采取一切手段压制别人、抬高自己的人，永远不会成为成功的领导者。所以，领导者敢用和善用比自己强的人，一定要有足够的胆量。

（2）“强者”并不等于“完人”。优秀的人才最可贵的地方就在于他有主见、有创新能力，不随波逐流，不任人左右。

真正的人才需要具备很强的创造力，能为组织带来绩效及为领导开创局面，甚至其能力超过领导者。然而，他们也并不就是完人，所以领导者还要具备容人之雅量。

（3）要允许失败，失败乃成功之母。在创造性的工作中，失败是常有的事，不能因为他们强就剥夺他们失败的权利。

领导者只有在敢用比自己强的人的基础上做到以上3点，才能真正保证企业在市场上保持持久的竞争力，获得成功。

让合适的人做合适的工作

“垃圾只是放错了地方的宝贝。”人们的短处和长处之间并没有绝对的界限，许多短处之中蕴藏着长处。有的人性格倔强，固执己见，但他同时必然颇有主见，不会随波逐流，轻易附和别人意见；有的人办事缓慢，手里不出活，但他同时往往做事有条有理，踏实细致；有的人性格不合群，经常我行我素，但他很可能有诸多奇思妙想，富有创新精神。

因此，用人贵在合适。所有的事都由合适的人去做，所有的人都做相应的事，这样就能充分挖掘人才的潜力，产生巨大的效益。

有一只很富有的蜥蜴，它拥有自己的庄园，手下还有几十名仆人。

最近一段时间，蜥蜴心情很不好，原因就是家里有很多

的苍蝇和蚊子，吵得它没办法睡觉。严重的睡眠不足导致它白天没精神、头脑混乱，炒股常买错号，一赔再赔，生意越做越差。

这一天，蜥蜴把家里所有的仆人都召集到一起，说："你们中会捉苍蝇和蚊子的站出来，老爷我有重赏。"

话音刚落，蜻蜓、青蛙、壁虎和蜘蛛就陆续站了出来。

蜥蜴一看有这么多仆人都自告奋勇，对"杀蚊蝇计划"充满信心。它马上开始分派任务——蜻蜓和青蛙负责在自己的卧室捉蚊蝇，壁虎和蜘蛛则负责在水塘捉蚊蝇。任务分派完后，蜥蜴高高兴兴回屋准备睡个好觉。

蜻蜓和青蛙来到了主人的卧室，各自分了工，青蛙在地面上捕捉，蜻蜓在空中捕捉。结果蚊蝇看到青蛙就飞到高处，看到蜻蜓就钻进墙缝，结果把蜻蜓和青蛙累得趴在了地上，它们只好无功而返。

这边，壁虎和蜘蛛也来到水塘边，看到很多蚊蝇在水面上空盘旋，可就是够不着。壁虎一看到水就头晕，蜘蛛结的网也都被水融化了，没有办法，它们也只好无功而返。

第二天，蜥蜴暴跳如雷，一气之下把蜻蜓、青蛙、壁虎和蜘蛛全都解雇了。

蜥蜴永远也不会明白：明明四个都是捕捉蚊蝇的高手，为什么一到它这儿就变得一无是处了呢？原因就在于它并没有真正地了解它们的特长，没有把适合的人安排到适合的职位。相信如果让蜻蜓和青蛙负责水塘，让壁虎和蜘蛛负责卧室，情况就会完全不一样了。

“尺有所短，寸有所长”“金无足赤，人无完人”，选择合适的人去做合适的事才是一名领导的用人之道。

在一次工商界聚会中，几位老板谈起自己的经营心得，其中一位说：“我有三个不成才的员工，准备找机会将他们炒掉。一个整天嫌这嫌那，专门吹毛求疵；一个杞人忧天，老是害怕工厂有事；还有一个经常摸鱼不上班，整天在外面闲逛鬼混。”另一位老板听后想了想说：“既然这样，你就把这三个人让给我吧！”

这三个人第二天到新公司报到，新的老板开始分配工作：让喜欢吹毛求疵的人负责管理产品质量；让害怕出事的人负责安全保卫及保安系统的管理；让喜欢摸鱼的人负责商品宣传，整天在外面跑来跑去。三个人一听职务的分配和自己的个性相符，不禁大为兴奋，兴冲冲地走马上任。过了一段时间，因为这三个人的卖力工作，居然使工厂的营运绩效直线上升，生意蒸蒸日上。

人才并不意味着样样精通，他们只是在某一方面做得特别出色，而有的方面的能力也很一般。让所有的事都由合适的人去做，让所有的人都做相应的事，这样就能充分挖掘人才的潜力，产生巨大的效益。

人才搭配要合理

搭配人才，也是领导者的必修课。人才搭配合理，既能让每个人才各展所长，又能让组织结构务实高效，还能让整个团队更具有战斗力。

法国骑兵与马木留克骑兵作战。骑术不精但纪律性很强的法国兵与善于格斗但纪律涣散的马木留克兵作战，若分散而战，三个法国骑兵战不过两个马木留克骑兵；若百人相对，则势均力敌；而1000名法国骑兵必能击败1500名马木留克骑兵。原因在于，法国兵在大规模协同作战时，发挥了协调作战的整体功能。这说明系统的要素和结构状况对系统的整体功能起着决定性作用。

这是恩格斯讲的一个经典寓言，说的就是人才搭配的问题。领导者对于人才的使用，要争取做到让整个队伍的构成呈现出优化组合的状态。所谓优化，绝不是最优秀人才的聚集，而是各类专门人才的汇总。通常来说，一个团队中要有以下几种人才：有高瞻远瞩、多谋善断、具有组织和领导才能的指挥型的；有善解人意、忠诚积极、埋头苦干的执行型的；有公道正派、铁面无私、心系群众的监督型的；有思想活跃、知识广博、善于分析的参谋型的……如果团队中全是同一种类型的人才，即便他们个个都极为优秀，也肯定搞不好工作。只有合理地搭配人才队伍，才能做到人尽其才、各展所长，整个团队才更具战斗力。

唐太宗就很注意合理搭配使用人才。他将手下个性迥异、能力有别的人才一个个都放在了适合的位置上，从而使得人才队伍构成合理、组织结构务实高效。房玄龄处理国事总是孜孜不倦，知道了没有不办的，于是太宗任用房玄龄为中书令。对于国家大事，房玄龄能提出许多精辟的见解和具体的办法来，但却不善于整理，很难决定该颁布哪一条。杜如晦虽不善于想事，却善于对别人提出的意见做周密的分析，精于决断。于是唐太宗将他们俩搭配起来辅佐自己，从而形成了历史上著名的“房谋杜断”的人才结构。

此外，唐太宗任用敢于犯颜直谏的魏徵为谏议大夫，任用文才武略兼备的李靖为刑部尚书兼检校中书令，都做到了人尽其才、才尽其用。房玄龄、杜如晦、魏徵、李靖等人的合理搭配，既各得其所，尽展风采，又让大唐初期的这个管理层在历史上有口皆碑。

金刚石和石墨，一个坚硬无比，一个柔软细腻，但两者的构成元素却是一样的。同为碳原子，仅仅因为排列的结构不同，就形成了截然相反的两种物质。同样，合理安排人才的组合方式，既能让每个人才超水平发挥作用，也会使整个人才队伍的能量呈几何级数增长。

李嘉诚就是一个精于搭建科学高效、结构合理的人才队伍的优秀领导者。在他组建的公司领导班子里，既有具有杰出金融头脑和非凡分析本领的财务专家，也有经营房地产的老手；既有生气勃勃、年轻有为的人，也有作风严谨、善于谋断的人；既有公司内部的高参、助手和干将，也有企业外部的智囊、谋士和客卿。正如评论家所说的那般：“既结合了老、中、青的优点，又兼备中西方的色彩，是一个行之有效的合作模式。”

一台发动机或一辆汽车，甚至一架飞机，拆散了不过是一堆不起眼的零件，没有计划、没有组合地堆积在一起，也只能算作一堆废铁。正因为搭配合理，才价值不菲。企业中用人也是一个道理，领导者要对于每个下属在能力、性格、爱好等方面的不同特点做到心中有数，然后按其特性将他们合理搭配，才能使个人和队伍都能够发挥出最佳的人才效益。

一加一等于二，这是尽人皆知的简单数理逻辑，可是用在人才使用的组合上却不一定。如果搭配得恰当，一加一不但等于二，还很可能等于三、等于四，甚至一千、一万；可是如果搭配不当，一加一不但可能等于零，还可能得出负数来。所以，领导者不但要考虑到下属的才智和能力，还要特别重视人才的合理搭配。

PART 03

领导的授权艺术：束缚自己的权欲，放开下属的手脚

信任是授权不可动摇的根基

领导者之所以授予某人权力，是因为领导者信任他，授权是信任的结果。而一旦授权，就要信任员工，所以，信任又是授权的开始，授权最主要的是信任，“用人不疑，疑人不用”。没有信任，就不能授权；缺乏信任，就会授权失败。

作为一名合格的领导者，信任和激励下属并不是一件难事，但是有相当多失败的领导者却对授权不知所措，甚至怀疑

员工的工作能力。

许多领导者不信任员工的能力，担心员工没有完全自由运用权力和制定正确决策的能力，觉得与其授权，还不如亲自解决。的确，一些公司现有的员工队伍，由于绝大部分人员是从先前的其他岗位转变而来，确实存在一些人能力偏低的现象，但是，每个人的能力都是在工作实践中锻炼出来的，没有哪个人的能力是与生俱来的，包括领导者本人。

还有一些领导者，担心员工出错。这种担心是正常的，因为不少员工没有经验或者能力欠佳。领导者一定要允许员工犯错误，如果不允许犯错误，实际上也不会有什么授权。举个例子，你去学开车，教练要给你充分授权，否则你就学不会开车。实际上，教练担心你开不好车，怕你出车祸，但同时，教练又不得不授权给你做，要不然你永远都开不了车。那么，教练怎样教你才对？如果教练发现你在转弯时使用方向盘出错，只要你不发生车祸，教练就应该等你转了弯以后再跟你说做错了，教练必须给你犯错误的机会。如果你每一次做得都不好，教练就骂你，这样做的结果，不但没有让你学得更快，反而使你更加紧张，出更多错，甚至使你丧失继续开车的勇气。所以，领导者在进行授权时，首先应当建立这样一种信念：错误是授权的一部分。也就是说，要让员工百分之百地按照领导者的意图来完成工作是不大可能的，员工在完成任务的过程中出现一些错误是正常的。

领导者授权给员工必须对其信任，信任是成功授权的关键，也是成功的领导者一个不可或缺的重要内容。

有关资料显示，世界500强企业中有99%的企业非常重视员工的忠诚度，特别是他们的领导者授权给他们时，着重强调每一位领导者必须信任他们的员工。

如果你是一名优秀的领导者，特别是你授权给下属的时候，一定要信任他们，因为授权的成功与否，信任是其中一个非常重要的因素。

信任，是惠普成功的一个不可或缺的因素。领导者们深知，对员工的信任能够让员工愿意担负更多的责任，从而能充分发扬公司的团队合作精神。要完成公司的目标，就必须得到公司各层员工的理解和支持，相信他们，允许他们在致力于自己或公司目标的实现中有充分的灵活性，从而帮助公司制订出最适于其运作和组织的行事方式和计划。

在惠普，存放电气和机械零件的实验室备品库是全面开放的。这种全面开放不仅允许工程师在工作中任意取用，而且实际上还鼓励他们拿回家供个人使用。惠普认为，不管工程师们拿这些零件做的事是否与其工作有关，总之只要他们摆弄这些玩意就总能学到点东西。

授权给员工的前提是信任，信任是授权的根基。只有充分信任，才能合理授权，否则授权会失去意义。

授权也应因人而异

大多数领导者的下属并不是个个都很出色，团队中总有这样或那样的员工令人不太满意。如果领导者能根据每个人的特点及自己的战略思路对所有员工都适当授权，不仅可大大提高领导者的工作效率，克服总是使用“得力”下属所带来的负面影响，还可以化腐朽为神奇，促进团队作风的形成，减少内耗，使整个团队的工作事半功倍。

从理论上讲，一个较为完善的组织里应由哪些人接受授权，是应该早已确定的，是遵循一定规则的。作为领导者，如果偏离了这一规则，而又无足够的理由，就可能伤害一些下属的感情。

领导者确定授权人选时，有两类人是最重要的，这两类人也常常被领导者认为是“得力人选”。

一类是“法定”代理人。这类人不一定能力最强，但地位或资历一定是仅次于领导的，一旦领导者不在，他就理当成为充当维持局面的角色。可以向这类人分配的工作，应以荣誉性、充数性、维持性的工作为主，比如出席一些二流会议，接待一些不那么重要却非见不可的来访，在领导者外出时（哪怕是极其短暂的时间）为领导者看看“摊子”，等等。

另一类是潜在“接班人”。他们不一定是代理人，但却极具资质和潜力。可让他们参与并为你分担一些重要工作的预案准备、前期铺垫及后期扫尾工作，待更成熟时，可独立、半独立地从事一些较重要的项目。从组织学角度来看，潜在接班人的最佳人数应为两人，以起到竞争和“备份”的作用。

上面这两种人物是最重要的人，他们只占组织中的一少部分。除此以外，在组织中，都或多或少地存在着下面这几类人物：

1.“孙悟空式”的人物

这类员工的特点是有能力，但狂妄自大、不太听话。对这种情况，彼得·德鲁克说过：“一个有成效的领导者应该懂得，员工得到薪酬是因为他能够完成工作而非能够取悦上级……一个完美无缺的人，实际上不过是个二流人才。才干越高的人，其缺点往往也越显著。”对这类员工，领导者首先要多多委以重任（如重要项目策划等），经常鼓励并与之沟通；

但一旦犯了错误，应该严厉批评，不批则已，一批批透，但同时也要给他留些余地和面子，一般不要当众批评。

2.“猪八戒式”的人物

这类员工的特点是有一定的业务能力，但“成事不足，败事有余，毫不利人，专门利己”，而且经常“嫉贤妒能，煽风点火”。对这类员工，领导者依然可委以一些较为重要的工作，但必须与之绝对讲明将要进行检查的地方，并加强监督和批评；如有可能，应列出尽可能详细的项目检查要点清单，定期或突袭按项检查；也可考虑派“悟空”类人物从侧面代为监督，但仅限向领导打“小报告”，而不宜直接介入其事。

3.“沙僧式”的人物

沙僧的特点是踏实加令人无奈的平庸，缺乏自信。可将领导者手中已做熟的“套路”类工作交给他，并每完成一项，就大加鼓励，使之逐步树立自信，再逐渐增加工作的难度。

4.生手

没有一个人不是从生手开始的。虽然“不把工作交给会给你添麻烦的人做”是效率上的一个重要信条，但领导者如果不对生手进行培养，他永远也成不了“熟手”。

生手的优点在于热情高、不会轻易放弃，往往能够从新的角度提出和处理问题。如能适当委派工作，是发现人才苗子的一个非常重要的途径，并有提高组织士气的功效。对于委派新手从事“你才能做的工作”，应格外予以关照、给予鼓励、给予指导，并尽量明确告诉他何时何地可得到何人的何种援助。

俗话说：一样米养百样人。领导者不可能以一副“模子”来套用所有的人；反过来说，如果真的在组织中只有一种类型人的话，那么组织就一定会是一潭死水，毫无生气。授权要因人而异，重在“物尽其用”上，这样大家才会为着一个共同的目标而各尽其能。

大权紧抓不放，小权及时分散

大权独揽，小权分散。就是说：身为企业领导者，应该负责企业的经营管理，掌管决策大事，保证企业沿着正确的方向发展前进；作为员工应该按照企业制定的方针政策，在分工负责的原则下，各执其事，认真工作。

一个企业犹如一个小社会，政务、业务、事务样样都有，人事、生产、生活一应俱全，每天都有一大堆问题需要处理。面对这种情况，领导者如果事无巨细都亲自去处理，那样就会“捡了芝麻，丢了西瓜”，延误抓大事。领导者只能对那些全面性的、重要的、关键的和意外的问题去亲自处理，把其他问题交由各有关部门和人员去处理。企业无论大小，人员均应有

所分工，然后按照分工各执其事，这样既责任明确，不至于误事，也可充分发挥各人的工作积极性。

有的人工作十分繁忙，可以说是“两眼一睁，忙到熄灯”，一年三百六十五天，整天忙得四脚朝天，恨不得将自己分成几块。

这种以力气解决问题的思路太落伍了。出路在于智慧，采取“应变分身术”：管好该管的事，放下不该自己管的事。

授权是领导者走向成功的“分身术”。今天，面对着经济、科技和社会协调发展的复杂局势，即使是超群的领导者，也不能独揽一切。领导者尤其是高层领导，其职能已不再是做事，而在于成事了。因此作为领导，并不意味着他什么都得管，而应该大权独揽、小权分散。做到权限与权能相适应，权力与责任密切结合，奖惩要兑现，这样做有许多好处。

第一，可以把领导者从琐碎的事务中解脱出来，专门处理重大问题。

第二，可以激发员工的工作热情，增强员工的责任心，提高工作效率。

第三，可以增长员工的能力和才干，有利于培养干部。

第四，可以充分发挥员工的专长，弥补领导者自身才能的不足，也更能发挥领导者的专长。

某公司一位年轻主管负责电视地区分公司的工作，开始的半年里，他每天都是“日理万机”，百忙之中渐渐感到力不从心。而公司的员工们并没有如他所希望的那样，以他为榜样，勤勉、主动地工作，反而精神更显低迷。

这种情形引起了这位主管的警觉，他觉得一定是自己的管理出了什么问题，才造成这样的状况，而这种情形如不及时得到纠正，后果将是难以设想的。

在经过一番思考甚至思想斗争之后，他开始试着把要做的所有工作按重要性、难易程度排序，把各项工作分派给适合的员工去完成，自己只负责三件事：一是布置工作，告诉员工该如何去做；二是协助员工，当员工遇到自己权力之外的困难时，出面帮助员工解决困难，否则要求员工自己想办法解决；三是工作的验收，并视员工完成工作的状况给予激励或提醒。

在这样做之后，这位主管惊奇地发现，不但自己有了被“解放”的感觉，员工们也开始表现出极强的主动工作的劲头，公司业绩明显攀升。由于自己从大量的事务性工作中解脱出来，所以有充足的时间开始思考公司的发展战略。他描述自己就像一个自动化工厂的工程师，每天只是在幽雅的环境里走动，视察自行高效运转的流水线可能出现的问题。

领导者遇到的事有大事、有小事，领导者要全力以赴抓大事，大事就是全面性、根本性的问题。对于大事，领导者要抓准抓好，一抓到底，绝不半途而废。记住，“杀鸡不用宰牛刀，掏耳朵用不着大马勺”！

只要是做领导，无论是刚刚上任，还是已经做了很长时间，一定会有许多事情要处理，但千万不要认为，把自己搞得狼狈不堪是最佳的选择。轻松自如的领导者善于把好钢用在刀刃上，厚积而薄发，不失为上策。

集权不如放权更有效

在现代企业中，优秀的领导者是那些有能力使他的下属信服而不是简单地控制下属的人。这就要求，想成为优秀的领导者，就必须善于分派工作，就是把一项工作托付给别人去做，下放一些权力，让别人来做些决定，或是给别人一些机会来试试像领导一样做事。

当然，有的工作并不是人人都乐意去做。这时候，领导者就该把这些任务分派一下，并且承认它们或许有些令人不快，但是无论如何这个工作也必须完成。

这种时候，领导者千万不要装得好像给了被分派这些任务的人莫大的机会一样，一旦他们发现事实并非如此的时候，也许就会更讨厌去做这件事。这样一来，想想看，工作还能干得好吗？为什么总有些领导会觉得把工作派给别人去做是件如此困难的事情呢？下面这几点就是可能出现的原因。

（1）如果领导者把一件可以干得很好的工作分派给下属去做了，也许他达不到领导者可以达到的水平，或者效率没有领导者那么高，或者做得不如领导者那么精细。这时，求全责备的思想就会以为把工作派给别人去做，不如像自己做得那么好。

（2）领导者害怕自己一旦把工作交给别人做了之后，就会无事可干。所以那些手握小权的领导者，哪怕是芝麻大的事也不舍得放手让别人去干。

（3）如果让别人去做领导者自己的工作，领导者可能会担心他们做得比自己好，而最终取代自己的工作。

（4）领导者没有时间去教导别人该如何接受工作。

（5）没有可以托付工作的合适人选。

其实，如果领导者确确实实想要把工作分派下去，那上面列举的这五个问题都不会成为真正的问题。因此领导者要对付的第一件事就是自己对此事所持的推诿态度。

如果领导者确实有理由担心，因你的员工在工作上出了差错之后，领导者就会丢掉自己的工作；或者在领导者工作的地方，氛围很差，领导者担心工作不会有什么起色，这时候，领导者就有必要和自己的上司谈谈这些情况，从而在分派工作的问题上获得他的支持。

如果确实还没有可以托付工作的人选，而领导者自己又已经满负荷运转，那么，也许领导者就有必要考虑一下是不是应该再雇一个人。

当然，放权也要有个度。其中，“大权独揽，小权分散”是现代企业中实行的一项既做到了授权又防止权力失控的有效办法。

法国统盛·普连德公司是一个生产电子产品、家用电器、放射线和医疗方面电子仪器的大型电器工业企业。该公司属下各分公司遍布全球，为了对这个年销售额达到数十亿美元的大企业进行有效的管理，公司实行了“大权独揽，小权分散”的管理制度。

总公司紧握投资和财务方面的两大关键权力。而且公司所属的分公司，每年年底都要编制投资预算报告，并呈报总公司审核，总公司对预算报告进行仔细分析，如果发现有不当之

处，就让各公司拿回去进行修改。当投资预算获得批准后，各公司都必须照办。当然，这些预算也不是不可变更的，只要在预算总额内，各分公司的主管还可以对预算内的金额进行调整。通常，分公司的经理拥有对每一个预算项目增减10%的权力，如果数目超过10%，那就必须经过高一级的主管批准。

该公司建立了一项十分有效的“管理控制员”制度，对下属公司的生产，尤其是财务方面进行监督。这些管理控制员在执行任务时，都得到了总公司董事会的全力支持，他们对各公司的制造费用、存货和应收款等特别注意，一旦发现有任务不正常的迹象，就立即报告总公司，由总公司派人进行处理。各分公司每个月的财务报表都必须有管理控制人员签字，才能送交董事会。

我们看到，该公司在投资和财务两方面牢牢掌握住大权，但是在别的方面却实行了分权。该公司的领导者认为，大的企业，其领导者不可能事必躬亲，分权制度可以减少领导者的工作压力；即使是小企业，其领导者也不可能事无巨细，包揽每一项工作，也必须给下属分权，让下属发挥其聪明才智，为企业出谋划策，促进企业的发展。

因此，该公司的每一家分公司都自成一个利润中心，都有自己的损益报表，各事业部门的经理对其管辖的领域都享有充分的决策权，同时他们也尽量把权力授予下级，充分发挥分权制度的最佳效果。

自从实行分权管理制度后，统盛·普连德公司就成功调动了各分公司的积极性，生产蒸蒸日上，利润年年增加，获得了相当大的成功。统盛·普连德公司“大权独揽，小权分散”的成功经验，也给现代企业管理提供了很好的借鉴。公司的要害部门要直属，公司的关键大权要掌握在自己手里，而其余的权力能放就放。这样，上下级就能劳逸平均，各得其所，各安其职，每个人的积极性、创造性都得到了充分的调动，同时又不至于发生权力危机。

权力与责任必须平衡对等

下属履行其职责必须要有相应的权力，但同时，授予下属一定的权力时必须使其负担相应的责任。有责无权不能有效地开展工作；反之，有权无责则会导致不负责地滥用权力。责大于权，不利于激发下属的工作热情，即使只是处理一个职责范围内的问题，也需要层层请示，势必会影响工作效率；权大于责，又可能会使下属不恰当地滥用权力，最终会增加领导管理和控制的难度。所以，领导者在授权时，一定要向被授权者交代清楚事项的责任范围、完成标准和权力范围，让他们清楚地知道自己有什么样的权力，有多大的权力，同时要承担什么样的责任。

总的来说，要实现权力与责任平衡对等，应灵活掌握以下基本原则：

1. 明确

授权时，领导者必须向被授权者明确所授事项的责任、目标及权力范围，让他们知道自己对哪些人和事有管辖权与利用权，对什么样的结果负责及责任大小，使之在规定的范围内有最大限度的自主权，否则会使被授权者在工作中摸不着边际，无所适从，贻误工作。

2. 下属参与

让下属参与授权的讨论过程，这样可以增加授权的效率。首先，只有下属对自己的能力最了解，所以让他们自己选择工作任务可能会更有好处；其次，下属在参与过程中会更好地理解自己的任务、责任和权力；最后，下属参与的过程是一个主动的过程，而一个人对自己主动选择的工作往往会尽全力将它做好。

3. 适度

评价授权效果的一个重要因素是授权的程度。授权过少往往造成领导者的工作太多，下属的积极性受到挫伤；过多又会造成工作杂乱无章，甚至失去控制。授权要做到授出的权力刚好够下属完成任务，不可无原则地放权。

4. 责权相符

权力与责任务必相统一、相对应。这不仅指有权力也有责任，而且指权力和责任应该平衡对等。如果下属的职责大于他的权力，那么下属就要为自己一些力所不及的事情承担责任，这样自然就会引起下属的不满；如果下属的职责小于他的权力，那么他就有条件用自己的权力去做职责以外的事情，从而引起管理上的混乱。

5. 要有分级控制

为了防止下属在工作中出现问题，对不同能力的下属要有不同的授权控制。比如对能力较强的下属可以控制得少一些，对能力较弱的下属控制力度可以大一些。然而，为了保证下属能够正常工作，在进行授权时，就要明确控制点和控制方式，领导者只能采用事先确定的控制方式对控制点进行核查。当然，如果领导者发现下属的工作有明显的偏差，可以随时进行纠正，但这种例外的控制不应过于频繁。

6. 不可越级授权

越级授权是上层领导者把本来属于中间领导层的权力直接授予下级。这样做会造成中间领导者在工作上处于被动，扼杀他们的负责精神。所以，无论哪个层次的领导者，都不能将不属于自己权力范围内的事情授予下属，否则将导致机构混乱和争权夺利的严重后果。

7. 可控原则

授权不等于放任不管。授权以后，领导者仍必须保留适当的对下属的检查、监督、指导与控制的权力，以保证他们正确地行使职权，确保预期成果的圆满实现。权力既可授出去，也可以收回来。所有的授权都可以由授权者收回，职权的原始所有者不会因为把职权授予出去而因此永久地丧失自己的权力。

总之，领导者在授权时一定要注意权力与责任必须平衡对等，把权力和责任“捆绑”下放，做到权责相应。唯有如此，才能真正发挥授权的效用。

一手放权，一手监督控制

授权，通俗地说，就是在工作中“放风筝”。授权的成功与否，大而化之，能决定企业的兴衰成败；小而化之，会影响工作的顺利开展。因此，授权必不可少，授权势在必行。那么，如何才能真正做到有效授权，如何才能有效地放飞权力这个“风筝”呢？

风筝必须要舍得放，才能飞得高，只有舍得放出去，风筝才飞得高、飞得远。授权亦然，好比诸葛亮，总是事必躬亲，总是把权力攥在手里不肯下放，下属又如何为其分担工作、承担责任呢？所以，权力虽好，必须有效下放，才能真正起到尽

可能大的作用。

在有限的范围内，风筝自然是放得越高越妙趣横生，权力是下放得越大越能起到大的作用，只要不超越自己能控制的范围，就大胆地放。这样，既可以让下属有足够的权力可用，便于开展工作，又可以最大限度地减轻自己的工作量，让自己抽出时间做更有价值的事情。如某企业的一位生产经理，在生产过程中，不仅将每天生产部门内的日常工作交给助手去做，同时将每天的生产计划、多个车间的人员调配等重要事项也放手交给助手去安排，自己只是不时对生产进程、产品质量进行跟进，这样既有效锻炼了这位助手的能力，也使自己有更多的时间去做总体上的宏观决策。

授权固然有利，但是授权并不等于放权。

授权意味着激励下属承担更多的责任，拥有更多自行决策的权力。首先，授权必须要有适宜的对象，即成熟而热忱的下属。他有足够的能力和意愿去担当责任，所以授权的第一步是授能，是培养激励员工的过程。懂得怎样用有效的态度和方式去激励别人，在经理生涯中起着双重作用，你激励别人，别人也在激励你，是互动的成长。我们可以从托马斯·爱迪生和他的母亲那里认识到这一点，当孩子感觉到他完全沉浸在可靠的信任中时，他会干得很出色。员工也是如此，处于信任的氛围中，他不会费尽心机地去保护自己免遭失败的伤害；相反，他将全力地探索成功的可能性。在这一阶段，经理人扮演着领导者的角色，需要给予员工具体的目标并加以指引和指导，协助他一起完成任务，很显然，这时的效率很低下，因为员工不能独立工作。

在授权过程中，一定要注意不要放松对权力下放后的跟进，不要以为有风筝线控制着，就能高枕无忧。要知道，情况随时都可能发生变化，稍不留神，风筝线就可能断脱，如不注意及时跟进，到时悔之已晚。所以，权力下放后，一定要随时跟进，时时保持拉线的韧度，绝不要使之断脱。

因此领导在授予权力后，必须对接受授权下属进行监督和控制。没有制约的权力是不可想象的。仅有授权而不实施反馈控制会招致许多麻烦，最可能出现的问题是下属会滥用他获得的权限。因此，在进行任务分派时就应当明确控制机制。首先要对任务完成的具体情况达成一致，而后确定进度日期，在这些时间里，下属要汇报工作的进展情况和遇到的困难。控制机制还可以通过定期抽查得以补充，以确保下属没有滥用权力。

但是要注意物极必反，如果控制过度，则等于剥夺了下属的权力，授权所带来的许多激励就会丧失。

在福建金鹿集团里，就一直奉行“用权不单干，主意不独断，放手不旁观”的15字方针。公司领导认为，授权流程首先要交给合适的人，然后给他一个计划，充分授权，接着就是过程监控。把事情交给下属后，在这个过程中要给他一些支持，不断跟踪，就如同踢球，不能说只要他把球踢出去后就不管它往哪边走了，你要教他怎么踢会更准一点儿、会更快一点儿，这才是一种有效的授权，所以说要进行支持，要进行过程的监控。

授权的同时必须增强过程监控，而企业领导要做到对企业情况了如指掌，才能有效地“驾驭”它。

授权是必不可少的，但是放权后要监督控制，有效地放权、合理地监督是企业授权成功的保障。

授权要讲究策略和技巧

领导者面对的是一个个有思想的人，授权时如果不分对象、不看情势会造成领导者对权力的失控。因此，授权必须讲究策略和技巧，在对权力的一收一放之间找到运用权力的正确节奏。

1. 不充分授权

不充分授权是指领导者在向其下属分派职责的同时，赋予其部分权限。根据所给下属权限程度的大小，不充分授权又可以分为以下三种具体情况：

（1）让下属了解情况后，由领导者做最后的决定；让下属提出所有可能的行动方案，由领导者最后抉择。

（2）让下属制订详细的行动计划，由领导者审批。

（3）下属采取行动后，将行动的后果报告给领导者。

不充分授权的形式比较常见，由于它授权比较灵活，可因人、因事而采取不同的具体方式，但它要求上下级之间必须确定所采取的具体授权方式。

2. 学会弹性授权

这是综合充分授权和不充分授权两种形式而成的一种混合的授权方式。一般情况下，它是根据工作的内容将下属履行职责的过程划分为若干个阶段，然后在不同的阶段采取不同的授权方式。这反映了一种动态授权的过程。这种授权形式有较强的适应性，也就是当工作条件、内容等发生变化时，领导者可及时调整授权方式以利于工作的顺利进行。但使用这一方式，要求上下级之间要及时协调，加强联系。

3. 掌握制约授权

这种授权形式是指领导者将职责和权力同时指派和委任给不同的几个下属，让下属在履行各自职责的同时形成一种相互制约的关系，如会计制度上的相互牵制原则。这种授权形式只适用于那些性质重要、容易出现疏漏的工作。如果过多地采取制约授权，则会抑制下属的积极性，不利于提高工作的效率。

4. 尽量避免授权的程序错乱

一个企业即便人员不多，授权也应该注意一定的程序，否则，授权的结果只会带来负效应。在实际工作中，领导者的有效授权往往要依下列程序进行。

（1）认真选择授权对象。如前所述，选择授权对象主要包括两个方面的内容：一是选择可以授予或转移出去的那一部分权力；二是选择能接受这些权力的人员。选准授权对象是进行有效授权的基础。

（2）获得准确的反馈。领导者授意之后，只有获得下属对授意的准确反馈，才能证实其授意是明确的，并已被下属理解和接受。这种准确的反馈，主要以下属对领导授意进行必要复述的形式表现出来。

（3）放手让下属行使权力。既然已把权力授予或转移给下属了，就不应过多地干预，更不能横加指责，而应该放开手脚，让下属大胆地去行使这些权力。

（4）追踪检查。这是实现有效授权的重要环节。要通过必要的追踪检查，随时掌握下属行使职权的情况，并给予必要的指导，以避免或尽量减少工作中的某些失误。

当然，在授权时，还应注意以下四点：

（1）领导者授权时要注意激发下属的责任感和积极性。

授权的目的，是要下属凭借一定的权力，发挥其作用，以实现既定的领导目标。但如果领导者有权不使，或消极使用权力，就不能达到这个目的。因此必须制定奖惩措施，对下属进行激励，引入竞争机制。

（2）领导者要给下属明确的责任。要将权力与责任紧密联系起来，交代权限范围，防止下属使用权力时过头或不足。如果不规定严格的职责就授予职权，往往成为管理失当的重要原因。

（3）领导者要充分信任下属。与职务相应的权力应一次性授予，不能放半截留半截。古人云：“任将不明，信将不专，制将不行，使将不能令其功者，君之过也。”领导者给职而不给相应的权，实际是对所用之人的不尊重、不信任。这样，不仅使所用之人失去独立负责的责任心，而且会严重挫伤他们的积极性，一旦有人找他们，他们就会推：“这件事我决定不了，去找某领导，他说了才算。”

（4）领导者授权时要注意量体裁衣。要根据下属能力的大小，特别是潜在能力的大小来决定授职授权，恰到好处地让每个下属挑上担子快步前进，避免有的喊轻松，有的喊累死。

领导者管人是否得当，就是看授权的策略和技巧是否用到位。可根据下属所授予的职权，在实际工作中能否恰到好处地行使权力、胜任职务来判断。领导者务必慎重、认真地授权。

PART 04 领导的决策艺术：抓大放小，准确而果断地拍板

决策要“牵牛鼻子”

领导就是要高屋建瓴、统揽大局，“抓住重点，带动一般”“突破难点，搞活全局”，能抓住主要矛盾，找准重点问题，这样才能做出正确的决策。这种领导艺术，人们更喜欢用“牵牛鼻子”来作比喻。一头硕大的水牛，怎样驱使它？推它、打它都不灵，唯有牵着牛鼻子，牛才会乖乖地听人使唤。领导做决策也一样。

唐朝末年，浙江以东的裘甫起兵叛乱，不久就攻占了几个城池，朝廷任命王式为观察史，镇压动乱。王式一到任上，就立即命人将县里粮仓中的粮食发给饥民。众将官迷惑不解，都说：“您刚上任，军队粮饷又那么紧张，现在您把县里粮仓中的存粮散发给百姓，这是怎么回事呢？”王式笑着说：“反贼用抢粮仓中存粮的把戏来诱惑贫困百姓造反，现在我向他们散发粮食，贫苦百姓就不会强抢了。再者，各县没有守兵，根本无力防守粮仓，如果不把粮食发给贫苦百姓，等到敌人来了，

反而会用来资助敌人。”果然，在叛军到达后，百姓纷纷奋起抵抗，几个月的工夫，叛乱就被平定了。

王式眼光敏锐，牵住了“牛鼻子”——粮食这个工作重点，轻而易举就平定了叛乱。

日本著名经营管理学家镰田胜说：“优秀的领导者，都是把力量集中到一点上，靠全力以赴攻关才取得了一般人不能取得的卓越成果，其秘密就是如此简单。”他还说，“如果一个领导在一个岗位干了很长时间仍不知道关键的工作，那就是一个不合格的领导。”这话说得不错。领导者如果心无定性，遇到什么事情就干什么事情，不能分清工作的主次、轻重、缓急，牵不住“牛鼻子”，只知道胡子眉毛一把抓，到了最后肯定是一无所获。那么，怎样才能在做决策时牵住“牛鼻子”呢？

（1）登高望远，树立全局意识。要提高抓住问题关键的能力，必须培养领导的全局意识和大局观念，坚持在全局下思考，在全局下行动。对关键决策部署和长远目标任务等一定要了然于胸；对本组织发展面临的机遇和挑战、优势和劣势，一定要心中有数；目光要远大，对未来的发展走势判断要准确，

不为局部利益所诱惑，不被暂时的困难所吓倒，要通过谋长远、抓关键来最大限度地保护发展潜力，激发发展活力，并从中积聚更厚重的发展后劲，为组织和谐发展打下坚实的基础。

（2）做决策，信息工作要做足，预测是关键。领导要明确是否已经掌握了足够的信息和必要的事实，前面的工作是否严格按照科学决策的程序要求进行，是否扎实，有无漏洞，是否具有充分而可靠的信息保障。充分而可靠的信息是科学决策的基础。只有掌握了丰富、及时、准确、适用、尽可能多的材料，并在此基础上积极对组织未来发展趋向做出预测，领导才有可能抓住问题的关键，做出比较准确、全面、成功的决策。

（3）以执行为前提，抓住关键环节。对于一个组织而言，决策固然重要，关键还在落实。没有落实，再正确的决策也无法发挥其应有的作用。如果领导在做决策时没有落实的观念，忽视了落实，不抓落实，那么再缜密的计划、再正确的政策，都只能成为一纸空文。领导做决策要以执行为前提，抓住落实这个关键环节。

从这几个关键入手，可以从最基本的大方向上规避决策失误，只有牵住了“牛鼻子”，决策才能顺利执行。

提升领导者的**决断力**

有这样一个故事：

布里丹的驴子肚子饿得咕咕叫，于是它到处寻找吃的东西。布里丹的驴子真幸运，很快发现左边和右边都有一堆草可吃。于是它到了左边那堆草边，可审视一番后觉得没有右边那堆草多，所以饿着肚子跑到右边去。结果到了右边以后又发现没有左边那堆草的颜色青，想想，还是回到左边去吧。就这样，一会儿考虑数量，一会儿考虑质量，一会儿分析颜色，一会儿分析新鲜度，犹犹豫豫，来来回回。这头可怜的驴子，最后被饿死了。

这个故事给了我们一个很重要的启示：在瞬息万变的市场经济浪潮中，一个企业要想避免陷入布里丹的驴子式旋涡里，就必须让具有决断力的领导者把航，使企业直驶胜利的彼岸。

所谓决断力，指的是企业的决策者快速判断、快速反应、快速决策、快速行动及快速修正的综合能力。它是企业领导力的主要组成部分，具有攻击性、快速性、实战性、灵活性、复合性、关键性六大特点。对于企业而言，仅知道什么是企业领导的决断力是不够的，重要的是还要知道如何提高企业领导的决断力。

1. 决断前做好五个问答，可以有效地减少决断失误

（1）“何事”，即“What”。了解决断的目标。

（2）“为何”，即“Why”。了解决断的方向、决断的目的、决断的价值。

（3）“何人”，即“Who”。明确应该由谁来决断，由谁负责，由谁执行，由谁监督。

（4）“何时”，即“When”。强化决断的时效性，因为决断的质量与决断的时机密切相关。

（5）“何处”，即“Where”。进一步界定决断的环境、决断的地点。

2. 决断时要考虑五个因素，用以全面提高决断的质量

（1）风险（Risk）。即决断实施之后的各种不利因素，或各种副作用，要制定相应的对策。

（2）对手（Rival）。你在决断时，竞争对手也在决断。

所以要知己知彼，考虑对手的决断并善于双赢，才能确保企业立于不败之地。

（3）关系（Relation）。由于每一个决断都不是孤立的，它牵扯到方方面面的利益关系和人际关系，因此只有理顺关系，决断才能成为现实。

（4）报酬（Reward）。这是激励实干者、提高决断力的一个极为重要的途径。

（5）结果（Result）。为什么要作这个决断？这个决断实施后能够带来什么结果？是否值得做这个决断？企业的决策者在决断时要强调务实和效益，不能只考虑动机愿望，只制定目标或计划。

考虑了这五个因素，企业领导者的决断就有了系统性、预见性，就有了可操作性和现实性。

3. 决断时要扩大选择的空间

这需要领导者具有创新的观念和开阔思维。决断的质量与选择的空间是正相关的。选择的空间越大，决断的质量就越高；反之，选择的空间越小，决断的质量则越低。

4. 决断时要排出标准的顺序

决断重在选择，而选择是有标准的。现代企业的任何决断都不可能是在单一标准下的选择，因此领导在作决断时要考虑经济的标准、社会的标准、环境的标准等多个标准。标准多了就有一个排序的问题。按照重要性排出哪个是第一标准，哪个是第二标准，哪个是一般标准。在决断时能兼顾则兼顾多个标准，但多个标准有冲突时就要首先考虑第一标准，其次是第二标准，最后是一般的标准。

本文开头讲的布里丹驴子的故事，驴子之所以最后会饿死，其问题就出在标准没有排序上面。决断的难点不是多方案选择，而是多标准选择。排序是决断的基本功，领导者应下功夫掌握排序的技能。

5. 决断时要借助"外脑"

现在是知识经济时代，显然只依靠决断者的头脑已不够用，大势所趋需要借助"外脑"。

所谓"外脑"，可以是企业的管理人员，也可以是企业的普通员工；可以是本企业本系统的专业技术人员，也可以是企业外部的专家学者；可以是顾客，也可以是供应商。总之，只要他对决断的问题熟悉，有自己的独到见解，就可以成为“外脑”。

一般说来，充当“外脑”的人数越多越好。多了就有代表性，有利于从多个方面多个层面开拓“内脑”的思路，提高决断的质量。借助“外脑”的智力可以有效提高企业领导者的决断力。

明确决策的流程

科学的决策是一个过程，由一整套决策程序，即若干决策步骤所构成。领导者在决策中的作用绝不仅仅是“拍板”决断，在“拍板”的前后都有大量工作要做。因此，领导者在做出决策之前，要先明确决策的流程：

1. 发现问题，确定目标

处理事务一般包括三个环节，即发现问题、分析问题和解决问题。其中，发现问题是解决问题的起点，由于客观事物是复杂多变的，因而发现问题不是一件很容易的事，必须经过调查研究。没有调查，就没有发言权，领导者只有深入实际中去调查，才能发现问题。发现问题之后，就要分析问题，找出问题的根源，然后提出解决问题的总体设想，即目标。

2. 分析价值，拟订方案

目标确定后，要分析目标价值，就是做这件事的投入与产出是否合算、效益有多少、有没有负效益，等等。确认了目标价值，就要寻求实现和达到目标的有效途径和办法，即拟订方案。在拟订方案时要准备多种方案备选，只有一种方案是很难实现科学决策的。

3. 专家评估，选定方案

对于拟订的若干方案，要进行充分的评估。而正确的评估，只能由各方面的专家来实现。

所谓评估，就是对方案进行定量和定性的分析，预测方案近期和远期、局部和整体、经济和社会的效益，如果同时具备这些效益则是最佳方案。但在现实中，同时具备多种效益的方案是极少的，那么就要在各种方案中进行比较，选出哪种正效益较高、负效益较低，即比较满意的方案。

4. 实验试行，检验效果

方案选定后就要实施，为了减少失误，在方案全面实施前，一般都要进行实验或试点，以验证方案的可行性和实效性。在实验试点过程中，领导者要认真分析、总结经验和教训，找出带有普遍性的规律来，具体分析出成功与失败、偶然因素和必然因素。如果试点成功，就可进入全面实施阶段；如果失败，则迅速反馈回去，改变决策。

5. 修改方案，普遍实施

这是决策程序的最后一环。如果在实验试行后证明这个方案在总体上是可行的，那么在修正弊端的基础上，就要全面推广实施。由于实施方案是一个动态过程，主观和客观条件都在不断地发生变化，因此，领导者要加强方案实施过程中的监督和控制。如果出现小的偏差，那么只做微调；如果主客观条件发生了大的变化，影响了决策目标的实现，那么就必须对原定目标做根本修改。

以上的决策流程，只是一般规律，在不同的决策中，各个步骤可以互相交叉进行，有时也可以合并或省略。

决策时把情感因素排除在外

尽管在做决策时，严格按照科学的思维方式可以减少失误，达到精确，但是，决策毕竟是人的行动，人并不是像机器那样可复制的。因此，在决策过程中，切不可忽视人的主观因素。

按马克斯·韦伯的行为类型，人们的现实行动可以分为四种类型：价值合理的行为、目标合理的行为、传统的行为、情感的行为。前两种属于理性的行为；后两种则属于情感的行为。就决策的行为来说，一般都是理性的行为，然而理性的人们在决策过程中，由于其活动本身非人格因素和利益的关系，往往导致人们的非理性化倾向，使一些感情行动也出现在决策过程中。

情感因素对决策的影响，主要是因为领导者情感使之偏心而失去正确的判断。企业领导者在做决策时，把他的情感所注重的内容放到了不应该有的高度，就必然会使他做出背离企业发展最大化目标的选择。而且人的意志一旦稳定地指向某一特定的目标，便不能根据外部环境的变化进行调整，从而造成一种“不撞南墙不回头”的固执，将会使人无法根据客观实际做出判断，选择能实现自己最大利益的行为。

领导者在做一个决策的时候一般都会考虑个人情感或者在社会群体中的影响，比如是否执行或取消一个项目，会考虑是不是有面子，或者考虑社会对此会有什么样的评价。领导者受到这些情感性因素的作用，可能会产生一定的激励作用，也可能使决策偏离理性而导致失败。

福特汽车公司的创始人老福特，是一个农民的儿子，他搞汽车工业为什么能一下子就脱颖而出呢？因为他最了解美国的农村，地广人稀，需要农用客货两用车。那时候道路不太好，农民的文化水平又不太高，农民最需要操作简单、坚固耐用、耐得住颠簸的汽车。1908年，他结合这个特点，生产出了操作简单、结实耐用、价格低廉的T型车。

福特开发的T型汽车获得了很大的成功，老福特对自己创造的这一产品产生了深厚的情感。

然而，第一次世界大战结束后，美国社会发生了变化。这一时期，美国经历了很长一段时间的经济繁荣，居民的消费倾向有了巨大的改变——他们对所用商品的内在品质要求越来越高。而这种改变，紧接着的就是消费倾向的细微变化。

这时，美国另外一家主要的汽车生产商——通用汽车公司逐渐发展起来，并且他们希望继续扩大它的市场占有额，但是福特的T型车实在是无懈可击，通用汽车只得采用另外的策略。于是通用增加了产品系列，增加了产品的品种，使不同阶层的人士都能挑选自己喜欢的汽车，以适应不同的市场。它的车型一个个地出现，先是雪佛兰，接着是别克，最后是凯迪拉克……

然而对于通用汽车的竞争，老福特一直采取不置可否的态度。他仍然坚持认为，顾客买车考虑的首要问题是自己的钱袋，而不是其他。他无视这种变化，固执地仍只生产自己的黑色T型汽车。

为此，老福特更是发挥自己工程师的专长，为降低T型车的成本而不遗余力。然而，公众并没有领福特的情，他的低价位政策并没有吸引顾客。

与此相反，通用则继续采用已有的政策，它每两三年就改变汽车的样式，并首先以赊欠的方式卖车。而这些在老福特看来完全是歪门邪道，不是工业家所为，因为这样只会扩大生产

成本，而成本的扩大意味着市场占有的缩小。

在福特公司内部，许多经理也看到福特的偏执给公司带来的危害，但作为公司的建立者，福特的策略当然是不容置疑的，老福特也不允许这种想法冲撞他的经营理念。不久，福特公司的销售业绩开始不断下降。1927年，福特所有的24个工厂关闭6个月，以重新安排生产。但是关闭并不意味着福特在生产上的任何创新。1936年，美国的三大汽车公司中，福特的销售量从第一落到了第三。

老福特的儿子把握住市场变化趋势，组织人力、物力研发出适应市场变化的新产品。但由于对黑色T型汽车的特殊情感，老福特看不到市场的变化，也拒绝适应这种变化。他武断地否定了儿子的努力，公开砸毁了由他儿子主持研发出来的一辆新型车，以表现自己高效率生产单一汽车的决心。他的企业也为这一决策付出了惨重的代价，败给了通用汽车。

没有任何一个企业的领导者会希望自己制定的决策发生失误。但是最终决策的制定是否发生失误，并不是由领导者的主观愿望决定的，而是在企业决策的制定过程中的情感因素在不断起作用。如果不消除或扼制住情感因素的作用，企业决策的制定就不可避免地会发生失误，至少会造成决策的低质量。

情感因素会对领导者做决策产生消极作用。因此，领导者必须具备高尚的道德感、理智的态度、高度的责任感，把情感因素摒除在外，这样才能保证决策的科学性。

PART 05

领导的沟通艺术：良好的沟通是实现领导管理目标的保证

沟通可以解决一切问题

领导者在工作中，时常会听到员工这样或那样的抱怨：认为个人的工作成绩没有得到应有的承认和肯定；其合理化建议没有得到应有的重视和采纳；工作环境压抑、人际关系紧张，甚至一个办公室内彼此间不相往来……其实，这些抱怨都会严重影响员工的工作积极性和工作热情，从而影响企业的效率和效益。这些抱怨究其根源均在于沟通不够、沟通无效或沟通存在障碍。

诺基亚公司董事长兼首席执行官沙玛·奥里拉在自己的管理箴言中这样写道："我觉得有两个技能很重要：第一是沟通能力；第二是人才管理的能力。但没有好的沟通能力，一切都无从谈起。"日本松下电器公司创始人松下幸之助也认为："企业管理过去是沟通，现在是沟通，未来还是沟通。"

沟通是信息交流的重要手段，是管理的生命线，因此对于企业领导者来说，沟通能力极为重要。领导者每天所做的大部分决策事务，都是围绕沟通这一核心问题展开的。领导者必须经常依赖员工的大力支持和合作，才能完成任务。有两个数字可以很直观地反映沟通在企业管理中的重要性，就是两个70%。

第一个70%是指企业的领导者有70%的时间用在沟通上。开会、谈判、谈话、做报告是最常见的沟通形式，撰写报告实际上是一种书面沟通的方式，对外各种拜访、约见也都是沟通的表现形式。领导者大约有70%的时间花在此类沟通上。

第二个70%是指企业中70%的问题是由于沟通障碍引起的。比如企业常见的效率低下的问题，往往是出现问题后，大

家才意识到是没有沟通或不懂得沟通引起的。另外，企业里执行力差、领导力不强的问题，归根到底，都与沟通能力的欠缺有关。比如说领导者在绩效管理的问题上，经常对下属恨铁不成钢，年初设立的目标没有达到，工作过程中的一些期望也没有达到等。为什么下属达不到目标的情况会经常出现？在很多调研中都发现，下属对领导者的目的或者期望事先并不清楚，当然无法使其满意，也导致对年度的绩效评估不能接受。这不管是领导者表达的问题，还是下属倾听领会的问题，都是沟通造成的问题。

因此，卓越的沟通能力是领导者必备的素质之一。但是，现实中却有很多企业领导者不重视沟通管理，他们认为，领导者与被领导者之间不能有太多的平等，没有必要告知被领导者做事的理由。他们片面强调被领导者应无条件地服从，“理解的执行，不理解的也必须执行”，从而认为除了告知对方做什么、做到什么程度之外，再告知其他相关信息都是多余的，更不用说就对方的态度、情感，通过沟通达成理解和认同。

没有充分有效的沟通，员工不知道做事的意义，也不明白做事的价值，因而做事的积极性也就不可能高，创造性也就无法发挥出来。员工不知道为什么要做这件事，所以也就不敢在做事的方式上进行创新，做事墨守成规，按习惯行事，必然效率低下。

一个希望有所作为的领导者，就绝不会轻视管理沟通工作。总结起来，沟通在管理中的作用主要有以下三点：

（1）良好的沟通是保证员工做好工作的前提。只有通过沟通让员工明白了他的工作目标要求、所要承担的责任、完成工作后的个人利益之后，才能使他确知做什么、做到什么程度，自己选择什么态度去做。

（2）良好的沟通是激发员工工作热情和积极性的一个重要方式。领导者与员工经常就其所承担的工作，以及他的工作与整个企业发展的联系进行沟通，员工就会受到鼓舞，就会使他感觉到自己受到的尊重和他工作本身的价值。这也就直接给员工带来了自我价值的满足，他们的工作热情和积极性就会自然而然地得到提升。

（3）良好的沟通是员工做好工作的一个保障。只有通过沟通，领导者才能准确、及时地把握员工的工作进展、工作难题，并及时为员工工作中的难题的解决提供支持和帮助。这有助于他的工作按照要求及时、高质量地完成，进而保证整个单位、部门，乃至整个企业的工作协调进行。

良好的沟通能让人与人之间的了解变得畅通无阻，聪明的领导者会巧妙地利用沟通来增进对员工的了解。

少说、多听、常点头

领导者拥有一副伶牙俐齿，“口吐莲花”，固然是一件好事，但是千万不要把这一本事用过了头，时时处处指手画脚，喋喋不休。常言道：“会说的不如会听的。”当你与下属沟通时，若能灵活运用“少说、多听、常点头”这一处世良策，管住自己的嘴巴，竖起自己的耳朵，少说多听，就会让沟通变得

更为顺利。

“少说”不但可以引导下属多说，还可以避免流露出自己的内心秘密，更可以避免说错话，让下属难堪。“少说”，你就成为一个冷静的旁观者，一切都会在你的掌握之中。

“多听”就是多听下属说，听下属的做事经验，听下属的人际恩怨，听下属话语中透露的有关周围环境的信息……领导者多听，下属就会因此而多说；下属说得越多，领导者知道得就越多。

“常点头”，这并不是要领导者做个没有主见的应声虫，而是避免让下属认为你是一个高高在上、只顾自己意见的人。

也就是说，听下属说话时，领导者多点头，表示你的专注和附和，如果有不同意见，也要先点头再提出。无关紧要的事，不必坚持己见。这样，就没有走不通的道路。

“少说、多听、常点头”是沟通过程中一种非常好的方法。它一可以给人留下深藏不露、稳重含蓄的权威印象；二可以充分了解下情，掌握大量事实材料，有利于制定领导决策；三可以使你建立一个好人缘。

可见，领导者在与下属沟通时，管住自己的嘴巴、打开自己的耳朵是非常有利于沟通的办法。不过，要让“少说、多听、常点头”的沟通方式产生最大的效果，还应该努力遵守以下这些注意事项：

（1）对别人讲的话要感兴趣，要充分地关注对方。当你在听下属对你讲话时，要全神贯注。

（2）看着对方说话。你不要在房间里东张西望，或是看地板，或是望窗外。如果你的眼睛转来转去，这表明你的心思也是这样的。

（3）防止走神。要一心一意地注意下属在说什么。

（4）不要被个人好恶所支配。有时你可能不喜欢某人说话的方式，或是不喜欢某人的说话声音，这些偏见可能使你听不进正确的意见。作为领导者，你需要正确地理解意见交流中的内容，不应该让个人好恶妨碍你。

（5）努力理解难懂的想法或材料，不要回避难以领会的东西。

（6）努力理解对方言辞及其含义。仅仅懂得事实还不够，既要用耳朵去听，还要用心去听，这样才能明白别人说话的真正含义。

（7）提问题不要犹豫。要确保自己理解他人正在说的话，不要因外部干扰（如机器噪声、电话铃声，或别人向你打招呼）而漏过了话中的含义。当这种分心的事情确实打扰了你的时候，不要怕问问题。下属往往觉得与你谈话非常重要，因此，他们欢迎你表示兴趣和关心。

（8）不要轻易下结论。听取并接受下属所讲的话，要用心去听下属的言语和想法，不要轻易下结论或者准备反驳。

选择正确的沟通渠道

一般而言，企业内部的沟通渠道不外乎两种：一种是正式沟通；另一种是非正式沟通。所谓正式沟通，就是通过固有的组织和结构按照规定的方式交流和传达信息，比如传递公文、通知相关信息、召开会议和谈话等。这种沟通方式由于对信息的传达途径、格式及对象有具体性，所以优点是效果好、保密性高、有较强的约束力；但是，这种方法又有过于刻板、沟通的速度很慢、缺乏相应的反馈和互动的缺点。而非正式沟通，包括除了正式沟通之外的所有信息交流和传达方式。员工往往会通过非正式渠道获取和反馈很多信息，而企业如果能在此时进行合理的利用和疏导，就可以帮助企业领导者获得许多从正式渠道无法获得的信息，借此解决潜在的问题，从而最大限度地提升企业的凝聚力。没有沟通，就没有成功的企业，企业内部良好而正确的沟通文化可以使所有员工真实地感受到沟通的快乐和绩效。加强企业内部的沟通管理，既可以使管理层工作更加轻松，也可以使普通员工大幅度提高工作绩效，同时还可以增强企业的凝聚力和竞争力。

尼尔是一家医学软件制造商塞纳公司的首席执行官，他平时非常热衷于用电子邮件与人联络。有一次，尼尔很不满员工的工作道德，他迫切地希望表达他的不满，于是他选择了他最热衷的写邮件的方法。他写了一封言辞激烈的电子邮件给公司的几百名领导者，信中写道："在目前的文化中，在本首席执行官实施其他的员工利益之前，我们必须彻底解决这些该死的问题……我们在堪萨斯城的员工大多数每周工作不到40小时，停车场早上8点还是稀稀疏疏的，在下午5点也是这样。作为领导者，你要么不知道你的员工在干什么，要么就是你不关心。

你必须解决掉你面临的问题，否则我就炒了你……你们领导者的所作所为让我恶心。"

这封信中还建议领导者的工作例会安排到早上7点、下午6点和周六的上午；同意裁员5%，以及实行打卡上下班。信中甚至还提到，如果员工未经批准就缺勤，要在假期中补回来。

在这封邮件发出的几个小时内，复件就被放到了网站上。之后，仅仅三天，公司的股票价格就下跌了20%。尽管有人会为尼尔信中所讲述的行为是否应该而争论，但尼尔错误地选择了信息传递的渠道！这一点毋庸置疑。

错误的沟通渠道不仅不能让沟通顺畅，还会阻碍已有的沟通水平。因此，沟通渠道是否正确才是能否进行有效沟通的最大关键。

通过调查，沟通渠道的选择在表达信息的能力上会有差异。有的沟通渠道丰富性较强，能处理更多的信息，能及时提供反馈，而且极具人性化。比如面对面谈话，它能一次传递很多信息，并且能够迅速得到反馈。电话也是一种丰富性较强的渠道，但是它没有面对面谈话来得丰富。再比如布告、一般的报告、电子邮件和备忘录等，这些沟通形式都不够丰富。在现代信息经济时代背景下，网络沟通的渠道模式称得上是所有企业管理沟通渠道模式中一种较为理想的模式。企业在保持适合企业业务发展需要的组织管理结构下，向网络型管理沟通渠道模式靠近，从而使本企业适应经济信息化、知识化、全球化趋势，使企业的组织管理结构与管理沟通渠道具备更多网络型组织管理结构的特征，使企业能成为信息化企业。

研究结果显示，媒介的丰富性与过去10年内的组织趋势和方法相一致。越来越多的领导者利用会议的形式来沟通，同时走出与员工隔绝的办公室实行走动管理。但是无论是哪一种沟通渠道都有它存在的理由，正因如此，才需要领导者在工作中能抓住一切机会，主动引导与下属的沟通，有意识地去促进成员之间信息交流的顺畅，重视和改善沟通管理，才能进行有效的沟通，创造出无限的价值。

多一些鼓励，少一些批评

无论年龄长幼、贫富贵贱，爱听鼓励的话是人的天性。然而在企业中，当员工工作执行不到位、消极怠工或者犯错误时，不少领导者都喜欢通过批评员工来树权威、耍威风，更有甚者，还喜欢在员工犯错误时发脾气，殊不知这样弊远大于利。一味用批评和尖锐的意见面对员工，很多时候会扼杀员工的创新性，使员工产生挫折感。批评往往会使自己情绪恶化，员工会因此而产生逆反心理，会消极怠工，更会破坏工作场所的氛围。而且对于领导者而言，他们也会被认为是不合群、人际关系有问题。批评只是管理的手段，而不是目的。光靠批评不仅无助于问题的解决，还会使问题恶化。

员工在接受批评后会产生紧张感、挫折感，而这些负面情绪都不利于问题的最终解决。

一天，公司赵总突然接到刚工作不久的员工妮妮的电话：“我买了机票，我要去旅行，现在想向你辞职。”赵总接到这

样的电话不免感到惊讶，但他还是尽量平和地说："我给你两周的时间，旅行完之后再回来上班。"妮妮说："不用了，即使回来，我也不想回到这里上班。"

赵总听到这样的回答感到很气愤，但他依然没有忘记反思问题出现的原因。他终于想起，前几天妮妮曾经交给他一份企划案，当时他看了十分不满意，还训斥她："你怎么可以做出这样的东西？竟然还好意思交给我，你是大学毕业生吗？"

妮妮因为赵总的一句严厉的批评而辞职了。妮妮工作时间不长，很明显，妮妮抗挫折的能力比较差，赵总在跟她打交道时，有必要使用一定的技巧。员工犯错后，领导者应该做的是向员工提出解决问题的建议，避免他以后再犯。很多时候，新进员工犯错误都是由于领导者没有给他们正确的建议。

例如，某员工说："我不想做了，实在是没有什么前途。"这说明他正处于情绪不稳定的状态，此时领导者最好的做法是采用迂回的策略，先让他的情绪稳定。领导者可以先把员工的话润色加以重复："你的意思是，你觉得在这里的表现或者发展不是很满意，是吗？"然后稍等片刻，暗示对方你已经明白了他的意思。如果员工的情绪依然低落，对你说："是呀，我觉得这里很糟糕。"那么这时候领导者可以继续跟他聊，直到他平静下来。最后，员工可能会询问你该怎么办。这时领导者就掌握了谈话的主动权，可以询问员工的想法。如果通过沟通发现他之所以会如此沮丧是因为对自己太过悲观，那么领导者有必要举例让他知道其实他已经做得非常好。

当然，这里说领导者应多些鼓励和建议，并不意味着对员工的错误视而不见。有时候，批评也是必需的，只是批评也要有艺术。

比如，如果一个员工之前的工作表现都很好，但是后来却怎么都没有办法达到领导者的要求，这时候批评就有必要了。

但是作为一名领导者，如何批评才不会起反作用呢？

作为领导者，如果对员工提出质疑："你是怎么搞的？为什么没有把事情做好？"那在员工看来，就很可能会认为领导者讨厌自己，而不能就事论事。所以，一名优秀的领导者，在批评时一定要注意四点。

（1）要跟员工讲清楚事实。比如："你这份企划书，为什么没有按时交给我？"

（2）要明确告诉员工你自己的感觉。比如告诉员工："我对你现在的表现很失望。"

（3）领导者要明确自己的管理目标，让员工接收到肯定的词汇，而不是否定的词汇。比如：不说"你以后交企划不要迟到"，而说"我希望你以后能按时交企划"。

（4）要运用"说服的艺术"，也就是用建议的方法而不是用意见。要说服员工做事，要让员工有自己判断的机会，所谓"晓之以理，动之以情"就是这个道理，要让员工知道你的建议是正确的。你不是在对员工的行为挑刺，指出他的错误，要用"诱之以利"的方式让员工认识到自己的问题，并选择正确的方式解决问题。

在企业管理中，领导者要做的是多些鼓励与建议，少些批评与意见。如果领导者能用真诚的鼓励和正确的建议对待员工，特别是一些有知识、有文化、有思想的员工，那么企业的管理水平肯定会有一个质的飞跃，员工在这种激励下能增强工作的信心，就可以在保证质量的情况下超额完成任务。一个聪明的领导者会从员工的立场出发，采用最恰当的方式，让员工接受并乐于服从自己的建议。

乐意听取下属的抱怨

在管理过程中，每一个领导者都难免会面临下属抱怨满腹的状况。每个下属的利益需求不同，看问题的角度也不同。就算领导者做出的正确决策是为下属着想的，也还是会招来非议，引来很多抱怨，好心得不到好报，有时会让领导者很窝火。

如何对待下属的抱怨，考验着领导者的胸襟度量与管理水平。在有水平的领导者眼中，下属的抱怨是再正常不过的事情，甚至还是一件好事情，因为在他们看来，抱怨在一定程度上反映了员工对公司各方面的看法，也是一种非正规的反馈渠道。他们可以根据员工的抱怨反观自己的工作，并相应地做出调整。而且从另一个角度讲，抱怨有时也会变成动力，因为首先要不满于现状，然后才能谈得上对现状的改变。其实，员工的抱怨就好比是化解冲突的“安全活塞”。我们都知道，在压力容器上，比如高压锅上就一定会有个安全活塞，一旦压力高于承受力时，活塞就会自动排气，以防高压锅爆炸。下属的抱怨与此类似，能让不满情绪排泄掉，这就有利于避免上下级之间矛盾激化的现象出现。

在芝加哥有一家制造电话交换机的工厂，厂里各种生活和娱乐设施都很完备，社会保险、养老金等各方面也都做得相当不错。但是令厂长感到困惑的是，工人们的生产积极性却并不高，产品销售也是成绩平平。

为了找出原因，厂长向哈佛大学心理学系发出了求助申请。哈佛大学心理学系随即派出一个专家组进厂开展了一个“谈话试验”，就是专家们找工人个别谈话，规定在谈话过程中，专家要耐心倾听工人们对厂方的各种意见和不满，并做详细记录，而且专家对工人的抱怨不能反驳和训斥。这一试验持续了两年时间。在此期间，研究人员前前后后与工人谈话的总数达到了两万余人次。

结果两年下来，工厂的产量大幅度提高了。经过研究，专家们给出了原因：长期以来，工人对这家工厂的各个方面有诸多不满，但是却无处发泄。“谈话试验”使他们的这些不满都发泄出来，从而感到心情舒畅，工作干劲高涨。

这就是管理学中著名的“霍桑效应”：让员工发泄自己的情绪，虽然抱怨的内容不一定是正确的，但认真对待抱怨却总是正确的。抱怨是改变不合理现状的催化剂。由此可见，领导者对待抱怨的原则是：宜疏不宜堵。堵则气滞，抱怨升级；疏则气顺，心平气和，情绪高涨，下属的工作积极性和主动性自然提高，精神面貌为之焕然一新。领导者需要思考的不是杜绝抱怨或者压制抱怨，而是如何让抱怨更适当地发泄出来，达到化抱怨为工作动力的目的。

领导者在管理上的成功，不是做得让下属没有一句抱怨，也不是利用权力强行禁止下属抱怨，而是能正确对待下属的抱怨，善于化解抱怨。在日本松下电器公司，所有分厂里都设有吸烟室，里面摆着一个松下幸之助本人的人体模型，工人可以在这里用专门准备的鞭子随意抽打“他”，以发泄自己心中的不满。这为下属的抱怨提供了出口，使平时积郁的不满情绪都能得到宣泄，从而大大缓解了他们的工作压力，提高了工作效率。

在美国的一些企业中，也有一种叫作“发泄日”的制度，即每个月专门划出一天供员工发泄不满。在这一天，员工可以对公司同事和上级直抒胸臆，开玩笑、顶撞都是被允许的，领

导者不许就此迁怒于人。

员工宣泄不满、有所抱怨是正常现象，但是领导者也不能任由员工发泄而不予理睬，不想办法化解。面对员工的抱怨，领导者应该学好下面这几招：

（1）不能忽视。领导者面对下属的抱怨不能充耳不闻、视而不见，须知等到小抱怨变成大仇恨就会后悔晚矣！

（2）严肃对待。有句话说得好：“千里之堤，溃于蚁穴。”任由抱怨泛滥而不加理睬，就会毁了企业的基业，因此领导者要怀着如履薄冰的心情来认真对待。

（3）认真倾听。领导者应该认真地倾听下属的抱怨，并从中找到抱怨产生的真正原因。

（4）承认错误。领导者主动承认自己的失误并道歉，这是让抱怨最快消失的办法。

（5）不能发火。抱怨的下属本来就一肚子的火，领导者如果再发火只会激化矛盾。

（6）掌握事实。领导者只有把事实了解清楚了，才可能制定出正确的对策。

（7）别兜圈子。领导者正面答复下属的抱怨时，要具体而明确，要触及问题的核心。

（8）解释原因。如果下属的抱怨只是误会，那么只要耐心地摆事实、讲道理，下属就会理解的。

（9）不偏不倚。涉及下属之间的矛盾，公平处理最重要。

（10）表示感谢。下属抱怨说明他对工作负责、对团队关心，如此不该感谢吗？

（11）敞开大门。领导者应该对下属永远敞开沟通的大门，要让他们随时能找到你。

沟通是心灵的对话，是情感的交流。有效的沟通是管理成功的关键，这早已不是秘密。特别是在对待下属的意见、批评、抱怨这些负面情绪方面，如果领导者能与下属坦诚相见、良好沟通，就能形成战无不胜的凝聚力、战斗力和创造力！

给予每一位员工应有的尊重

马斯洛曾指出人类有五个层次的需求，其中一个层次就是受尊重的需求。作为一个社会人，我们每个人都渴望从他人的尊重中感受到自己在社会中的重要性，从而增强信心。

你怎么看待别人，别人就能朝你期待的方向有所改变，你觉得他是优秀的，那他就是优秀的。一份尊重和爱心，常常可以带给人意外的惊喜，常常会产生意想不到的效果。在企业管理中，我们常常会强调“没有规矩，不成方圆”，但是我们却又常忽略一个事实：如果不能给予员工应有的重视，充分调动他们的积极性，那么规矩越多，管理成本就越高，人才流失也就越严重。

菁华在一家规模较大的广告公司做了几年的设计师。客观地说，这家公司工作环境不错，菁华在这里月收入近万元，加上年终奖、创意奖等，年薪20万元左右。这对一个普通的打工者来说已经算是一笔不小的数目了。本应该很知足，并死心塌地为公司奉献，但菁华最近却打算辞职。

原来，就在几个月前，他们公司来了一家大公司的客户，想让他们做一款广告设计，并要求尽快拿出设计方案进行竞标。作为设计员，菁华在设计总监的带领下，绞尽脑汁地熬了好几个通宵，终于设计出了优秀的方案。他所设计的方案最终击败了公司其他几位设计总监，并得到了客户方的好评，竞标成功。老板很高兴，把他叫到办公室，当即给了他两万元的奖金，叫他继续努力好好干。

领到奖金的三天后，公司举行了庆功宴。菁华被安排在了一个靠后的角落里，而且老板在庆功宴上的发言只字未提他的功劳，这让菁华很失落。整个晚宴，他都与公司其他普通员工坐在一起，也没有任何一个人问到他对设计方案的感想，更别提对他的赞赏了。此时的菁华心中不由生起一股被冷落的失落感，他闷闷地吃了几口东西就退席了。

回到家的菁华想到了离职，他不动声色地找到了新的东家。这个新东家给出的待遇跟现在的公司给出的待遇差不多，但是菁华却很满意。原来，菁华在面试时，就受到了公司人事经理及相关面试人员的高度热情有礼的接待，这让他从心里觉得自己是被重视和尊重的。面试成功后，他想要见见公司老总，人事部经理彬彬有礼地答应帮他安排。才过了两天，人事部经理就给他打电话说，自己与老总已经开车到了他现在工作公司对面的马路口，老总接他一起共进晚餐。他下楼走到车旁，比他年长很多的老总亲自走下车与他握手，并欲帮他开车门请他上车。这一切让菁华受宠若惊。

到了预订的餐厅，菁华才发现，原来还有公司很多其他同事在场，财务部、设计部、人事部等一帮经理都来了。席间，老板和人事部经理将他郑重地介绍给同事，整个用餐过程气氛非常融洽。菁华当下更加确定了到这家公司工作的决心。

作为社会人，我们都需要并渴望得到别人的尊重，一个普通的打工者也同样如此，他们希望能得到同事的认同，受到领导的尊重。现代管理理念越来越注重人性化的管理。人性化的管理就是要让管理更亲和，让领导者不是在表面上与员工拉近距离，而是要真正关心员工，关心员工的家庭、前途和未来。

前面提到的菁华在各项外在条件都不错的前提下却毅然决定辞职的事例，其实说的就是公司领导者不懂得如何给予员工应有的尊重。只想到“我花钱请你，你就要好好干活，你为公司创造了好的效益，那我给你奖金，如此就两清了”，却完全没有意识到，对员工劳动结果的尊重、对他们个体心灵的尊重，其实远比金钱的“尊重”更有效果。不少领导者都在感叹：现在企业中的快乐员工越来越少了。但是他们却没有认识到这其中最根本的原因就是他们没有给予每一位员工应有的尊重：员工努力工作，却总是不能得到领导者的认同，在与员工谈话时，领导者总是一副高高在上的命令式。在这种环境下，员工的工作效率和认同度可想而知。

世界上的扭亏高手温白克说：“一家企业要成功，关键是一定要爱护你的员工，并帮助他们，否则他们也不会帮助你的企业。对待员工一定要诚实，要有一致性，不能朝令夕改，一定要把你的心拿出来给他们看，要心心相印，只有在这种情况下，他们才会跟你走。”

从某种意义上说，企业管理就是人际关系的总和。人际关系的维系需要靠沟通，而谈话则是沟通的外在表现形式。领导者通过谈话，可以了解员工所需，以及员工的个人想法和建议，员工也可以从中了解到公司对他的评价、对他的期望等。

领导者与下级员工之间的对话应该是建立在平等、尊重的基础上的。当员工感觉到自己对于公司而言很重要时，工作就会变得有趣而充实。一个领导者，最重要的是要保持与下级员工之间的密切联系。公司不仅要尊重员工对公司的贡献，更要尊重他们的建议与想法。领导者只有尊重每一位谈话者，了解他的想法，才能使员工觉得自己受到尊重。对于员工好的建议和合理的要求，领导者要引起重视，并对此做出相应的决策。面对员工不合理的要求，领导者也要给予其应有的尊重，告诉他们，他们的意见和要求自己已经知道，然后和其他领导者讨论其要求的可行性，如果实在行不通，也要让员工知道原因。

沟通需要从最小处做起

领导者与下属创造良好的人际关系的方法有很多种。虽然一些“微小平常”的事情会让人觉得微不足道，但有时却会起到举足轻重的作用。下面就简单介绍一下：

1. 好意地接近下属

领导者讨厌下属，那么下属也不会对领导者有什么好印象；领导者喜欢亲近下属，下属也会乐于接近领导者。

这些就是领导者和下属建立人际关系的基础。如果领导者在个人感情上讨厌某位下属，那么在工作上就势必会被这种情绪所感染。所以作为领导者必须以真诚的态度，怀着善意积极地接近下属。

2. 不要忘了打招呼

决定与下属建立人际关系，最基本的方法就是“打招呼”。

人们的对话都是先从“打招呼”开始。

上班时，如果领导者主动向下属打招呼，那一定是下属精神百倍、工作情绪高昂的主要原因之一。

明朗的笑脸是接受对方的表现。先一步、积极地向对方表达出你认可他的问候。

除此，领导者如果对下属不管是工作上或私事上，都能以温馨的语言表示关心，就一定可以抓住下属的心，创造彼此良好的人际关系。

3. 回答要妥当

当对方把想说的“事”、想传达的“事”投过来给你时，领导者有必要接受这些“事”并经过处理再还给对方。

回答和打招呼一样，都是再平常不过的事了，但是在人际关系及沟通上，却同样都具备相当重要的功用。

当下属有问题或跟你打招呼时，你有必要用心回答。

4. 花点时间与下属谈笑

很多人认为在工作时谈笑并没有什么好处，但是当工作碰到困难、阻碍时，人们难免会想找人吐一下苦水。这时候，领导者可以说：“我的头脑现在缺氧，反应迟钝，大家喝一杯咖啡、聊一下天如何？”缓和一下办公室的气氛，让大家恢复精神再工作。

午休时和下属闲聊，下班后邀约下属出去小聚一下，大家发发牢骚抬抬杠，可以缓解上班工作的紧张心情，加强彼此同为伙伴的情结，强化大家的协作意识。

面对激烈的市场竞争，现在的工作日趋紧张。员工更需每日兢兢业业，不敢有丝毫疏忽。而越是这样，就越需要利用时间和空间，让领导者和下属暂离工作，稍事休息。

5. 收集相关信息及话题

身为领导者，必须切实掌握社会动态、时事和最新信息，保持员工的高度兴趣，因此平常就要用心于话题的收集。

所以在听别人说话时要很认真地聆听，平时也要为了自身的教养、知识而不断地学习，多关注电视上的体育、艺术、综艺节目等，这都是和他人闲聊时的话题。

同时还要养成随时随地记笔记的习惯，不管是和别人的谈话、读书的内容摘要、从媒体中所获得的资料、亲身的体验心得等，都可以记在笔记本中作为备忘录。

领导者在与下属沟通时，往往需要从最小处做起。有句话叫："最伟大的事都是从最小的地方累积而成。"领导者从最小的地方做起并做好，才会在与下属沟通交往中获得最大的收益。

站在对方的角度思考

真正了解员工的领导者会走近员工，和员工沟通，了解员工的所思所想，站在员工的角度去思考问题，努力成为一个受员工欢迎的领导者。

美国钢铁大王安德鲁·卡内基是世界上著名的管理精英，他最突出的特点之一就是能站在员工的角度去考虑问题。

在卡内基的回忆录中记载着他出道不久的一件事。

一天，一个急得满嘴是泡的青年下属找到卡内基，说他的妻子、女儿因家乡房屋拆迁而失去住所，想请假回家安排一下。因为当时人手较少，卡内基不想马上准假，就以"个人的事再大也是小事，集体的事再小也是大事"这类大道理来进行开导，鼓励他安心工作。不想一下子气哭了这位青年，他愤愤地顶撞说："这在你们眼里是小事，可在我眼里是天大的事。我妻子和女儿连个住处都没有，我能安心工作吗？"卡内基在日记中写道："这一番大实话深深震撼了我。"卡内基对"大事"和"小事"进行了很多辩证的思索后，立即去找那位青年下属，向他道歉，又准了他的假，而且后来还为此事专程到他家里去慰问了一番。这位后来的钢铁大王当时23岁，他只是在替他父亲管理一些事务。卡内基在回忆录上写的最后一句话是：“这是别人给我在通向领导的道路上上的第一课，也是刻骨铭心的一课。”

汽车大王亨利·福特说：“如果有所谓成功的秘诀，那必定就是指要能了解别人的立场。我们除了站在自己的立场上考虑之外，也必须要有站在别人的立场上考虑问题的处事能力。”作为一名领导者，只会下命令做甩手掌柜是不够的，一个高明的领导者不仅要善于使用下属，更需要站在员工的角度

去思考问题。

通常，许多领导者在自认为考虑了员工的感受时，真正在做的却不过是想如果自己站在员工的立场时，会怎么想，会怎么做。但是，他们却并没有深入地去和员工进行沟通，没有从他们那里得到足够的信息。正因如此，领导者常会因对员工了解的不足，致使把一些莫须有的看法套在员工身上，不能真正地为员工排忧解难。所以，在有些时候，如果领导者站在员工的角度去思考问题时，应尽可能多地与员工沟通，掌握足够的信息，这样才可以真正地为员工考虑问题。

事实证明，领导者要想赢得员工的拥戴和尊敬，让自己下达的指令更为有效，一定要多和员工沟通，了解他们的需求，并站在他们的角度去考虑问题。只有这样才能真正为员工排忧解难，唤起他的内在工作热情，激发他的主动性、创造性，使其全身心投入工作。

PART 06

领导的激励艺术：让员工自己奔跑

最有效的13条激励法则

员工是企业生存与发展的基石，企业要发展，就必须依赖员工的努力。因此，激励员工发挥所长，贡献其心力，是领导者的首要责任。

以下介绍13条激励法则，帮助员工建立信任感，激励员工士气，使员工士气达到巅峰，充分发挥他们的创造力、热情，全力以赴地工作：

（1）不要用命令的口气。好的领导者很少发号施令，他们都以劝说、奖励等方式让员工了解任务的要求，并去执行，尽量避免直接命令，如“你去做……”等。

（2）授权任务而非“倾倒”工作。授权是管理的必要技巧之一。如果你将一大堆工作全部塞给员工去做，便是“倾倒”，这样员工会认为你滥用职权；而授权任务则是依照员工能力派任工作，使他们得以发挥所长，圆满地完成。

（3）让员工自己做决定。员工需要对工作拥有支配权，如果他们凡事都需等候上司的决策，那么他们就容易产生无力感，失去激情。不过员工通常并不熟悉做决定的技巧，因此领导者应该告诉员工，不同的做法会有哪些影响，然后从中选择。

（4）为员工设立目标。设立目标比其他管理技能更能有效改善员工表现，不过这些目标必须十分明确，而且是可以达到的。

（5）给予员工升迁的希望。如果公司缺乏升迁机会，领导者最好尽量改变这种情况，因为如果有升迁的希望，可激励员工努力工作。假如你不希望以升迁机会提高人事成本，起码也要提供一些奖励办法。

（6）倾听员工的意见，让他们感觉受到重视。尽可能每周安排一次与员工聚会，时间不用很长，但是借此机会员工可以表达他们的想法与意见，而领导者则应用心记录谈话内容，以便采取行动。

当然，你未必同意每位员工的要求，但你不妨用心倾听，这样员工会因为你的关心而努力工作，表现更好。

（7）信守诺言。好的领导者永远记得自己的承诺，并会采取适当行动。如果你答应员工去做某些事，却又没有办到，那将失去员工对你的信赖。

因此，你不妨经常携带笔记本，将对方的要求或自己的承诺写下来，如果短期内无法兑现，最好让员工知道，你已着手去做，以及所遇到的困难。

（8）不要朝令夕改。员工工作需要连贯性，他们希望你不要朝令夕改，因此如果政策改变，最好尽快通知，否则员工会觉得无所适从。

（9）及时奖励员工。每当员工圆满完成工作时，立刻予以奖励或赞美，往往比日后的调薪效果好。赞美与惩罚比例，应该是4∶1。

（10）预防胜于治疗，建立监督体系。每天检视公司动态与员工工作进度，以便在出现大问题以前，预先了解错误，防患于未然。

（11）避免轻率地下判断。如果领导者希望员工能依照自己的方法工作，必然会大失所望。因为每个人处理事情的方式不同，你的方法未必是唯一正确的，所以最好避免轻率地断言员工会犯错误，否则会影响对他们的信任感，甚至做出错误的决策。

（12）心平气和地批评。批评也是激励的一种方式，然而批评必须掌握方法，激烈的批评只会让员工感染你的怒气，并产生反抗情绪。只有心平气和地指出其不足之处才能让员工了解他自己的失误，并感受到你对他的期待，才能对员工产生激励的效果。

（13）激励员工建立办公室友谊。让员工们在工作中有机会交谈，和谐相处。许多人愿意留在一个单位工作，是因为他们喜欢这个环境与同事。因此，不妨经常办些聚会，增进员工间的感情。员工们在人和的气氛下工作，必然会更有创造力、更有活力。

建立完善有效的**激励机制**

强化工作动机可以改善工作绩效，诱发出员工的工作热情与努力。这里强调的是领导者所做的一切努力只是一个诱发的过程，能真正激励员工的还是他们自己。

要想冲破员工内心深处这道反锁的门，你必须要好好地谋划一番，为你的激励建立一个有效的机制。那么，一个有效的激励机制应该具备哪些特征，符合什么样的原则呢？

（1）简明。激励机制的规则必须简明扼要，且容易被解释、理解和把握。

（2）具体。仅仅说“多干点”或者说“别出事故”是根本不够的，员工们需要准确地知道上司到底希望他们做什么。

（3）可以实现。每一个员工都应该有一个合理的机会去赢得某些他们希望得到的东西。

（4）可估量。可估量的目标是制订激励计划的基础，如果具体的成就不能与所花费用联系起来，计划资金就会白白

浪费。

一个高效激励机制的建立，企业的领导者需要从企业自身的情况，以及员工的精神需求、物质需求等多方面综合考虑，更新管理观念与思路，制定行之有效的激励措施和激励手段。

具体来说，应该做到以下几点：

1. 物质激励要和精神激励相结合

领导者在制定激励机制时，不仅要考虑到物质激励，同时也要考虑到精神激励。物质激励是指通过物质刺激的手段来鼓励员工工作，它的主要表现形式有发放工资、奖金、津贴、福利等；精神激励包括口头称赞、书面表扬、荣誉称号、勋章……

在实际工作中，一些领导者认为有钱才会有干劲，有实惠才能有热情，精神激励是水中月、镜中影，好看却不中用，因此他们从来不重视精神激励。事实上，人类不但有物质上的需要，更有精神方面的需要，如果只给予员工物质激励，往往不能达到预期的效果，甚至还会产生不良影响。美国管理学家皮特就曾指出："重赏会带来副作用，因为高额的奖金会使大家彼此封锁消息，影响工作的正常开展，整个社会的风气就不会正。"因此，领导者必须把物质激励和精神激励结合起来，才能真正地激发广大员工的积极性。

2. 建立和实施多渠道、多层次的激励机制

激励机制是一个永远开放的系统，要随着时代、环境、市场形式的变化而不断变化。因此，领导者要建立多层次的激励机制。

多层次激励机制的实施是联想公司创造奇迹的一个秘诀。联想公司在不同时期有不同的激励机制：对于20世纪80年代的第一代联想人，公司主要注重培养他们的集体主义精神和满足他们的物质需求；而进入90年代以后，新一代的联想人对物质要求更为强烈，并有很强的自我意识。基于这种特点，联想公司制订了新的、合理的、有效的激励方案，那就是多一点空间、多一点办法，制定多种激励方式。联想集团始终认为，只有一条激励跑道一定会拥挤不堪，一定要设置多条跑道，采取灵活多样的激励手段，这样才能最大限度地激发员工的工作激情。

3. 充分考虑员工的个体差异，实行差别激励的原则

企业要根据不同的类型和特点制定激励机制，而且在制定激励机制时一定要考虑到个体差异。例如女性员工相对而言对报酬更为看重，而男性员工则更注重提升能力、得到升迁；在年龄方面也有差异，一般20～30岁的员工自主意识比较强，对工作条件等各方面要求比较高，而31～45岁的员工则由于家庭等原因更为安于现状，相对而言比较稳定；在文化方面，有较高学历的人一般更注重自我价值的实现，他们更看重的是精神方面的满足，例如工作环境、工作兴趣、工作条件等，而学历相对较低的人则首先注重的是基本需求的满足；在职务方面，管理人员和一般员工之间的需求也有所不同。因此企业在制定激励机制时一定要考虑到企业的特点和员工的个体差异，这样才能收到最大的激励效力。

4. 领导者的行为是影响激励机制成败的一个重要因素

领导者的行为对激励机制的成败至关重要。首先，领导者要做到自身廉洁，不要因为自己多拿多占而对员工产生负面影响；其次，要做到公正不偏，不任人唯亲；再次，领导者要经常与员工进行沟通，尊重支持员工，对员工所做出的成绩要尽量表扬，在企业中建立以人为本的管理思想，为员工创造良好的工作环境。此外，领导者要为员工做出榜样，通过展示自己的工作技术、管理艺术、办事能力和良好的职业意识，培养下属对自己的尊敬，从而增加企业的凝聚力。

建立有效的、完善的激励机制，除了做到以上几点之外，还要注意以下两方面的问题：

1. 要认真贯彻实施，避免激励机制流于书面

很多领导者没有真正认识到激励机制是其发展必不可少的动力源，他们往往把激励机制的建立“写在纸上，挂在墙上，说在嘴上”，实施起来多以“研究，研究，再研究”使之浮在表面，最终让激励机制成为一纸空文，没有发挥任何效果。领导者一定要避免这种情况的发生，将激励机制认真贯彻实施。

2. 要抛弃一劳永逸的心态

企业的激励机制一旦建立，且在初期运行良好，领导者就可能固化这种机制，而不考虑周围环境的变化和企业的变化，这往往会导致机制落后，而难以产生功效。领导者应该根据时代的发展、环境的变化而不断改革创新激励机制。

人才是企业生存与发展的关键，如何在企业有限的人力资本中调动他们的积极性、主动性和创造性，有效的激励机制是必不可少的。因此，领导者一定要重视对员工的激励，根据实际情况，综合运用多种方式，把激励的手段和目的结合起来，改变思维模式，真正建立起适应企业特色、时代特点和员工需求的有效的激励机制，使企业在激烈的市场竞争中立于不败之地。

靠“竞赛机制”说话

在管理员工时，适当运用“竞赛机制”，可以调动员工的积极性。毕竟每个人都希望自己的价值能得到大家的肯定，而竞赛这种机制给员工提供了一个可靠的平台，在这个平台上，任何一个员工，只要他有能力，都可以得到相应的奖励，同时大家的尊重和敬佩还会强化其工作成就感。竞赛透明度越高，员工的公平公正感就越强，所受到的激励也就越强。

对于领导者来说，使用竞赛这种机制，不但可以调动员工的情绪，还可以解决一些平时想解决的发展“瓶颈”问题。

2008年年底，深圳某公司受金融危机影响，未完成9～12月生产任务，工人们若不减员就得减薪。公司董事长一筹莫展，裁员和减薪都是他不愿意走的路，怎么办呢？最后，他决定开办一场节能降耗的劳动竞赛。竞赛举办期间，生产成本骤降。董事长又决定改革劳动竞赛的形式和竞赛奖金发放办法，将劳动竞赛纳入行政管理中，竞赛奖金半个月一发放。这一劳动竞赛机制不仅解决了企业面临的问题，推动了企业发展，也为一线职工增加了收入，可谓一举多得。竞赛机制的作用由此可见一斑。

但并不是所有的竞赛都能起到激励作用，这就要看领导者制定的竞赛条件如何。那么，作为一名领导者，应该如何制定一种合理的竞赛规则呢？

（1）竞赛要得到大多数下属的认同。

竞赛要能体现组织目标与个人目标的统一，使下属真正从思想上接受，从而激励他们为达到目标的要求而努力奋斗。因此，竞赛条件要交给下属去讨论，使之得到大多数人的认同。

（2）竞赛条件要具有可比性，参与竞赛的人的条件应大致相同，这样才能反映出各自的努力程度，才能起到激励作用。在体育竞赛里，举重比赛按参赛运动员的体重不同来分级，女子为七个级别：48公斤级、53公斤级、58公斤级、63公斤级、69公斤级、75公斤级、75公斤以上级。同样，组织里的竞赛机

制也需要在一定的级别内进行比较，以免让下属觉得不公平而不愿意参加。比如，没有任何经验的新员工如果被安排与经验丰富的老员工一起竞赛，就有失公平。

（3）竞赛条件要定得适当合理，使人们通过一定的努力就可以达到。

竞赛要符合以下条件：每一位有能力的人都可以获得奖励，即使暂时没有能力的人，只要通过努力同样可以得到相应的奖励。这样，所有的人都会信任这样的竞争，而不会有心理不平衡的感觉，不会抱怨“不给我机会，却怪我没有本事”。

为了满足这个条件，领导者可以适当多开展一些竞赛活动，因为每个能够进入组织的人肯定都有自己的一技之长，如果每个人在经过努力之后都能得到奖励，那么这种激励就会大受欢迎，而且同时会促进下属的工作积极性。领导者还可以拉长某项竞赛活动的时间，比如前面说的节约成本竞赛，可以作为一个长期的项目，每个月按照相应的标准进行考核，按奖金方式进行发放，这会在下属中间形成一种节约成本的风气。

（4）根据形势的变化随时改变竞赛的条件，要能随着社会的进步而提高，从而使其能持续地发挥激励作用。

总之，竞赛机制是领导者激发下属工作积极性的一种有效手段，只是要想让其有效地发挥激励作用，提高整个团队的工作效率，领导者还需要不断地研究改革举办竞赛所需要满足的条件，以便把所有的下属都团结在自己的工作观念里。

“竞赛机制”是目标激励的一种具体形式。竞赛在任何一个组织内部或组织之间都是客观存在的，它所包含的利益驱动可以极大地调动下属的工作积极性。当然，这种利益驱动必须要建立在下属的劳动智慧和热情之上，而不是下属无法达到的其他条件之上，否则竞赛机制就会失去其特性。

培养员工的自信心

作为一名聪明的领导者，要想让自己的团队保持团结一致、高效运转，就要调动员工的积极性，就要让员工在能够培植自信心的气氛中工作。因为自信心是一个有良好素质的员工不可或缺的创造源泉，也是影响一个人工作能力高低的重要因素。

自信心是一种奇妙的东西，它的提高会在人的内心产生一种能动的力量，促使个人发展完善，并因此让人把握住一条正确的途径。一个人如果丧失了自信心，那他整个人就会显得萎靡不振、毫无活力，而且永无长进。

安东尼是一个性格内向的小伙子，平时沉默寡言，不擅长交际。参加工作后仍然如此，不管领导给他任何工作或任务，他的表现都不尽如人意。安东尼的经理为了恢复他的自信心，在对他进行一番详尽的了解后，经常对他进行鼓励和夸赞，并用心去发掘他不易被察觉的长处。

“你很不错，只是你自己没有发觉。你以前曾做过××事，那时候你的表现真是好极了。”

“不要管别人对你的看法，只要你不感到愧对自己就行，要堂堂正正地挺起胸膛来。”

正是经理经常找出安东尼的优点，激励他勇往直前，安东尼才慢慢恢复了自信，工作也做得有声有色。

作为一名领导者，在培养员工的自信心时，最大的阻碍因素莫过于员工的自卑感了。不论哪个公司，总是存在着两三位有自卑感的员工。一旦自卑感作祟，他们就会丧失自信，使其本身能力降低。有自信的人会不断地提出方案，积极主动地面对工作；而自卑的人，因过于注重他人的言论，总担心着自己的一举一动是否惹人注意，会不会受到他人耻笑，因此总是不敢发表意见。他们总是跟着自信者的脚步，以他人的意见为意见，于是愈来愈丧失自信，愈来愈自卑，最后竟然完全没有了个人思想。这样的员工是很难在工作上有所突破，很难干出优异的成绩来的。

因此，领导者要指导员工克服自卑心理，产生自信心。要在本单位、本部门消除上述现象，必须从以下几个方面加强训练：

（1）使其早日适应工作与团体组织。如果无法适应就无法产生自信，这点对新进员工尤为重要。

（2）赋予他较高的目标，让其独立完成。他如果成功了，从此便会信心大增。

（3）训练他们掌握自动解决问题的方法。只有依靠自己的力量解决问题才能产生信心。

（4）训练他们从事较高水准的工作。他们完成高水准的工作后，在兴奋之余就会产生自信心。

（5）称赞他。当人受到称赞时就会产生信心。当然，这种称赞应当是切合实际的，否则会起到相反的作用。

自信可提高个人的工作意念，领导者一定要努力培养员工的自信性格，从而帮助员工时刻保持轻松的心情，敢于直面各种困难的考验和挑战。

按员工的性格秉性进行激励

在企业中，每一个员工都有自己的性格特点。有外向、喜交际的，有内向、爱独处的；有的安于熟练化、按部就班的岗位，有的偏好高风险、高挑战性的工作；有的长于管理团队，有的精于技术性工作……企业的领导者在日常管理中要花精力去了解和判断员工的性格特点、兴趣爱好，在进行激励的时候，要尽量与其性格、爱好和特长相匹配。这样既能激发员工的工作兴趣和热情，又能充分发挥其所长，取得事半功倍的成效，实现员工与企业的“双赢”。

某公司的何经理采取了许多提高员工工作动力的方法，如赞扬、发奖状、为员工提供更多的休息时间、公费旅游、发放奖金等来激励员工的干劲。虽然何经理如此煞费苦心，但是员工并没有买他的账，没有因为他的奖励而提高工作动力。主要原因就是何经理犯了激励管理中的一个通病：没有因人而异地激发员工的动力，没有考虑员工性格特点的差异。

最后，何经理专门抽出两天的时间和每一个员工面对面地交谈，详细了解每个人的兴趣爱好、性格特点，非常认真地询问每个员工希望从工作中获得什么，最后确定每个员工在工作中寻找到的最有意义的动力源泉。他发现：××辛勤工作的最大动力是能够有机会不断提高自己的技术水平，而并不是多拿100块钱的奖金；××希望有自主决定工作方式的权力，这样他才会有更大的动力，而公费旅游对他没有任何吸引力；××不仅喜欢自己从事的工作，还喜欢与工作有关的社交活动……

何经理在收集了各种信息后，就针对不同的员工制订了不同的激励计划，采取了不同的激励手段。现在，他所领导的团队具有非常高的工作动力与热情。

由此可见，领导者在对员工进行激励时，要根据他们的性格特点选择不同的激励方式。只有“对症下药”，才能事半功倍。

对于那些有主见、喜欢按自己想法做事的员工，领导者要对他们的正确意见给予积极的肯定和赞扬，并且对他们进行充分的授权，给他们广阔的、自由的空间去施展才华，从而激发他们的主人翁精神，让他们更有干劲。

对于那些自卑感比较重、很少发表自己的意见的低调员工，领导者要多给予他们一些关注和鼓励。如果领导者长期忽视他们，他们就会渐渐消沉下去，甚至觉得自己在公司是可有可无的，就更谈不上任何积极性、主动性了。所以，领导者对这一类型的员工要多多关心和鼓励，例如经常询问他们的工作进度，经常对他们说："你肯定能干好的！""继续努力！"

从本性来说，人是一种合群的动物，喜欢在某一个群体中生活。公司是一个群体，办公室也是一个交际的平台，在这里，领导者应该鼓励那些内向的、喜欢独来独往的员工进行交流，培养他们的团队精神，让他们产生归属感，让他们不再是寂寞的"独行侠"，从而增强他们的工作动力。

有些员工天生喜爱张扬，希望自己的知名度越高越好。对待这样的员工，领导者要积极创造机会，给他们提供展示自己的机会。例如，福特汽车与美国电报电话公司用他们的员工担任电视广告的角色；大西洋贝尔电话公司的移动电话部用优秀员工的名字作为中继站的站名。

有些员工自恃能力过高，对上司的意见、命令常常有抵触情绪。面对这样的员工，领导者要恰当地使用反激的方式，鼓励他们去做原来自己未打算做、不情愿做的事。

诸葛亮率师平定南中地区叛乱时，刚到南中地区便受到15

万敌军的阻击。他令人把赵云、魏延喊来，可是当他们来到大帐后，他却摇了摇头，又令人把王平、马忠叫来说："现在敌兵分三路而来。我本想遣赵云、魏延前往迎敌，可他二人不识地理，未敢擅用。你们俩可兵分两路，左右出击迎敌。"诸葛亮见赵云、魏延在一旁极不自在，便对他俩解释说："我不是不相信你们，南中山险难窥，地形复杂，你们是先锋大将，若令你们涉险入深，一旦被敌军暗算，会挫伤我军元气的。你们要谨慎从事，不可乱动。"赵云、魏延俩人越想越不是滋味，心想自己是先锋，如今却让晚辈去迎敌，这岂不是太伤面子了？不如先捉几个当地人问明路径，今晚就去破敌营寨。当二将手提敌将首级向诸葛亮请罪时，诸葛亮不但没有责备他俩违反军令，反而哈哈大笑："此乃吾激遣你二人之计也，若不如此，你们肯细心打探路径吗？"

除了以上这些激励方式之外，还有很多方法可供领导者选择。关键是要做到因人而异，使激励方法符合员工的性格特点。

赞美是一种很好的激励

人们之所以工作，是为了能够更好地生存和发展，因此我们会有拥有金钱和提升职位等方面的愿望。除此之外，人们更加追求个人的荣誉。一份民意调查结果表明，89%的人希望领导能给自己好的评价，只有2%的人不在乎领导的赞美，认为领导的赞美无所谓。当被问及为什么工作时，有92%的人选择了"个人发展的需要"。人对发展的需要是全面的，不仅包括物质利益方面，还包括名誉、地位等精神方面。在公司里，大部分人都能兢兢业业地完成本职工作，每个人都非常在乎上司的评价，而上司的赞扬是下属最需要的激励。

领导者赞美下属有下列三个作用：

1. 领导者的赞美可以使员工认识到自己在群体中的位置和价值

在很多公司，员工的工资收入都是相对稳定的，人们不会在这方面费很多心思。但人们都很在乎自己在上司心目中的形象，对于上司对自己的看法非常敏感。上司的赞美往往具有权威性，是确立自己在同事中的位置的依据。

有的领导者善于给员工就某方面的能力排座次，使每个人即使按不同的标准排列也能名列前茅，可以说是一种皆大欢喜的激励方法。

比如，齐立阳是本单位第一位硕士生，赵然是本单位计算机专家，王瑞是本单位“舞”林第一高手等，人人都有个第一的头衔，人人的长处都得到肯定，整个集体几乎都是由各方面的优秀成员组成，能不说这是一个人才济济、奋发向上的集体吗？

2. 领导者的赞美可以满足员工的荣誉和成就感，使其在精神上受到激励

领导者的赞美是最有价值的激励，它不需要冒多少风险，也不需要多少本钱或代价，就能很容易地满足一个人的荣誉心和成就感。

比如某位员工经过一个多星期的昼夜奋战，精心准备和组织了一次大型会议而累得精疲力竭时，或者经过深入调查取得了关于企划案丰富的调查报告时，或者经过深思熟虑而想出一条解决双方纠纷的妥协办法时，他最需要什么？当然是上司的赞美和同事的鼓励。

如果某位员工很认真地完成了一项任务或做出了一些成绩，虽然此时他表面上装得毫不在意，但心里却默默地期待着上司来一番称心如意的嘉奖。而领导者一旦没有关注、不给予公正的赞美，他必定会产生一种挫折感，对上司也产生看法，“反正他也看不见，干好干坏一个样”。这样的管理怎能调动起大家的积极性呢？

领导者的赞美是员工工作的精神动力。同样一个员工在不同领导者的指挥下，工作劲头判若两人，这与领导者善用还是不善用赞美的激励方法是分不开的。

3. 赞美员工还能够消除员工对领导者的疑虑与隔阂，有利于上下团结

有些员工长期受上司的忽视，上司不批评他也不表扬他，时间长了，下属心里肯定会嘀咕：上司怎么从不表扬我，是对我有偏见还是妒忌我的成就？于是同上司相处不冷不热，注意保持距离，没有什么友谊和感情可言，最终形成隔阂。

领导者的赞美不仅表明了对员工的肯定和赏识，还表明领导者很关注员工的事情，对他的一言一行都很关心。

人都喜欢听赞美的话，聪明的领导者应该大方一点，不要吝啬自己对员工的赞美：“这个意见非常好，就照你说的做吧！”“真有你的，你给我提供了一个好办法！”这样，下一次员工便会更努力地去工作，为公司创造更大的价值。

切勿只有“苦劳”，没有“功劳”

古罗马皇帝哈德良曾经碰到过这样一个问题。他手下有一位将军，跟随自己长年征战。有一次，这位将军觉得他应该得到提升，便在皇帝面前提到这件事。

“我应该升到更重要的领导岗位，”他说，“因为我的经验丰富，参加过10次重要战役。”

哈德良皇帝是一个对人才有着高明判断力的人，他并不认为这位将军有能力担任更高的职务，于是他随意指着拴在周围的驴子说：“亲爱的将军，好好看看这些驴子，它们至少参加过20次战役，可它们仍然是驴子。”

其实工作也一样，人在工作中没有苦劳，只有功劳。经验与资历固然重要，但领导者并不能把这当作衡量能力的标准，如果只讲“苦劳”不看“功劳”，就会出现论资排辈的现象。俗话说："革命不分先后，功劳却有大小。"企业需要的是能够勤奋工作并能解决问题的员工，而不是那些曾经做出过一定贡献，现在却跟不上企业发展步伐，卖老资历、不干活的员工。

在现在这个凭实力说话的年代，讲究能者上、庸者下，没有哪个领导者愿意拿钱去养一些无用的闲人。

企业要永远保持创业状态，就要让"每一个细胞都充满活力"，而这就要求领导者更看重成绩，不能只有"苦劳"、没有"功劳"。

作为一个发展多年的企业，海尔集团内的每一个员工都充满了激情，那么海尔集团的领导们是如何保证那些创业元老不失去创业激情的呢?

海尔集团董事局主席张瑞敏说："我认为对待元老还是要看开始是否对企业作出贡献，如果你因为照顾他，导致企业没有饭吃了，那么这种照顾就是对所有员工的不照顾。不论是元老还是年轻人，你到底怎样做才算真正的照顾呢？我认为不是表现在小恩小惠上，而是让他自己具有竞争力。"

在海尔，不讲过去，不论过去为海尔发展作出过多大贡献，包括"海尔功臣"（海尔最高奖励），只要不能胜任今天的工作，就绝对没有任何客观原因和情面可讲。"昨天的奖状，今天的废纸"，海尔人不欣赏昨天的荣誉和脚印，永远只能从零开始。不讲关系，个人收入和升迁只与效益相联系，与个人出身和社会关系无关，一律都以效益来衡量。

海尔不看学历和资历，只看业绩，以绩效论英雄，真正做到“能者上、平者让、庸者下”。

每年年终，海尔总有一部分中层干部因完不成市场任务而降职，又总有一批超额完成市场任务的新秀走上领导岗位，“能者上、平者让、庸者下”在海尔司空见惯，习以为常。

创业有创业英雄，守成有守成的好汉，但无论是“英雄”，还是“好汉”，都应该是那种会运用智慧工作的人，绝不是整天喊“没有功劳也有苦劳”的人。

领导者如果承认苦劳，就会为企业带来严重的危害性。

承认苦劳就是承认低效率，迁就懒汉。只有承认功劳才会有进步，承认苦劳的后果只能是退步。

彼得定律：晋升激励，适得其反

彼得定律是美国管理学家劳伦斯·彼得在对组织中人员晋升的相关现象研究后，从大量失败案例中总结出的一个结论：在各种组织中，由于习惯于对在某个等级上称职的人员进行晋升提拔，因而员工总是趋向于晋升到其不称职的地位。彼得指出，每一个员工由于在原有岗位上工作成绩表现好，就会被提升到更高一级的职位上；其后，如果他继续胜任则将进一步被提升，直至到达他所不能胜任的职位。因此彼得定律有时也被称为“向上爬”原理。这种现象在现实生活中无处不在：许多企业为了挽留人才，或为了鼓舞士气，常常开设新职位，并且轻易地晋升员工，让大家意识到晋升的可能。这个出发点可能是好的，但做法却不一定妥当，因为这样做很容易出现一些管理问题。

要知道，晋升并不是非常理想的激励措施，有时候，晋升激励会适得其反。

让我们来看一个较为常见的事例。

一位成功的销售人员，学历虽然不高，但是工作非常努力，加上口才了得，客源网络广阔，因而个人销售表现好，多年来都是公司最佳销售员。公司因此提升他到主管职位，领导一整队销售人员。

但他到任后，问题出现了。由于他的领导及执行能力不强，而下属又不认同他的做事方式及政策，公司也不满他未能提高整体销售业绩，因此他面对很大的压力，渐渐地失去了信心，工作士气低落。更大的问题是，他发现自己无路可退，降级再担任原来的销售员职位，等于抹杀了自己以往的成就；去别的公司求职，自己

的学历及近年表现又不出色。更糟的是，在经济不景气的情况下，公司计划裁员，自己变成了高危一族，惶恐终日，工作表现更加不济……

在企业里，类似的情况比比皆是。专业人员借着论资排辈的升迁制度，累积了多年的工作经验后，晋升管理阶层，但是他们的专业知识和经验并不能确保他们可以成为出色的上司。有时，他们自恃事业有成，没有进一步进修及提升自己的专业知识及管理能力，到了机构要进行"瘦身"及改革时，他们便感到有很大的压力，担心饭碗保不住。结果，本来可以在低一级职位施展优秀才华的人，现在却不得不处在一个自己所不能胜任的但是级别较高的职位上，并且要在这个职位上一直耗到退休。这种状况对于个人和组织双方来说，无疑都没有好处。对于员工而言，由于不能胜任工作，就找不到工作的乐趣，也无法实现自身的价值。对组织来说，如果员工被不恰当地晋升到一个他们所不能胜任的职位上来，一方面，组织得到的是一个蹩脚的领导者；另一方面，组织也失去了一个能够胜任较低一级职位的优秀人才。因此，彼得定律告诉我们：不要轻易地进行选拔和提拔。

解决这个问题，可采取以下几个有效措施：

（1）提升的标准更需要重视潜力而不仅仅是绩效。应当以能否胜任未来的职位为标准，而不仅仅是在现在的职位上是否出色。

（2）不要把能上能下当作一句空话，要在企业中真正形成这样的良性机制。一个不胜任经理的人，也许是一个很好的主管。只有通过这种机制找到每个人最胜任的角色，挖掘出每个人的最大潜力，企业才能人尽其才。

（3）考察时最好采用临时性和非正式性提拔的方法进行，以尽量避免降职所带来的负面影响。比如设立经理助理的职位，在项目小组这类组织中赋予更大的职责，特殊情况下可先让他担任代理职位等。

成功的企业在进行员工激励时，要注意选择适当的方法，更要看重个人的能力，而不要一味地盲目使用晋升激励。

别忘了激励幕后英雄

每一个公司都会有一些“幕后英雄”式的员工，他们了解自己的工作，并且不求引人注目而能默默地工作，他们值得信任。作为管理者，不能忘了这些人。

但是通常情况下，这些幕后英雄的功劳常常被那些制造事端、夸夸其谈的人所代替。这样一来，管理者变成了“调解员”，专门注意那些叫得最响的人，并帮助他们解决问题，结果忽视了那些优秀的员工。

大多数人并不在意自己所付出的辛勤劳动，但他们确实在乎自己付出的努力是否得到承认。如果他们努力一番却无人所知，这会使他们感到被人利用、遭受剥削，因而灰心丧气。当这种情形发生时，他们只得采取不再卖力或进行一些消极怠工的活动以示抗议。

因此管理者首先需要寻找幕后英雄，鼓励和奖励他们。

我们太容易忽视那些忠实可靠的人了，而他们却是一个企业成功的精英。幕后英雄有以下几个特点：在压力之下仍能出色工作，能够按时完成高质量的工作，愿意在集体需要时再努力一次；他们默默无闻，为人谦逊，除了出色完成工作外别无他求；领导不在时他们照样能够很好地工作，令人放心；他们提供的答案多于提出的问题；他们经常有所创新，经常帮助同事，使之将工作做得更好等。

其次，管理者还要对那些幕后英雄的工作表现出真诚的兴趣。不仅仅把他们当作下属，更要把他们视为与自己同等的人。听他们讲述自己的希望与担心、喜好与憎恶、欢乐与苦恼；要有足够的耐心，并时时准备帮助他们解决问题；在他们产生自我否定的心理时，应重新唤起他们的自信心。

幕后英雄是促进成功的坚实助力，管理者应该记住，那些幕后踏实工作的员工才是真正的心腹干将和可靠助手。

让员工参与决策工作

我们每个人都是一个独立的个体，都有自我意识，这是一个不争的事实。每个员工都希望能够得到领导者的重用，希望上级能够听取自己的意见。如果领导者忽略这一点，必定会使聪明的员工感到失望，让他们觉得自己满腹经纶却无所作为。

对于一项有重大意义的任务，员工大都渴望能够参与，这确实是一个展现自己能力的机会。能力平平、不计功名的员工对这项任务看起来倒无所谓，但如果有能力、有好胜心的员工希望参加却参加不了，那他就会感到非常失望，有时出于报复，还会加以破坏。有人说："一个新的计划，参与的人越多，支持的人就越多，参与人的自豪感便越高。"所以，领导者在做决策时最好让员工参与，给予他们自豪感和荣誉感。

著名的英特尔公司就使用被称为"参与式决策"的决策方式。这种决策方式，给员工充分的权力去参与公司的决策。事实已经证明，这一做法取得了骄人的成果。英特尔公司的上层领导者经常会与员工们公开交换意见，提出讨论并采纳各种观点，最后得出最好的解决方案。

1984年，英特尔公司正忙于研究386的设计，原计划是要在设计当中加入快取记忆体，但工程部门在处理上有些困难，而公司认为快取记忆体是提升处理器性能非常重要的因素，因此

坚持要求这一小组无论如何也要找出解决的方案。

这时有几位员工不同意公司决策层的见解，跑去找总裁。他们指出，由于摩托罗拉当时已经抢先推出了新的产品，所以公司应该尽可能快地让386上市，以免丧失商机。如果公司坚持要加入快取记忆体，就会延误产品上市的时间，386晶片的体积也会更大。最主要的一点是，由于过去从没有将快取记忆体放入微处理器，公司得花更多的时间去说服客户采纳，这样一来，等于给竞争对手提供更充裕的时间，去取得市场占有率。

总裁听完他们的意见后，立刻通知决策层开会讨论，最后决策层很快就采纳了这个将386的快取记忆体拿掉并尽快上市的建议，后来事实证明这是明智的决定。386较原先计划更早上市，英特尔公司也因此在微处理器的竞争中，将摩托罗拉甩在了后面。

正是由于这些具有不同意见的人积极主动地参与公司的决策，细致切实地向决策层分析解释他们的理由，公司才终于做出最正确的决定。相反，如果当时他们没有提出与上司不同的见解，这段英特尔与摩托罗拉较量的历史可能就要被改写。

让员工参与决策工作，就会使更多的人参与其中，从而减少办事的阻力。同时，由于参与者有一种主人翁意识，他们就会为这件事的进展尽一分力量。没有什么能比做主人的积极性更高。

PART 07 领导的惩罚艺术：惩罚只是手段，而不是目的

发火后要正确“善后”

无论哪一个团队，当下属犯下不可原谅的错误时，身为上司不免有生气发怒的时候。发怒，足以显示领导的威严和权势，对下属构成一种令人敬畏的形象。应该说，对那种“吃硬不吃软”的下属，适时发火施威，常常胜于苦口婆心。

当然，发怒也有发怒的技巧。有经验的领导者在这个问题上，既敢于发火震怒，又有善后的本领；既能狂风暴雨，又能和风送暖；既能使下属警醒于自己的错误，待他的愧疚心平息下来，又能恰当地给他一点甜头，引导他朝正确的方向走。

著名的松下公司创始人松下幸之助被称为“经营之神”，殊不知这位“经营之神”经常在工作中责骂部下。但是他的责骂方式是非常巧妙的，其秘诀在于他责骂之后的处理方式。

后藤清一曾在松下公司任职，某一次，因为一个小的错误，他惹恼了松下先生。当他进入松下的办公室时，只见松下气急败坏地拿起一把火钳死命往桌子上拍击，然后对后藤大发

雷霆。后藤正欲悻悻离去，松下说道："等等，刚才因我太生气了，不小心将这火钳弄弯了，所以麻烦你费点力，帮我弄直好吗？"

后藤无奈，只好拿起火钳拼命敲打，而他的心情也随着这敲打声逐渐归于平稳。当他把敲直的火钳交给松下时，松下看了看说道："嗯，比原来的还好，你真不错！"然后高兴地笑了。

责骂之后，反以题外话来称赞对方，这是松下用人的高明之处。然而，更为精彩的还在后头呢！后藤走后，松下悄悄地拨通了后藤妻子的电话，对她说："今天你先生回家，脸色一定很难看，请你好好照顾他！"

本来，后藤在挨了松下一顿臭骂之后，本来决定辞职不干，但松下的做法反使后藤佩服得五体投地，决心继续干下去，而且要干得更好。

作为领导者，若你在"气头"上责骂了你的下属，过后一定要采取妥当的善后措施。发完火之后还要做好善后工作，消除被骂者的怨气与委屈，并赢得他对你的尊敬与忠诚。

有一次，某领导在审阅一个重要材料时，发现许多数字核对不上。他当即打电话，严厉批评了负责该项工作的那位同志，使那位同志感到很惭愧，思想上也有较大压力。令人意想不到的是，第二天，这位领导在与大家共进午餐时，亲自斟满两杯酒，站起来走到前一天他批评过的那位同志面前，递给那位同志一杯酒，并微笑着说："昨天我批评了你，以后要细心一些嘛！不要把这些重要的数字搞错！现在我敬你一杯酒，祝你今后工作得更好！"就这样，领导简单自然地讲了一席话，敬了一杯酒，一下子缓和了气氛，解除了那位同志的思想负担。

如此这番诚心诚意的话使那位同志得到很大的安慰，心中的愧疚也消失了，并且由于心中充满感动，工作也更为努力了。

俗语说“打一巴掌揉三揉”，这里的“揉”指的就是采取善后措施。善后要选时机、看火候，过早了对方火气正盛，效果不佳；过晚了则对方郁积已久的感情不好解开。因而，宜选择对方略为消气、情绪开始恢复的时候为佳。

正确的善后，要视不同对象采用不同的方法。有人性格大大咧咧，是个粗人，上司发火他也不会往心里去，则善后工作只需三言两语，象征性地表示表示就能解决问题；有的人心细明理，上司发火他也能谅解，则不需要下大功夫去善后；而有的人死要面子，对上司向他发火会耿耿于怀，则需要善后工作细致而诚恳，对这种人要好言安抚，并在以后寻机通过表扬等方式予以弥补；还有的人量小气盛，对这种人则不妨使善后拖延进行，以日久见人心的功夫去逐渐感化他。

善后还应体现出明暗相济的特点。所谓“明”，是上司亲自登门进行谈心、解释甚至“道歉”，对方有了面子，一般都会顺势和解；所谓“暗”，是指对器量小者发火过了头，单纯面谈也不易挽回时，便采用“拐弯抹角”或“借东风”法，例如在其他场合故意对第三者讲他的好话，并适当说些自责的话，使这种善后语言间接传入他的耳中，这种背后好言很容易使他被打动、被感化。另外，也可以在他遇到困难的时候暗中帮忙。这些不在当面的表示，待他明白真相后，会对你由衷感激。

要做到“赏不避仇，罚不避亲”

奖赏是管人的必要手段。有经验的领导者，不论是对恩人还是仇人，都应一视同仁，该奖则奖，该罚则罚。

三国时期的孙权就是一个“赏不避仇，罚不避亲”的领导者。

甘宁英勇善战，曾有功于黄祖，而黄祖以他曾是“劫江贼”而不予重用。他想投靠东吴，但是又恐江东会恨其为救黄祖而杀害凌操之事，不被东吴所容。后得吕蒙推荐，于是投东吴，孙权见他大喜：“兴霸来此，大获我心，岂有记恨之理？请勿怀疑。愿教我破黄祖之策。”甘宁于是陈述了可以先破黄祖后取巴蜀的策略，孙权认为是“金玉良言”，后“果破祖”。之后，甘宁又多次立下大功，官拜折冲将军。

周瑜在赤壁之战中建大功，孙权立即拜他为偏将军、领南郡太守，并对他的功勋念念不忘。周瑜病死时，孙权痛哭流涕，说："公瑾王佐之资，今忽短命，孤何赖哉！"后来孙权称帝，又对众公卿说："孤非周公瑾，不帝矣！"他对周瑜遗下的两男一女都予以悉心照顾，但对于他们的不法行为则绝不纵容。

据《三国志·吴书·周瑜传》记载：都乡侯周胤是周瑜次子，他自恃是功臣子弟，"酗酒自恣"横行不法，孙权曾"先后告喻"，他却毫不改悔。孙权不因周胤是功臣子弟而宽恕他，却是将他迁徙庐陵郡。诸葛瑾与步骘因周胤是功臣之子不忍他因罪见徙，便上疏为他求情，要求复他原职。

孙权不同意，说："孤于公瑾，义犹二君，乐胤成就，岂有已哉？迫胤罪恶，未宜便退，且欲苦之，使自知耳。"这就是说，周胤有罪，不能不处罚，要让他吃点苦头，使他能改过自新，才能挽救他。

由于孙权能"赏不避仇，罚不避亲"，所以将士们才愿意为他卖命。

作为领导者，在赏罚时，心中虽然也有亲疏远近的人情观念，但其眼光的聚焦点却是企业的目标、业绩的提升，所以只要是对企业领导者有利，即使是"仇人"也要不吝奖赏。

刘邦建汉后，论功行赏，他先将功劳最大的二十几个人一一封了官，赏了地，但其余的那些将领互相之间比较功劳的大小，谁也不让谁，于是封赏之事也就一时中断了。

有一天，刘邦从洛阳南宫的阁楼上望去，看见那些将领们在洛水岸边的沙滩上，三人一群五人一伙，在交头接耳地议论着什么。刘邦问身边的张良："他们在嘀咕些什么？"

张良说："陛下还看不出来吗？他们在聚众准备谋反啊！"

刘邦大吃一惊："天下好不容易平定下来了，他们为什么又要谋反？"

张良说："陛下以一个普通百姓的身份起事，靠着这一帮人夺取了天下。现在陛下贵为天子，而所封赏的都是原来的老朋友和亲戚故旧，所杀的都是原来一些有冤有仇的人。他们觉得，天下只有那么大，要封的人却那么多，他们担心陛下不会对他们都进行封赏，又害怕会因为以前什么地方得罪过陛下而遭猜疑被杀，因此就想谋反。"

刘邦一听就犯愁了："这可如何是好？"

张良给他献上一计，问他："有没有这么一个人，陛下平生最恨他，而大臣们也都知道的？"

刘邦想了想，说："有的，就是雍齿。这个人原来就同我不和，又一再给我难堪，我早就想杀了他，但是因为他有很大的功劳，因此有些不忍心。"

张良说："陛下，那么就请您先立即封赏他，这样也就能让大臣们安心了。"

刘邦于是大摆宴席，当众封雍齿为侯，同时督促丞相赶快定功行赏。宴会结束后，大臣们都很高兴，议论说："连雍齿都封侯了，我们还有什么好担心的呢？"于是纷纷效忠于刘邦。

这正是刘邦在封赏时所采用的一种手腕。现代企业中，领导者有时也会遇到同样的情况——要奖赏的人太多，又不可能做到绝对公平合理，这时不妨学学刘邦，先封“仇家”，向下属们显示自己的无私，这样一来，就能起到安定人心的作用，也就能多一些时间逐一奖赏。

事前弄清真相，以免冤枉好人

作为领导者，当听到某人犯了一个严重的错误，或是违反了什么规章制度，或是让你失望了，你的自然反应就是认为他确实做了你所听到的事情，从而立即采取措施。这样的反应是错误的，因为在这之前你首先必须弄清楚事实的真相。

在某个企业，那些真正努力工作的好职员显得非常兴奋。原来，公司里调来了一位新主管，据说是专门被派来整顿业务的厉害角色。可是日子一天天过去了，新主管却毫无作为。每天一到公司后，他就躲在自己的办公室里不出门。于是，那些本来紧张得要死的懒散的人，变得比以前更猖獗了。

懒散的人窃笑：他哪里厉害嘛！根本是个老好人，比以前的主管更容易“对付”！

几个月过去了，就在真正努力的好职员对新主管感到失望时，新主管却发威了！他以雷厉风行的姿态将懒散的人一律开除，能干的员工获得晋升，下手之快，断事之准，与几个月来表现保守的他判若两人。

年终聚餐时，新主管在酒过三巡之后致辞：

“相信大家一定对我刚到任时的无所作为，以及后来的大刀阔斧很不理解。我现在讲个故事，各位就明白了。

“我有个朋友，买了一栋带着大院子的房子。他一搬进去，就将那院子全面清理，杂草树木一律清除，改种自己新买的花卉。一天，原来的房主来访，一进门就大吃一惊地问：

‘那株最名贵的牡丹哪里去了？’

“我的这位朋友才发现，他竟然把牡丹当作杂草给铲了。

“后来，他又买了一栋房子，虽然院子更加杂乱，但他并没有急于清理它。果然，冬天以为是杂树的植物，春天繁花似锦；春天以为是野草的，夏天花团锦簇；半年都没有动静的小树，秋天里却红叶满树。直到临冬，他才真正认清哪些是无用的植物，并统统铲除，同时使所有珍贵的草木得以保存。”

说到这儿，主管举起杯来：“让我敬在座的每一位，如果咱们办公室是一个花园，那么你们就都是其间的珍木。珍木是不可能一眼就看出来的，只有经过长期的观察才能认得出来！”

当你不能清晰地判断谁努力工作、谁敷衍了事、谁是混日子的人时，且慢作决定，否则难免会冤枉好人。

领导者们所犯的一些最严重的错误，往往是因为他们在还没有了解全部有关事实的情况下就做出决定。是的，在质询一位员工时，他说的可能不是事实，员工也可能会在你同他谈话前慌忙掩饰自己的过错。但是每次面对类似的情况时，你最初得到的信息都往往会欠缺关键的事实。如果依据这种不完整的信息行事，就难免会做出错误的举动。要想弄清事情真相，可遵循下列步骤：

步骤一：告诉自己，要先弄清楚事实的真相，因为有可能你对事情的了解还不够，并不足以使你作出判断。

步骤二：不要让感情占据上风。面对员工的错误，不要让愤怒支配自己的情感，先冷静下来，保持理智。因为一旦你的决定错误，要想抚慰便成了一件费力不讨好的事情。

步骤三：如果不是有特别的原因要相信听说的事情，就应先从有利于员工的方面提出质疑。这样做，就能为了解事实打好基础，或许还能帮助你更快地平静下来。

步骤四：与那位员工面谈，告诉他你听说的事情，然后给他一个解释的机会。仔细倾听他的解释，积极思考，并向他提出问题。既不要简单地接受他说的话——他的理由可能与事实相差甚远，也不要让他觉得你是在逼供，而是要给他们足够的时间，耐心地听他的解释。

步骤五：有必要的话，获取更多的事实。你可以通过其他员工或途径从侧面进行详细的调查。

当然，这并不意味着领导者不能严格地对待自己的员工，也不是让领导者只顾忙于分析，在得到必要的事实后仍不停手。这只是说，领导者应该做出明智的决定——为此就应该了解必要的事实。至少这对员工而言，是公正的。

杀一儆百，警示他人

当一个团队出现问题时，如果责备整个部门，将会使大家产生每个人都有错误之感而分散责任；同样，大家也有可能认为每个人都没有错。所以，只有惩戒严重过失的人，才能使其他人员约束自己尽量不犯错误。这就是“牺牲个别人，拯救整体”的抓典型的做法。

春秋时期的吴王是位胸有大志的君主。为了使吴国崛起，他想灭掉强邻楚国，这一想法与伍子胥的意图不谋而合。但伍子胥也没有必胜的把握，于是他找到了隐居于吴国的孙武。吴王和孙武会晤，孙武将他的兵法对吴王娓娓道来，吴王连声道好。两人越谈越投机，不知不觉兵法都讲完了，吴王还意犹未尽。他想试试孙武的实际本领，于是说：“先生能不能将您的兵法演习一下呢？”

“当然。”孙武道。

“用女人当兵也行吗？”吴王想难为一下他。

“当然。”孙武又道。

于是吴王从宫中选出宫娥180人，自己坐在高台上想看看怎样能把这些嘻嘻哈哈的女人训练成兵。孙武不慌不忙，把宫娥分成两队，选取最受吴王宠爱的两个妃子分任队长，向她们宣布战场纪律。宫娥们娇生惯养，生平第一次穿上戎装，还发了武器，一时间觉得滑稽又新奇，谁也没把眼前这位将军的话当回事，乱七八糟地站成一团。

孙武不动声色地说：“纪律约束没讲清楚，训练科目内容交代不明，乃是将军的罪过。”于是再次重申纪律，然后重新下令击鼓向左、向右，但是这些宫女觉得这位将军是在跟她们做游戏。

这时，只听孙武用平静而摄人心魄的声音说道：“训练要旨讲不明白，是将军的罪过，但各项既已三令五申，你们也都清楚，却不执行军令，这就是领兵吏士的罪过了。”接着，他问执法官：“按照军法，不服从军令该判何罪？”

“斩！”

孙武于是下令将两个队长斩首。台上看热闹的吴王慌了手脚，忙说：“寡人已经知道先生能用兵了。这两个妃子是我最宠爱的，没有她们我连饭都吃不香，饶了她们吧。”孙武正色道：“我已受命为将，将在军中，对君主的命令可以不接受。”一挥手，两个美人的头颅落地。然后，他又任命另外两个美人为队长。

这一下，宫娥们吓得战战兢兢，万没料到这等结果。当孙武再一次发号施令时，队形变换都规规矩矩，不敢有半点走

样。孙武向吴王禀报说："训练已毕，请大王检阅。现在让她们赴汤蹈火也是可以的。"

吴王心痛得差点掉出眼泪来，说："算了算了。将军回去休息吧，我不想再看了。"孙武毫不客气地说："原来大王只是喜欢兵法而已，并不乐意将其实用。"

吴王是个英雄，听孙武这般说，马上忍住心痛礼敬孙武，并下决心用孙武为将，筹备伐楚。

古人云："且劝一伯夷，而千万人立清风矣。"同样的道理，对众多不听话的下属，领导者不可能全部惩罚，抓住一个典型，开一开"杀戒"，可使千万人为之警惧，这就是"杀一儆百"之所以有效的道理所在。其实"杀一儆百"的管人方法就是一种细节管理办法，其管理细节的要义在于盯住一个人，而不是盯住所有犯错误的人。

如此一来，没有受处罚的下属们便会庆幸不已，并且一定会加倍努力工作，团队则会自动回到有序的状态。

杀一儆百是行之有效的策略，然而也不能随便滥用，必须根据管人的需要，选择适当的时机，偶尔用这招方能收到预期的效果。这需要注意以下两点：一是绝不放过第一个以身试法者。所谓"千里之堤，溃于蚁穴"，再严明的纪律也经不住人们一次又一次地违反、破坏。为了维护法规、制度的严肃性，领导者必须及时捕捉第一个胆敢以身试法的人坚决从严处置，以教育更多的员工。二是重点惩罚性质最恶劣的人。因为有时候，领导者会同时遇到好几个违反法规的人。如果不分青红皂白，一律严加惩处，不光打击面过宽，起不到应有的教育、挽救作用，还会对工作产生一些不利影响，甚至会因此而蒙受一些不必要的损失，领导者也会因此而树敌过多，不利于今后搞好上下级关系。

在企业中实施“热炉法则”

“热炉法则”又称惩处法则，规章制度面前人人平等，“罪与罚能相符，法与治可相期”。它最早源自西方管理学家提出的惩罚原则，它的实际指导意义在于有人在工作中违反了规章制度，就像去碰触一个烧红的火炉，一定要让他受到“烫”的处罚。

领导者执行和落实惩罚制度虽然会使人痛苦一时，但绝对必要。如果在执行赏罚时优柔寡断、瞻前顾后，就会使制度成为摆设，失去其应有的作用。

为了在市场竞争中长期站稳脚跟，创办于四川的华西希望集团坚持“严厉和宽容”。希望集团的治厂方针是“用钢铁般的纪律治厂，以慈母般的关怀善待员工”。它在执行规章制度时不允许搞下不为例，不允许打折扣，甚为严厉。曾有人建议希望集团的总裁陈育新将“严厉”改为“严格”，但遭到了一向从善如流的陈育新的拒绝。他认为，只有将严格上升到严厉的程度才能表达他“钢铁般”的本意。

希望集团的严厉体现在制度的制定、执行和检查上。在数年前，希望集团美好食品公司还是一个连年亏损几百万元的公司，在直接归属陈育新掌管后，第一年就转亏为盈，之后连年赢利以千万元计，显示出强劲的发展势头。靠什么？总经理杜诚斌道出真谛：靠员工“十不准”戒规。这些戒规条款几近苛刻，但正是对它的严格执行，培养员工形成了良好的工作习惯，保证了公司高效率运转。

严厉体现胆识，宽容则体现胸怀。严厉要体现公平，通过严厉不但可以消除不良现象，保证公司高效率运行，而且还可以发现人才、造就人才。但宽容的前提是企业领导人的头脑必须清醒，糊涂的宽容非但达不到目的，还会对违反规章制度的行为造成包庇和纵容。必须让员工明白，宽容是有限度的，并且宽容只会发生在提高认识之后。陈育新强调，他18年的企业管理经验证明：在严厉基础上的宽容效果才好，在宽容之后的严厉才更有力度。

这就是企业对“热炉法则”的运用。在企业中实施“热炉法则”，还要坚持四大原则：

1. 警告性原则

众所周知，热炉外观火红，不用手去摸，也可知道炉子是热得足以灼伤人的。为让员工趋利避害，企业领导者就要经常对下属进行规章制度的教育和宣传，以警告或劝诫员工不要触犯规章制度，说明惩罚的种类和额度。如果企业把规章制度束之高阁，谁都不知道里面规定了什么内容，等到员工违规后，才拿出来作为惩罚的依据，显然是难以服众的。

2. 验证性原则

用手触摸热炉，毫无疑问地会被烈焰灼伤。谁如果明知企业有相关规定，还要以身试“法”、触犯单位的规章制度，那企业就一定要对其进行惩处，以明纪律，以儆效尤。

3. 即时性原则

碰到热炉时，立即就被灼伤。惩处必须在错误行为发生后立即进行，绝不拖泥带水，绝不能有时间差，以便达到及时改正错误行为的目的。

4. 公平性原则

不管谁碰到热炉，都会被灼伤。领导者应该是惩罚制度最直接的体现者，对自己倡导的制度更应该身体力行。如果处罚还因人而异，那么这个制度有不如无，甚至比没有更糟糕。

此外，企业在制定惩处制度时，还必须遵守合情合理的原则。比如说，员工在禁烟区内违规吸烟，你即使罚他一二百元谁都没话说，但如果罚款一万元，那就是暴政了。在这方面，中国法律也有明确规定：企业对员工的罚款金额，不得超过职工工资的20%。

当然，热炉法则的作用也是双向的，它既惩罚违反制度的人，也会给遵守制度、切实执行的人带来益处。只要大家与其保持适当的距离，就可以不受其害了。

选择最合适的批评方法

下属在现实生活和工作中出现错误是不可避免的，对待下属出现的错误，领导者要及时批评，并加以纠正。领导者在批评下属时，一定要讲究方法，不仅要让下属知道错了，而且还要让下属在批评中受到启示和鼓励，从而及时纠正错误，积极完成本职工作。

1. 希望式批评

一个人有缺点错误，其内心常常是痛苦的，领导者应该关心他们，动之以情，晓之以理，循循善诱，切忌简单说教、粗暴训斥、讽刺挖苦，否则就会使下属感到自己一无是处，前途渺茫，同时还会使下属产生逆反心理。

2. 开脱式批评

“这次任务中，你出现了一些错误，但这也不能全怪你，一方面我们在安排工作时有些失误，另一方面你对这项业务不太熟悉。下次，我们共同注意这些问题，相信可以顺利完成工作任务。”在下属遇到困难、受到挫折时，领导者这样的一番开脱式批评，既保护了下属的自尊心，又促使他在以后的工作中更加细心，少出差错。

3. 商量式批评

“这次你基本上完成了任务，可我觉得你的潜力尚未完全开发出来，你完全有能力把工作做得更好，比如工作中的某个环节还有些纰漏，某个过程还没有达到目标，如果稍加注意，你的任务会完成得更好。”如此商量的口气让下属感到上司对自己的尊重和理解，下属会自觉地发挥自己最大的潜力，把工作做得更好。

4. 宽容式批评

俗话说：“金无足赤，人无完人。”一个人在成长过程中难免会有些缺点和错误，因此领导者要有宽大的胸怀，能容下属之错。如果对待下属，今天批评他们这个缺点，明天指责他们那个错误，就会使下属感到无所适从，产生自卑心理，工作中就会更加被动，更易出现差错。但要注意，领导者对下属所犯错误的宽容并不是无原则的。一般来说，下属会理解上司的这番良苦用心，会尽力改正错误。

5. 冷处理式批评

针对那些做错了事还自以为是的下属，领导者就应该给他们一个转变认识的过程。如果仅仅从良好的主观愿望出发，急于对其批评，有时会令其难以接受。因此领导者应该从侧面加以引导，帮助其提高辨别能力和知识水平，并给其充分的时间进行冷静思考，待到时机成熟，再点到为止，效果必然要好得多。

6. 分类式批评

俗话说：“人上一百，形形色色。”不同的下属有不同的性格，领导者对其批评也要因人而异，切不可千篇一律。外向型性格的人倔强、急躁、任性、容易激动、情绪不稳，常常一吐为快。对这类下属的批评要以柔克刚，交谈时可先让他们把心里话说完，待其情绪宣泄之后，再讲清道理，否则不合时宜的批评效果不好，达不到目的。而内向型性格的人，对事物的反应速度较慢，思想不轻易暴露，闭锁性大，有时又特别敏感。对这类下属要有耐心，不能操之过急，最好不要在公开场合批评他们，要选择适当的时候，再个别交谈，重在开导，让其自己去想通。

7. 表扬式批评

有的下属由于一时疏忽，或感情用事，在工作中出现了差错，但事后自己认识到了问题，并流露出内疚的心情，这时领导者如果还是批评不止，就会伤害下属的自尊心。理智的做法应是以谈心的方式表扬其对缺点错误的认识，同时帮助其分析失误的原因，总结教训。

8. 激将式批评

每个人都有自尊心，特别是有了缺点、犯了错误的下属，其自尊心更强。领导者在批评时就要讲究艺术，要从保护下属自尊心、促使其尽快改正错误的角度出发，以激将式的批评，催其奋进。“这次工作中，你比其他人稍微落后了一点，我知道你是个不服输的人，你定会不甘落后的”。如此的话语，既艺术性地批评了下属，又激起下属克服缺点、勇往直前的信心和勇气。

9. 启发式批评

有的下属犯了错误还不知道错在哪里，有的甚至认为是上司故意在给自己找碴儿，对上司的批评非常抵触。对此，领导者就要弄清下属缺点错误的来龙去脉，对其缺点错误进行准确分析，在批评时，做到恰到好处，让下属知道为什么错了、错在哪里，做到心服口服。

10. 安慰式批评

当下属出现错误时，不批评就会使其在错误的道路上越走越远，同时还会对其他同事产生消极影响。但领导者批评之后，切不可一说了之，应及时对下属予以安慰，让其为所犯错误感到羞愧，同时更为领导者的善意而感到温暖。

PART 08

领导的考评艺术：以业绩为导向，向管理要效益

业绩目标：让员工“跳一跳，够得着”

大多数人可能都有过打篮球的经历，也都知道与踢足球相比，进一个球要容易很多。这其实与篮球架的高度有关。如果把篮球架做两层楼那样高，进球就不那么容易了；反过来，如果篮球架只有一个普通人那么高，进球倒是容易了，但还有人愿意去玩吗？正是因为篮球架有一个“跳一跳就够得着”的高度，才使得篮球成为一个世界性的体育项目。它告诉我们，一个“跳一跳，够得着”的目标最有吸引力，对于这样的目标，人们才会以高度的热情去追求。因此，要想调动一个人的积极性，就应该设置一个“跳一跳，够得着”的目标。在企业管理中，领导者要想提高企业绩效，就要好好地利用这些特点和优势，为员工制定一个“跳一跳就能够得着”的目标。

苏联著名生物学家巴甫洛夫临终前，有人向他请教如何取得成功，他的回答是：“要热忱，而且慢慢来。”他解释说“慢慢来”有两层含义：一是做自己力所能及的事；二是在做

事的过程中不断提高自己。也就是说，既要让人有机会体验到成功的欣慰，不至于望着高不可攀的“果子”而失望，又不要让人毫不费力地轻易摘到“果子”。“跳一跳，够得着”，就是最好的目标。

有这样一个故事：

在很久很久以前，有一位导师带着一群人去远方寻找珍宝。由于路途艰险，他们晓行夜宿，十分辛苦。当走到半途时，大家累得发慌，便七嘴八舌地议论开了，纷纷打起了退堂鼓。导师见众人这样，便暗施法术，在险道上幻化出一座城市，说：“大家看，前面是一座大城！过城不远，就是宝藏所在地啦。”众人看到眼前果然有座大城，便又重新鼓起劲头，

振奋精神，继续前行。就这样，在导师的苦心诱导下，众人终于历尽千辛万苦，找到了珍宝，满载而归。

作为一名领导者，我们也要学会“化城”的艺术，不断地给员工“化”出一个个看得见而且跳一跳就够得着的目标，引导集体不断前进。

某县一个再生资源公司的经理，在刚上任时，接手的是一个乱摊子，企业连年亏损，员工士气低落。上任伊始，他就给每一个分支机构定了一个力所能及的月度目标，然后在全公司开展“月月赛”。每到月末，他都亲自给优胜部门授奖旗，同时下达下个月的任务。这样一来，全体员工的注意力都被吸引到努力完成当月任务上来了，没有人再去谈论公司的困境，也没人抱怨自己的任务太重。半年下来，全公司竟然扭亏为盈。几年之后，这家公司已经成为在市内小有名气的先进企业了。

由此可见，在管理工作中，领导者要为员工制定一系列“跳一跳，够得着”的阶段性目标。要是这些都完成了，成功也就不远了！

要员工明白：想要得到最好的，就必须努力争第一

现在，以业绩为导向的绩效管理越来越受到企业组织的重视，并已经成为组织内部管理的主要内容。而绩效管理的核心之一就是激励。可以说，激励效应是提高绩效最有效的方法。人的主动性、积极性提高了，组织和员工会尽力争取内部资源

的支持，同时组织和员工技能水平将会逐渐得到提高。因此绩效管理就是通过适当的激励机制激发人的主动性、积极性，激发组织和员工争取内部条件的改善，提升技能水平，进而提升个人和组织绩效。作为领导者，就要注重培养员工奋勇争先的意识，要让员工明白：想要得到最好的，就必须努力争第一。

我们不妨先看看这个故事：

家庭是一个人一生中最早接受教育的地方。一位著名心理学家为了研究家庭对人一生的影响，在全美选出了50位在各自的行业中获得了卓越成就的成功人士和50位有犯罪记录的人，然后分别给他们写信，请他们谈谈家庭对他们的影响。在回执的信件中，有两封回信给他的印象最深，一封来自白宫的一位著名人士，一封来自监狱一位服刑的犯人。他们谈的都是同一件事：小时候母亲给他们分苹果。

那位来自监狱的犯人在信中这样写道：小时候，有一天妈妈拿来几个红红的苹果，大小各不同。我一眼就看中了一个又红又大的苹果，十分喜欢，非常想要。这时，妈妈把苹果放在桌上，问我和弟弟："你们想要哪一个？"我刚想说想要最大最红的一个，这时弟弟抢先说出我想说的话。妈妈听了，瞪了他一眼，责备他说："好孩子要学会把好东西让给别人，不能总想着自己。"于是，我灵机一动，连忙改口说："妈妈，我想要那个最小的，把大的留给弟弟吧。"

妈妈听后非常高兴，在我脸上亲了一下，并且把那个又红又大的苹果奖励给我。我得到了我想要的东西，从此以后，我就学会了说谎。再后来，我又学会了打架、偷、抢，为了得到想要得到的东西，我不择手段。到现在，我被送进监狱。

那位来自白宫的著名人士是这样写的：小时候，有一天妈妈拿来几个红红的苹果，大小各不同。我和弟弟都争着要大的，妈妈把那个最大最红的苹果举在手中，对我们说："这个苹果最大最红最好吃，谁都想要得到它。很好，现在，让我们来做个比赛，我把门前草坪分成两块，你们两人一人一块，负责修剪好，谁干得最快最好，谁就有权得到它！"

于是，我们两人比赛除草，结果我赢得了那个最大的苹果。我非常感谢母亲，她让我明白了一个最简单也最重要的道理：想要得到最好的，就必须努力争第一。她一直都是这样教育我们，也是这样做的。在我们家里，你想要什么好东西就必须通过比赛来赢得，这很公平，你想要什么，想要多少，就必须为此付出多少努力和代价！

故事中的道理显而易见，母亲不偏不倚，让孩子通过竞争赢得苹果，不仅能培养孩子正直的人格，还能让他们明白：要想得到最好的，就要学会竞争。企业管理亦是如此。领导者要想让企业形成一种欣欣向荣的景象，就要以业绩为向导，不偏不倚，让员工通过努力竞争证明自己，获得与成绩相匹配的奖励。

重视对员工的**绩效评估**

公司年终的绩效考评终于结束了，张经理所带领的A部门的绩效比王经理带领的B部门差了很多。张经理怎么也想不明白：我的员工同样都是每天工作8小时，为什么结果会相差这么多呢？为了解开这个困惑，张经理便主动找到王经理取经。

王经理听明张经理的来意后，笑眯眯地从抽屉里拿出一份绩效评估表递给张经理。

王经理说："我的员工之所以能够取得优异的成绩，完全依靠这张绩效评估表。"

这一席话说得张经理更是一头雾水了，这张表能有这么大的作用？看出了张经理的迷惑，王经理接着说："其实这张表很重要，但更重要的是从这张表中获取的东西。每个月我都会把员工的工作情况详细地记录下来，给予评估，并每月组织员工就这一评估讨论一次。从这每一次的评估和讨论中，员工们有什么工作上的困惑都会得到解答，而且工作方法也能得到改进，更重要的是每个员工之间还能有竞争，谁也不甘落后。通过这一方法，业绩自然提升得很快。"

听完王经理的解惑，张经理也决定在A部门中开展绩效评

估。3个月后，张经理带领的A部门的业绩上涨了30%，虽然没能赶上B部门，但这一成绩已经足以令人刮目相看了。

很多企业忽视对员工的绩效评估，认为这样会打击员工的信心，给员工造成一定的心理负担。然而正是由于企业这种片面的想法，才使企业年终的业绩不容乐观。所以，企业一定要重视对员工的绩效评估。不过，在对员工进行绩效评估的时候，还应注意以下几个方面：

1. 评估不能只做表面文章

一些领导者对考核的重要意义没有认识清楚，以为不过是个形式，自己的意见不会起什么作用，打分自然也就不会那样慎重。

另外，中国传统的"好人主义"也严重影响了考核的严肃性和现实意义。有些领导者奉行中庸之道，凡事追求不偏不倚，对员工的评估抱着"差不多就行了"的态度，对所有员工

的评估如出一辙。

还有一些企业直接将成功企业的绩效考核办法完全“拿来”为自己所用，自以为找到了一个有效的管理“武器”，但在实际操作中却走了样，无法起到应有的作用，从而造成绩效考核走过场，流于形式。

这些只做表面文章的考核对企业来说没有任何实质性的作用，绩效评估不能为了评估而评估。评估是手段，不是目的，如果评估不能激发员工潜力，不能成为推动员工发展以及推动公司成长的驱动力，那就失去了其存在的意义。

因此，领导者在对员工进行评估的时候，不要只做表面文章，在评估过程中，要秉承严肃、认真的态度，只有这样才能真实反映公司员工的情况。否则，一个连真实情况都搞不明白，连员工在工作中有哪些问题都看不出来的领导者，又如何能带领员工创造更高的业绩呢？

2. 随时对员工的工作进行评估

许多领导者平时对员工们的表现不作任何评价，只是在年终回顾绩效的时候才进行绩效评估，这种毫无预警的评价要么毫无作用，不能让大家从讨论中获得任何益处，要么会让员工感到不满。

要避免这种情况，领导者最好随时对员工的工作进行评估。正如杰克·韦尔奇所说：“作出评价对我来说无时不在，就像呼吸一样。在管理中，没有什么比这更重要。我随时都要作出评价——不论是在分配股份红利的时候，还是在提拔谁的时候——甚至在走廊里碰到某个人的时候。”

随时对员工的绩效进行评估，这样员工既有足够的机会改善工作中不足的地方，领导者又可以顺便和员工讨论一下员工对绩效的努力目标，还能使员工在年终绩效评估时不至于对结果感到意外，甚至怨气满天飞。

通过经常性的绩效评估，员工可以常常纠正自己工作中的缺点和不足之处，这是提高员工业绩的有力保障。

3. 不要过分重视员工是否满意

领导者在评估的时候往往神经比较“脆弱”，一旦员工有所不满就忐忑不安。虽然奖惩不是考核的目的，但是绩效评估结果的运用往往会触及部分员工的利益，没有人钱袋子瘪了还能开怀大笑，这时员工有所不满也属正常。这时，领导者应该做的就是要弄明白员工的不满到底来自哪个方面，是自己的工作没做好，还是其他的原因，而不是一味地重视员工满不满意。只一味地重视员工的满意度，就表示领导者只是一味地承认员工的成绩而忽略员工工作中的不足，在这种一味肯定成绩的企业中，员工的业绩是不会得到提升的。

用统一的“尺子”衡量员工

有一天，国王让盲人去摸象的身体：有摸着象脚的，有摸着象尾的，有摸着象头的……

国王便问他们：“你们摸到象没有？”盲人们争着说：“我们都摸到了！”国王又问：“那么你们所摸到的象是怎样的呢？”

摸着象腿的说："象好像柱子一样。"

摸着象尾的说："不，它像扫帚！"

摸着象腹的说："像鼓呀！"

摸着象背的说："你们都错了！它像一个高高的茶几才对！"

摸着象耳的说："像簸箕。"

摸着象头的说："谁说像簸箕？它明明像一只笆斗呀！"

摸着象牙的说："象实在和角一样，尖尖的。"

……

因为他们生来从没有看见过象是什么样的动物，难怪他们所摸到的、想到的都错了。但是他们还是各执一词，在王的面前争论不休。

于是，国王哈哈大笑，说："盲人呀，盲人！你们又何

必争论是非呢？你们仅仅摸到了一点，就认为自己是对的吗？唉！你们没有看见过象的全身，却自以为得到了象的全貌。”

这个故事就好比有些领导者在对某一员工进行评价的时候，以不同的标准来衡量，就会有不同的看法。如果领导者以人品来判断甲员工，以业绩来判断乙员工，又以勤劳度来判断丙员工，那他将很难得到统一的答案，也就很难判断某一员工是不是真的适合企业发展的需要。所以，要想准确地考核一个员工，就应该用统一的“尺子”衡量。

一些著名的管理专家认为，一个统一的“尺子”应该具备以下特点：战略一致性、信度高、明确性、可接受性。

1.“尺子”的战略一致性

战略一致性是指考核的标准，即“尺子”是否与企业的战略、目标和文化一致。如果某公司是一家服务业公司，那么它的考核标准就应该是对其员工向公司客户提供服务的好坏程度进行评价。战略一致性同时也强调考核标准为员工提供一种引导，使员工能够为企业的成功做出贡献。

2.“尺子”的信度要高

信度的一种重要类型是评价者信度，即对员工的绩效进行评价的领导者之间的一致性程度，也就是甲领导者和乙领导者对员工评价的一致性程度。如果两个领导者对同一员工的工作绩效所作出的评价结果是一样的（或接近一样的），那么这种考核标准就具有了评价者信度。此外，对绩效的衡量还应当具有时间上的信度，即在不同时间对同一员工进行考核却得出截然不同的结果，那么这种考核标准就缺乏信度。

3. “尺子”的明确性

明确性对于绩效管理的战略目的和开发目的有着很重要的影响。明确性是指“尺子”，即考核标准，能够为员工提供一种明确的指导，告诉他们公司对他们的期望是什么，以及如何才能达到这些期望。如果一个考核标准没能明确地告诉员工，他们必须做些什么才能帮助公司实现战略目标，那么这一标准就很难达到其战略目的。此外，如果这一标准没能指出在员工绩效中所存在的问题，那么要想让员工去改善他的绩效就几乎成了空谈。

4. “尺子”的可接受性

可接受性是指运用“尺子”的人是否能够接受它。许多经过精心设计的考核标准具有极高的一致性，但是由于这些标准要耗费领导者们太多的时间，因此他们拒绝使用这些标准。此外，那些要接受评价的人也可能会拒绝接受这种考核标准。如果员工认为某种考核标准很公平，那么它的可接受性就比较大。一个统一的考核标准的制定必须把领导者或者员工的可接受性放在重要的位置。

不以成败论“英雄”

一般来说，在一个企业中，那些工作表现好、业绩出色的员工往往容易受到领导者的偏爱，而对于那些有失败、过失记录的员工来说，他们会在领导者心中多少留有一些偏见。领导者的不良心态，对组织人际关系是非常有害的。它会导致员工不满情绪的产生，甚至是员工内部的对立，从而打破企业内原有的和谐的人际关系，最终可能会导致两极分化，而且领导者也许会成为企业中“众说纷纭”的人物。

常言道“胜败乃兵家常事”，没有胜负的企业竞争是纯理论的。因此，容许员工有胜负，是希望员工能“负负得正”，走向更大的胜利。这是企业领导的用人责任！

对于领导者来说，员工业绩的取得是一件喜事，也是值得领导者为之骄傲的。但这种骄傲一定要放在企业这个大家庭的基础之上，而不能滋生一种强烈的个人偏好和憎恶情绪。

你对取得一定成绩的某个员工的偏爱，虽然是在很大程度上给了他信心与继续挑战困难的勇气，或许随之而来的还有更多获得工作业绩的机会。但是企业是属于公司里每个成员的，每个人都应该享受同等的权利与待遇。你对某个员工的偏爱，就会让其他的员工为你们的这种亲密关系不知所措，一个个问号随之而来，在脑海中肯定了又否定，否定了又肯定。经过一段时间的折腾之后，他们与你和你所喜爱的那位员工的距离便渐行渐远。

由于待遇的不平等、机会享受的不公正，组织关系就会变得紧张，他们就会对工作产生抵触情绪，从而会使你的判断力大打折扣。如此下去，公司就仿佛变成了四分五裂的一盘散沙，企业的这股绳上结出了许多解不开的“死疙瘩”！

领导者对业绩不太出众或犯过错误的员工的成见和对业绩好的员工的偏爱一样，无论是对工作，还是对组织的人际关系的和谐与发展都是有害的。

古人云：“人非圣贤，孰能无过？”错误固然是不可原谅的，但领导者却不能从此以后就给某位员工下“他只会犯错误”或“他根本无法办好此事”的结论。

犯了错误的员工通常都有自知之明，他们在对自己的行为检讨的同时也是懊恼不已。这时领导者对他的斥责只能让他的信心再受一次打击，甚至产生“破罐子破摔”的想法。也许他本来是个很有才华的人，却因为领导者无意中的评价给扼杀了，这显然是企业安定团结的一种巨大的潜在威胁。

人们常说，一个失败者的出路有两条：一是成为更辉煌的成功者；二是成为出色的批评家。不可否认，失败是教训的拥有者，领导者如果能给他们一个成功的机会，他们就会将这些教训转化为成功的财富。所以，领导者，请消除你心中的成见吧，别再对员工的几次失败耿耿于怀，再给他们一次机会。坐

下来，与他们恳谈，帮助他们分析犯错误的原因，找到症结，恢复他们的自信心，在你的言谈举止中充分表现出你对他们的信赖。只要他们走出消极的误区，一样能为企业创造佳绩。

作为一个管理人员，你应该懂得，员工工作的好坏与他是否犯过错误、是否有过失败的经历并没有关系。失败和过失都是暂时的，不代表他一生都这样。你的任务是客观、正确地评价员工在各个阶段的工作业绩，并不断地使其能力得以提高。

考核一定要实事求是

先讲一个曾在名古屋商工会议所发生的真实故事：

日本西铁百货公司社长长尾芳郎，把自己特别欣赏的一个朋友介绍给名古屋商工会议所，因为该所急需一名管理分部的主任。

名古屋商工会议所主席土川元夫和这个人面谈后，立即告诉长尾芳郎说：“你介绍来的这个朋友不是个人才，我很难留他。”

长尾芳郎听完以后非常吃惊，接着便有点生气地说：“你仅仅和他谈了20分钟的话，怎么就知道他不能被留任呢？这种判断也太草率、太武断了吧！”

土川元夫解释说：“首先，你的这个朋友刚和我见面，自己就滔滔不绝地说个没完，根本就不让我插嘴。而我说话的时候，他似听非听，满不在乎，这是他的第一个缺点。其次，他非常乐意宣传他的人事背景，说某某达官贵人是他要好的朋友，另一个名人是他的酒友等，向我炫耀，似乎故意让我知道他不是一般人。其三，在谈业务发展时，他根本说不出来什么东西，只是跟我瞎扯。你说，这种人怎么能共事呢？”长尾芳郎听完土川元夫的话后，也不得不承认土川元夫的分析很有道理。

就这样，土川元夫没有顾及老朋友的情面，拒绝了他的推荐。后来，经过努力寻找，土川元夫终于找到了一个真正有才能的人。

这个故事中，土川元夫无疑给我们做了一个榜样——领导者在对员工进行考核时，一定要实事求是，行就是行，不行就是不行，绝对不能存有任何的私心偏念，否则只会给企业带来损失。

对员工的工作进行考核是领导者应尽的职责，更是一项挑战。如果领导者能够实事求是地做好这项工作，那么对企业、领导者及员工都有利，可以达到“共赢”的效果，反之则对各方都不利。那么，领导者怎样才能做到实事求是呢？

1. 避免“光环效应”

当某人拥有一个显著的优点时，人们总会误以为他在其他方面也有同样的优点，这就是“光环效应”。在考核中也是如此，如某员工工作非常积极主动，领导者可能会认为他的工作业绩也一定非常优秀，从而给他较高的评价，但实际情况也许并非如此，因为积极主动并不等于工作业绩好。

所以，在进行考核时，领导者应将所有被考核员工的同一项考核内容进行考核，而不要以人为单位进行考核，这样就可以有效防止“光环效应”。

2. 避免感情用事

人是有感情的，而且不可避免地会把感情带入他所从事的任何一项活动中，绩效考核也不例外。领导者喜欢或不喜欢（熟悉或不熟悉）被考核员工，都会对被考核员工的考核结果产生影响。人们往往有给自己喜欢（或熟悉）的人较高的评价，对自己不喜欢（或不熟悉）的人给予较低评价的倾向。

针对这种情况，领导者可以采取集体评价的方法，去掉最高分和最低分，取其平均分，避免一对一的考核。

3. 避免近因误导

一般来说，人们对最近发生的事情记忆深刻，而对以前发生的事情印象浅显，领导者对被考核员工某一阶段的工作绩效进行考核时，往往会只注重近期的表现和成绩，以近期印象来代替被考核员工在整个考核期的绩效表现情况，因而造成考核误差。如被考核员工在一年中的前半年工作马马虎虎，等到最后几个月才开始表现较好，但却能得到较好的评价。

领导者要想避免近因误导就要明白，绩效考核应贯穿于领导者和员工的每一天，而不是考核期的最后一段时间。领导者必须注意做好考核记录，在进行正式考核时，参考平时的考核记录，方能得出较客观、全面、准确的考核结果。

4. 避免自我比较

领导者往往会不自觉地将被考核员工与自己比较，以自己作为衡量他们能力的标准，这样就会产生自我比较误差。若领导者是一位完善主义者，他就有可能会放大被考核员工的缺点，给被考核员工较低的评价；若领导者有某种缺点，则无法看出被考核员工也有同样的缺点。

这就要求领导者将考核内容与考核标准细化、明确，并要求领导者严格按照考核的原则和操作方法进行考核。

务必做好反馈工作

许多领导者都明白反馈的重要性，但是在实际工作中却很少有人能有效地执行。究其根源，是因为他们常常不知道该如何将考核结果有效地反馈给员工，因为在反馈过程中，员工很容易产生自我防卫的反抗情绪，甚至会与上司争辩，这样不仅不能达到预期的目标，还会影响双方的关系，从而导致绩效评估工作只能发挥“监督业绩完成程度的作用”，而忽略了“使员工得到成长和发展的作用”。

事实上，反馈是一种向员工传输别人对其评价的一种机制，向员工提供了评估其行为的机会，使他们可以考虑是否改变其行为，及对行为改变产生的结果进行反思，这样双方都能从反馈的信息中受益。

反馈是绩效评估的最后一个环节，也是企业能否取得预期结果的一个关键环节。由于性格特征、文化背景、成长经历、智力水平、自我防卫机制、认知的需求和式样，以及成长的背景不同，在以同样的方式反馈得出相同评估结果面前，员工的反应各不相同。因此，为了达到积极的效果，在进行反馈之前，领导者有必要对员工进行研究，针对不同的员工，确定不同的反馈方式。

对员工的研究包括以下几个方面：

1. 与员工交往

在日常工作中，领导者要尽量亲近员工，与员工有更深层次的接触，增加了解员工的机会。通过这种直接交往，领导者能更加深入地了解员工、认识员工。

2. 观察员工

领导者要加强对员工的观察，通过对其行为举止、言谈习惯、在工作中的表现及与其他员工之间的交往来确定其性格特征。

3. 间接了解员工

由于领导者很难从正面完全掌握员工的一些性格细节，因

此领导者可以通过其他渠道增加对该员工的了解。比如，通过其他员工对该员工的评价、公司领导层对该员工的看法间接地获取该员工的信息，进一步加深对该员工的了解。

有了这些资料以后，再结合员工的文化背景、成长经历，以及成长环境，就可以深入了解员工了，知道他喜欢什么、讨厌什么、忌讳什么、有什么样的东西可以接受、对什么样的反馈方式不能接受。

当领导者对员工充分了解之后，接下来领导者要做的就是反馈方法的选择和运用了。反馈的过程实际也是一个沟通的过程，因此在反馈时可以采用正式反馈，也可以采用非正式反馈，即正式沟通方式或非正式的沟通方式。

1. 正式反馈

包括面谈式反馈、集体讨论式反馈和网络电子信函式反馈，其中以面谈式反馈为主。

领导者在运用正式反馈的时候应注意以下几点：

（1）尽量少批评

显然，如果一位员工的绩效低于规定的标准，那么必然要对其进行某种批评。然而，一位有效的领导者则应当尽量减少批评。因为当一位员工面对个人所存在的绩效问题时，他往往是同意自己应当在某些方面有所变化的。所以如果这时领导者仍然再三地举出其绩效不良的例子来，那么无疑会令员工产生一种防卫心理。

（2）通过赞扬肯定员工的有效业绩

反馈就是要帮员工找出他在工作中存在哪些需要改进的问

题。当然，这并不是说，领导者就要时时把焦点放在员工所存在的问题上。事实上，绩效反馈包括查找不良绩效，但更重要的是对员工有效业绩的认可。赞扬员工的有效业绩会有助于强化员工的相应行为。此外，它还可以向员工传达一个信息，那就是领导者并不仅仅是在寻找员工绩效的不足。

（3）领导者要注意自己的表达方式

领导者在进行负面反馈时，需要注意自己的表达方式，应避免给员工造成不必要的心理负担。举个例子来说，如果领导者这样对员工说："你把事情搞得一团糟，你根本就没有用心去做！"那么就必然会导致员工产生抵触心理和强烈的反感。相反，如果领导者对员工说："你之所以没能按时完成这个项目，是因为你在其他项目上花的时间太多了。"结果可能就会好很多。

（4）把重点放在解决问题上

许多领导者在绩效反馈方面常会犯一个很"简单"的错误，那就是不就事论事。他们常喜欢在绩效反馈时对绩效不良的员工进行惩罚，因而导致在向员工传达信息的时候，总是反复强调他们的业绩是如何糟糕，应该受到怎样的惩罚。领导者的这种做法不仅不能令员工改善绩效，还会伤害员工的自尊，强化他们的抵触情绪。

2. 非正式反馈

对于一些特殊的员工，领导者仅仅通过正式反馈方式是很难达到既定目的的。这时就需要领导者采用一些非正式的反馈方式，比如可以请员工在休息的时间吃顿饭，在饭桌上和员工谈谈，也可以在休闲场所和员工闲聊，等等。由于采用的是朋友式的关心，而且也少了办公室中紧张压抑气氛的干扰，员工比较容易接受，也能心平气和地和领导者沟通。

另外，在对员工进行反馈的时候，还有一个领导者不能忽视的重要程序，那就是鼓励员工诉怨。由于不同的领导者对某项评估指标在认识上的差异，可能导致员工不能接受评估结果，进而产生不满情绪。在这种情况下，鼓励员工诉怨就成了缓解员工不满情绪的最佳方法。企业可以建立一个诉怨中心或诉怨办公室，鼓励员工去诉怨，并在这个过程中解决问题。良好的交流和诉怨是反馈的工具，是实现反馈目的的手段。领导者通过这种互动式的交流可以最大限度地实现反馈，使绩效评估工作圆满完成。

PART 09 领导的协调艺术：降低内耗，促进组织和谐发展

左手“严刑重罚”，右手“法外施恩”

春秋时代郑国的著名政治家子产，被称为“春秋第一人”。他的政绩备受封建时代统治者称道。清朝人王源说：“子产当国，内则制服强宗，外则接应大国，二者乃其治国大端……子产为春秋第一人。”子产是郑国执政，当他将死的时候，对将成为自己接班人的游吉说：“我死后，你一定会被重用，你一定要严格治理人民。火的外表猛烈，所以很少有人会被烫伤；水的外表很柔弱，但是往往会淹死人。所以你必须严格执行法制，而不能懦弱。”

子产死后，游吉到底是心有不忍，于是郑国出现了好多盗贼，都躲在郑国一个大泽里，成了郑国的祸害。游吉带兵和他们打了一天一夜才战胜。游吉感叹道：“如果早听从子产的教导，就不会有今天的后果。”

在历史上，这样的故事不断出现：南宋理宗时，衢州江山有一伙人想占山为王，且已经商量好了暴动的时间和地点。

不料，传递消息的人被官府抓住了。知州陈埙详细了解了

这些人的情况后，便有了主意。

他按兵不动，派人送肉送酒给准备当草寇的人，并带口信说：“你们不做良民而做草寇，不去耕田而舞刀弄枪，这样能有什么好处呢？现在送些酒肉，希望各自珍重，如果不听劝，本官就只好杀无赦了。”

这些准备举义的人得知密谋已经泄露，官府有了准备，只好纷纷前去自首。

接着，陈埙又下令：凡献出兵器的自首者一律重赏。于是，投奔官府的人越来越多。陈埙未发一兵一卒，便从容地平息了一场即将发动的暴动。

可见，领导者既应懂得运用“严刑重罚”的威吓手段，也应懂得“法外施恩”的笼络手段。也就是说，领导者要学会视情况而采取相应的措施，对于无法宽大处理的要“严刑重罚”，而对于那些可以挽救的事情则“法外施恩”，给予对方改错的机会。如此一来，就能最大限度地消除内耗，把力量集中在解决关键问题上，促进企业发展。

识别员工冲突的来源

有人的地方就难免会有冲突，企业中亦是如此。造成企业内部冲突的原因有很多，有些是由个性差异引起的，有些则是由工作的方式甚至是利益分配引起的，有的矛盾则可能是多种原因共同作用的结果。

毫无疑问，处理冲突的能力是领导者需要掌握的多项技能中最重要的技能之一。美国管理协会对中层和高层经营管理人员进行的一项调查表明，领导者平均需要花费20%的时间处理冲突。在对于领导者认为在管理发展中什么方面最为重要的一项调查中发现，冲突管理排在决策、领导或沟通技能之前，这进一步支持了冲突管理的重要性。

斯蒂芬·P.罗宾斯在其所著的《管理学》一书中写道："冲突是由于某种抵触或对立状况而感知到的不一致的差异。差异是否真实存在并没有关系，只要人们感觉到差异的存在，则冲突状态也就存在。"另外，在此定义中还包含了两个极端的情况：一类是微妙、间接、高度控制的抵触状况；另一类则是明显、公开的活动，如罢工。

多年来，人们对于组织的冲突大致有着三种不同的观点：

1. 传统观点

早期的看法认为，冲突是不利的，并且常会给组织造成消极影响，人们把冲突看作是暴力、破坏和非理性的同义词。由于冲突是有害的，因此应该尽可能避免。领导者有责任在组织中清除冲突。

2. 人际关系观点

该观点认为冲突必然而不可避免地存在于所有组织之中。由于冲突是不可避免的，因此人们应该接纳冲突。这一观点使冲突的存在合理化；冲突不可能被消除，有时它甚至会为组织带来好处。

3. 相互作用观点

这是当今最流行的冲突理论。人际关系观点接纳冲突，

而相互作用的观点则鼓励冲突。这一理论观点认为，和平、融洽、安宁、合作的组织容易对变革和革新产生静止、冷漠和迟钝的感觉。因此，它的主要贡献在于：鼓励领导者维持一种冲突的最低水平，它能使组织单位保持旺盛的生命力，善于自我批评和不断创新。

从总体上来说，企业内冲突的来源主要有三个方面：

（1）在企业，每个人都被迫必须每天与不同性格、不同主张、不同经历、不同文化程度的人来往。由于每个人个性不同，就难免会发生冲突。

（2）企业中也常出现因对工作的态度、与同事合作的意愿，以及工作技术上的不同而产生的冲突。这种冲突经常发生在当工作需要与他人密切合作的时候，当同事对于工作方式有不同的看法，或是对于完成工作的时限有不同的观点时，即便只是一点点的分歧，也会造成巨大的冲突。

（3）缺乏沟通也是造成员工间产生巨大冲突的原因。专业术语、表达不清楚、语言障碍等都可能导致冲突。例如程序设计人员与技术人员所使用的专业术语总是让主管和业务员难以理解；而领导者常用的术语也经常让这些专业技术人员摸不着头脑。除此之外，也还有不同专业的人经常对同一种东西使用不同的术语，而对不同的东西却使用同一种术语的情况出现。

如果员工们在这些方面存在差异，又没有进行有效的沟通，那么发生冲突也就难免了。

当同事之间、主管与员工之间，或不同部门的成员之间发生冲突时，介入冲突并寻求和平解决的人通常是领导者。解决冲突的办法并不是只雇用同一类型的员工，领导者应该想办法让不同类型的员工能够团结一致，完成工作。

领导者要**有容才的肚量**

领导者要容忍人才的缺点其实并不困难，很多领导者都能做到。

领导者要想做到不忌妒下属的才能，就比较困难了。

在企业，特别是大企业里面，总是不乏优秀的人才。有趣的是，那些表现得“锋芒毕露”的人，通常只有两条路可走：上位或者出局。除非碰到特别宽容的环境，否则多数锋芒毕露的人都难逃出局的结果。

为什么有才能的人职场之路会如此坎坷呢？就是因为心胸狭窄的领导者最耿耿于怀的并不是人才的缺点，而恰恰是人才的长处。这种领导者往往心里认定自己是所在部门或者公司的老大，下属的能力一定不能超过他。然而既是人才，必有自己的真知灼见，对自己的见解充满自信，不肯对领导者的意见唯唯诺诺、随声附和，自然为领导者不容。

还有一种情况就是人都好面子，领导者很容易把个人尊严看得比工作更重要。一个下属，业绩出色固然是好事，但能把与上司之间的关系处理好可能会更有用一点；反过来，如果一个下属给领导者留下了“骄傲自满”“目无领导”的印象，即使他的工作成绩再好，也未必有用，领导者仍然看不上眼。

关于这一点，阿霖就有着切身的体会。35岁的阿霖是一家信息技术公司的技术部经理，2002年5月，他的部门新进了两个大学毕业生，小张和小李。小张毕业于某名牌大学，知识面比较全面，综合素质很高，当初面试的时候就给阿霖留下了深刻的印象。正式开始工作以后，小张的工作效率和效果更是出色，与同时加入公司的小李相比，就像是一个有过几年工作经验的人一般。同时，在公司的经营管理方面，小张也能提出一些很不错的提议。很快，小张不仅在部门内风光，就连公司老总都注意到了他，并且在部门经理会议上表露出重点培养小张的意思。

这下阿霖开始坐不住了。他也知道小张的确有能力，但是这个下属平时那种自信的模样就让他感觉不爽：不就是一个名牌大学毕业生吗？有什么了不起的？阿霖更不能接受的是，现在老总竟然要培养他，天知道什么时候这家伙就把自己给顶走了。不行，得找个机会弄走他。反观那个小李，虽然能力一般，但是特别听话，还是他用起来省心一点。

怎么说也是职场老手，阿霖知道这事不能着急，这个小张虽然没有背景，但毕竟是在老总那里有备案的，再加上他的工作能力的确出色，想一下把他弄走，必须有一个很好的机会才行。

一眨眼半年就过去了，到公司开年会的时候了。照例，每个员工都要在年会上做一个个人总结以及对公司或者部门第二年工作的计划和建议。会上小张的发言很长，也很具体，看得出来费了不少心血，却让很多管理层听得有些恹恹欲睡，公司老总反而听得津津有味。

阿霖正听得昏昏欲睡，然而小张的一句发言却一下子让他精神起来了，那句话是这样的："我建议公司明文规定禁止办公室恋情，公司是做事的地方，同事之间就应该仅仅是同事关系，处理问题不能把私人感情色彩带上，恋人或夫妻也不应该在同一公司工作。"

平心而论，阿霖也认为这句话有一定道理，但是这句话却恰恰戳中了老总的痛处。这个老总的工作能力没话说，就是太风流，很喜欢和自己的秘书谈恋爱。现在小张提到了这一点，就算不是针对老总，老总心里大概也会很不舒服吧。果然，阿霖看到老总的脸色有点不自然，阿霖心里大叫一声：机会终于来了，这下我不把你"搞死"才怪。

果然，没过几天，阿霖就找了一个由头向老总申请重罚一下小张，老总问了事情的经过之后，便主动提出直接让小张走人。而那个和小张一起进入公司的小李，则因为服从管理、用着省心被阿霖提拔起来。看起来事情进行得很顺利，却没想到才过一年，这个平时看起来很听话的小李就闯了大祸，还把他的顶头上司阿霖也牵连了进去。阿霖想着自己还年轻，也不等降职命令，直接辞职，准备寻找个同行企业东山再起。很快，一家大型信息技术企业通知他去接受人力资源部经理和技术部经理的共同面试。“两位经理你们好，我是……”第二天，阿霖敲开这家公司人力资源经理办公室的门，刚刚拿出简历要递过去，忽然失声叫道：“小张？怎么是你！”原来，他发现坐在桌子后边面试他的两个人中，竟然有一个是一年多以前被他扫地出门的小张。这可真是应了那句老话，三十年河东三十年河西。阿霖仿佛被人敲了一记闷棍，一下子就蒙了，大脑里一片空白，之后的面试究竟说了些什么都不知道，好在小张对他的做事能力比较清楚，录用了他。

阿霖的尴尬局面可谓给所有心胸不够宽阔的领导者敲响了一声警钟。嫉贤妒能，容不得能力比自己强的人，是领导者非常不专业的表现。俗话说：“水涨船高。”领导者一定要有宽容的气量，要清楚领导不必在各方面都胜过被领导者。要知道，真正高明的领导者正是那些善用比自己强的人才的人。

从容面对员工的不敬

手下拥有一帮有修养的员工固然可喜，但因为员工不断流动，领导者有时也会雇到一些行为不太检点的员工，他们很容易向领导者做出不敬的举动。一般而言，他们对领导者不敬的原因有以下几种：

（1）因为领导者是由公司提升的员工、昔日共事的同事，有些人认为领导者的才干不及他，所以投以敌对及不满的目光。

（2）有些人早已萌发“此地不留人，自有留人处”的心理，喜欢哗众取宠，当众人心目中的“英雄”。

（3）有些人欺善怕恶，领导者礼貌对待他们，使他们以为领导者可欺；领导者凡事以和为贵，遇事不敢张扬，于是他们存心为难领导者。

（4）有些人看准公司正是用人之际，态度嚣张，认为领导者不敢对他们怎么样，因为他们觉得领导者一时间雇不到这样的人才。

无论下属基于什么原因，只要领导者问心无愧，他们的不敬行为应该被予以惩戒。

面对第一种情况的员工，领导者起初可能会感到沮丧，继而敌视那些妒忌自己的同事，再加以整肃。然而这样做最终会使局面恶化，只有先去除掉本身的成见，了解他们的心理，用时间、耐性和友善的态度做好管理工作，既然没有深仇大恨，人际关系很快便会由紧张变得缓和进而融洽。

第二种情况的员工多是不负责任的人，也多数为刚毕业踏进社会工作的年轻人。他们从受保护的学校踏进办公室，难免感到丝丝失落。几年之内换数份工作者大有人在，往往还有与上司大吼一顿后走人的。和这些人讲道理几乎是对牛弹琴，唯有不与他们计较，抱着“何必跟他们一般见识”的心理，反倒好一些。他们在社会多待一两年，自然领悟个中滋味，可能偶然会想起领导者的风度雅量来。

面对第三种情况的员工，领导者不要被他们的得寸进尺所唬住。他们觉得只要跟领导者混熟了，就可以肆无忌惮。对于此类员工，领导者宜采用公事公办的方法，平日里尽管友好，但也要暗示他们公私分明。

第四种情况的员工无疑是最可恶的，他们乘公司正值用人之际，便肆意批评公司政策，每有新员工到任，立刻数落公司的坏处，让人被浇冷水般心凉半截。领导者对待此类下属，大刀阔斧是必要的，要警告嚣张的员工，声明随意毁坏公司名誉的后果自负；或是宁愿将事实向高层报告，将新员工的薪金增多，另聘人才。

总的来说，无论员工以何种方式对领导者不敬，作为领导者，都要本着以下原则处理：

（1）公事公办。

（2）耐心和友善。

（3）不与他们一般见识。

（4）不允许随意毁坏公司的名誉，警告其若不听劝则后果自负。

如何管理老资格员工

任何一家公司都同时存在资深员工和新员工，而资深员工不一定都位居高位，如此一来，苦于无法对年长或资深的员工施展管理权的年轻领导者也为数不少。

某公司的一次人事变动中，某位主管从其他部门调到现在的部门，而全部员工的资历都比他深。其中，王先生是部门工作资历最深的人，而且年纪较长，所以对主管的反抗也最强。由于主管对他所负责的业务一无所知，便只好采取放任的态度。王先生对这位不太熟悉工作性质的主管，抱着“我说什么你也不会懂”的态度，凡事都不向他报告。其他的员工虽然不像他那么露骨，但也大同小异。大为苦恼的主管接受了大学恩师的忠告，找王先生出去聊天。经过深谈，虽然王先生表现出比以前较为改进的态度，但是作风依然不改。因此，在本质上，主管的烦恼丝毫没有解决。作为领导者，面对像这位主管这样的情况时该怎么应对呢？

领导者与员工的任务分工应该清清楚楚。一般员工都会被要求按照领导者的指令，完成分派给自己的工作。而领导者则需按照计划管理与监督负责部门的工作，这就要求领导者必须正确地认识自己与一般员工任务的差异点。公司之所以让年轻、经验不丰富的人成为资深员工的上级，那么公司并不一定是借重他的业务能力，而是期待他在管理与监督方面发挥实力，不了解这点，想在业务上与资深员工并驾齐驱，结果却心有余而力不足。领导者必须了解自己的职责，即使是面对资深员工，领导者也应将他视为一般员工，要求他确实完成所负责的业务。

根据上述的说法，可以采取以下几个具体对策：

（1）经常与员工谈话。谈话的目的之一，就是促进彼此的了解。另外，也是使员工愉快工作的必要条件。谈话的主要内容，一是把他所负责的业务全权委托给他，但要求他按照指示的方式与次数作汇报；二是拜托他指点自己有关他所负责业务的要点，这有助于领导者自身的学习；三是要明确地向资深员工表达，在工作时视他为员工，按照规则行事是很重要的；四是从今以后，每当发现存在着某些问题时，彼此务必要坦诚地交谈。领导者的这种率直态度，定能博得员工的好感。

（2）仔细研究员工的个性，如果能使员工发挥他的优点、克服他的缺点，那么他面对领导者的心理也能随之转换。抓住员工心的秘诀之一，就是领导者的体恤。

（3）领导者自身要认真学习。要尽可能早点掌握每位员工主要负责业务的要点。睿智的人，每到一个新部门，都会拼命地学习，尽快掌握工作部门的要点。领导者还要研究员工相互间的人际关系，以及与负责部门外部人的私人联系。经过以上的努力，领导者就能早日得到员工的信赖。

（4）离开工作岗位，要把资深员工当长者对待。在单位把他们当员工看待是天经地义的事，但是离开工作岗位后，就变成社会的人际关系，遇到比自己年长的人要把他当长者对待，这是社会人应有的礼貌。所以，如能尊敬长者，他也会给予领导很高的评价。

酒与污水定律：及时清除团队中的“烂苹果”

“酒与污水定律”是指把一匙酒倒进一桶污水，得到的是一桶污水；如果把一匙污水倒进一桶酒里，得到的还是一桶污水。这跟中国的那句俗话“一粒老鼠屎坏了一锅粥”很像。

在任何组织里，几乎都存在几个问题人物，他们存在的目的似乎是为了把事情弄糟。最糟糕的是，他们像果箱里的烂苹果，如果不及时处理掉，就会迅速传染，使果箱里的其他苹果也烂掉。“烂苹果”的可怕之处，就在于它那惊人的破坏传导力。

把一个正直能干的人放入一个混乱的部门，他可能会被吞没，而一个无德无才者能很快将一个高效的部门变成一盘散沙。破坏者能力非凡的另一个重要原因在于，破坏总比建设容易。一个能工巧匠费尽心力制作的陶瓷器，一头驴子可能在一秒钟之内就会将其毁掉。如果一个组织里有这样的一头“驴子”，即使拥有再多的能工巧匠，也不可能有多少像样的工作成果。因此如果你的组织里有这样的一头“驴子”，你应该马上把它清除掉；如果你无力这样做，至少也应该把它拴起来。

总之，企业要发展，就要把这些“烂苹果”淘汰掉。这时就必须要求企业领导者冲破感情的束缚，要有果断扔掉烂苹果的魄力和勇气。

日本伊藤洋华堂董事长伊藤雅俊就是这样一个有魄力的领导者。

起初，伊藤洋华堂是以衣料买卖起家的，后来进入食品业。由于公司内部没有食品管理方面的人才，伊藤洋华堂的创始人伊藤雅俊花了不少代价才从东食公司挖来了岸信一雄。岸信一雄来到伊藤洋华堂以后，重整了公司的食品部门，他的努力让公司的业绩在10年间提高了数十倍，对公司可谓功勋卓著。但随着公司业绩的提高，岸信一雄开始居功自傲，无视公司制定的规章制度，更排斥公司的改革措施，公司的战略决策每次只要是执行到岸信一雄那里就一定止步不前。他不仅自己不再提高工作业绩、为公司创造价值，还对那些勤奋敬业的员工冷眼相看，嘲笑他们即使再干10年也休想获得成功。

在他的影响下，不少员工都开始消极地对待工作，整个部门的业绩直线下降。董事长伊藤雅俊屡次对他进行批评教育，无奈他不但不改，还变本加厉，最后公司决定把他辞退。公司

的这一决定在公司乃至日本商界引起了不小的震动。尽管公司内部的人都知道岸信一雄如何飞扬跋扈，但人们仍然认为辞退他是不公平的。

在面对舆论的尖锐质询时，伊藤雅俊却理直气壮："秩序和纪律是我们企业的生命，我们不能因他一个人而降低整个企业的战斗力！"今天，我们从企业的发展大局来看待这件事，伊藤雅俊的做法是正确的，严明的纪律的确不容漠视，团队中的"烂苹果"的确需要及时清除。

在一个企业，身为领导者，必须对那些实在难以管教的员工当机立断，该立即解雇！唯有如此，领导者才能降低组织内耗，促进组织和谐发展。

如何对待组织中的小道消息

所谓小道消息，就是通过非正式渠道传播的消息。在企业中，这类消息往往会在员工的交头接耳中传播，并以迅雷不及掩耳之势迅速在全公司范围内扩散，形成一种"群众舆论"。

不论是哪个企业，哪个部门里都存在小道消息，在组织行为中可以叫作"葡萄藤"，指的是某个小道消息可能先是某甲团体成员得知，然后由A特别把消息透露给某乙团体的B，而乙团体的同伴因B而获知新消息，再流传到其他团体，就这样像葡萄藤般一串串地穿了起来。

在多数情况下，小道消息是人们茶余饭后的谈资，仅仅起消遣作用。但有时，小道消息也会产生许多负面影响。

某公司是国内一家大型民营企业，这些年的发展可谓如日中天，业绩每年以80%的速度增长，产品的市场占有率也在40%以上。

但就在公司经营情况总体向好的情形下，公司总裁却时常觉得有点心烦。原因在于公司内小道消息满天飞，公司内一些非正式组织津津乐道于有关企业内似是而非的东西。比如：公司最近开除的那位经理是因为他拿了公司的货款，公司在外面欠了许多钱，公司看上去发展挺好，但实际上隐藏的问题却一大堆等。这些满天飞的小道消息极大地影响了企业员工的士气与团队精神，更可怕的是员工对企业的信心与向心力也因这些小道消息而减弱。

小道消息虽小，却特别容易被采信，因此对员工的士气、心理和行为很容易产生重大影响，甚至可能造成灾难性的后果。作为领导者，必须要采取有效的措施应对小道消息，减少对企业的影响。具体的办法如下：

1. 建立“官方”传播渠道

小道消息几乎每个企业都存在，很让人头痛，但却难以消除。为什么它能大行其道，产生如此大的影响呢？其中一个重要原因在于：由于企业领导的忽视或是不重视，没有在企业内建立规范的信息传播渠道，是企业缺乏正常传播渠道造成的。企业没有给员工建立正常的信息沟通渠道，员工自然只能通过非正式组织及企业内部所谓“消息灵通人士”去获悉有关信息。另外还有两个方面的原因：一是每个员工所掌握的信息存在不对称的现象；二是一个企业中非正式组织的存在是在所难免的。每个人都可能因为未掌握事情的真实情况而产生猜疑，同时在自己的非正式组织中加以传播，于是就产生了“小道消息”。

管理实践证明，建立“官方”传播渠道应对小道消息很有效。建立“官方”传播渠道，疏堵结合。

怎样做到“疏”呢？领导者可以在企业内创办一份报刊，将相关信息传递给员工；建立管理层与员工定期沟通交流机制，及时消除员工的疑虑、误会；另外，针对企业内部有中央音响系统的状况，可开办内部电台，使信息能在第一时间传达给员工。建立了多层次、立体化的正常“官方”信息传播渠道，员工就有许多途径了解企业，小道消息自然大幅减少。

“疏”的同时，“堵”的工作也必不可少，要制定出一些禁止小道消息传播的制度。

2. 准确应用“金鱼缸”法则

金鱼缸是玻璃做的，透明度很高，不论从哪个角度观察，里面的情况都一清二楚。将“金鱼缸”法则运用到管理中，就是要求领导者增加单位各项工作的透明度。对员工关心的一些问题，如人事变动、薪资调整、公司转型、财务状况等进行定期发布，可借助企业内刊，也可借助内部网络，使员工对这些疑惑的问题能有一个清晰的解答。当企业的各项工作有了透明度，就会增强企业的向心力和凝聚力。

3. 针对小道消息的危害定期展开讨论

企业首先要做的是有关理念、态度方面的培训工作，同时针对培训内容与小道消息对企业、个人的危害展开大讨论。防止有害消息产生是最根本的问题，一般主要采取疏导的方法。

另外在企业文化建设上，提倡诚信为本，公司领导言出必行，承诺一定要兑现。

俗话说“无风不起浪”。任何圈子里只要有人群的地方，就有谣言，也包括“小道消息”。作为领导者，用罚款、扣发奖金等严厉的方法处理谣言，结果不仅不会把谣言扼杀在摇篮中，还会使你戴上“暴君”的帽子，并且员工也不会信服你。

久而久之，你会发觉自己被困在“象牙塔”中，不知道办公室以外到底发生什么事，成为一个“名不副实”的领导者。

而事实上，如果你是一个开明的领导者，懂得把任何不利的机会都转化到有利于自己的方向，那么小道消息就同样也能为你的管理服务。

比如，当你决定对某件事进行重大改革时，你故意泄露一点消息，但不及时公布，让员工听到传言。这时，你可以观察他们对改革的反映，如果反映不佳，你就还有时间完善你的计划，而如果员工对这种改革比较满意，那你的改革就可以放心地实施了。

如何处理员工的对抗

人与人之间的关系，有时是十分微妙的，尤其是在有利害冲突的员工之间，如果双方都年轻气盛，就很容易发生大大小小的对抗。

作为领导者，如何调解员工之间的纠纷，这实在是个棘手的问题。问题处理不当，一旦因公事变成私人恩怨，恐怕日后在工作上就会成为难解开的结。俗话说："明枪易躲，暗箭难防。"有人向你发一矢明箭，也足以叫你头痛的了。如果对员工间的矛盾处理不当的话，极有可能埋下一颗定时炸弹。

记住，在调解这些问题时一定要以公平为基本准则，不偏不倚，一碗水端平。要学会"和稀泥"，当个"好好先生"。

没有必要去追查事情的来龙去脉，因为有些事情很可能是"公说公有理，婆说婆有理"，身为领导者，你所要做的只要把事情冷却，告诉双方"一切到此为止"。同时你还必须指出问题所在，例如某人的态度要改善，某人应该事事以公事为重等。

同时，作为领导者也应该懂得企业的内部竞争是必然的，只有竞争，员工才有危机感，才有进取意识，才有压力，才会保持毫不松懈的斗志。因此，领导者应该这样做：

（1）通过对抗考验员工的能力和品格。领导者常常需要物色一位接班人，这位接班人无疑要在自己得力的员工中选择。员工的考核，平常当然是以能力、绩效、品德等项目来评定。当员工之间发生对抗时，也可当作考核的机会。此时你可由双

方所争论的问题、立场、见解或动机，去了解他们的修养、气度、眼光、忠诚等，据此作为你物色接班人的参考。

（2）有限度地鼓励对抗，来激发员工。竞争是促进进步的原动力。有限度地鼓励纷争，不一定要做出非常明白的表示，以暗示或默认的态度，即会让对抗的双方获得鼓励。不过这种获得上级鼓励的对抗，如果双方不知自制的话，后果也是相当严重的。

鼓励员工之间的对抗，应用于双方都有争胜的“野心”，欲求工作上的表现或建议。如果有“私人”介入的话，你应即刻出面澄清、调和，阻止对抗的范围扩大，否则将会产生不利的影响。

（3）善于分析。中国有句古话，“偏信则暗，兼听则明”，是说只有同时听到两种不同意见，才能在分析比较的基础上，避免片面性，得出正确结论。有不同意见，通过对抗，各抒己见，可以找出其中的缺点与瑕疵，加以弥补，可以肯定优势，加以发扬。在对立的冲突中，方案得到不断修改、更新、完善，从而真正成为经得起推敲的最佳方案。

所以，没有反面意见时，不宜草率做出决策。

（4）适当地调整职务。双方的对抗，有时很可能是本位主义在作祟，以致攻击对方所属的部门或所掌的职权，尽力维护自身的立场。本位主义的产生，一方面固然是人的本能，另一方面也可能是由于沟通不够。如果可能的话，将双方对调职务，也许对抗的情形就可以消解。不过，这也要看工作的性质及双方的特长而定，不可盲目调整，以致局面越搞越糟。

员工之间有对抗，领导者切忌在不明情况时就偏袒某一方。除非你已准备失去另一方的忠诚，否则最好不要介入。这样，你才能处于客观公正的立场，使企业不因对抗而受到损害。

需要注意的是，领导者要引导好内部的竞争，如果造成尔虞我诈、钩心斗角的内部自相争斗，那就得不偿失了。

员工之间可能为了争权夺利而明争暗斗。如果领导者能够巧妙地加以利用和操纵，以“和事佬”的身份出现，就能收到意想不到的效果。一个能够控制住局势的领导者，总是善于在派系林立、矛盾对抗的局面中寻求平衡，他往往以“和事佬”的姿态出现来消除对抗，以利工作。

故意制造一些小刺激

降低内耗的另一方面，是要求领导者巧妙地来点儿刺激。来点儿刺激在一些情境中是具有建设性作用的。

你是否被那些“点头称是的人们”所包围？

你的下属是否害怕向你承认自己的无知与疑问？

你的下属是否对变革表现出异乎寻常的抵制？

他们是否缺乏新思想？

如果在你的回答中，以上这些问题的回答多数都是肯定的，那么就应该给员工来点儿小刺激了。以下的几点建议对你或许有一点裨益：

1. 改变团队文化

领导者应向下属传递这样的信息——“矛盾并不可怕”，

并以自己的行动加以支持。应该对那些敢于向现状挑战、提出不同看法和进行独创思考的下属给予支持和奖励，如晋升、加薪或采用其他激励手段。

2. 引进新人

改变企业停滞迟钝状态所普遍使用的方法是：以外界招聘或内部调动的方式引进背景、价值观、态度或管理风格与当前群体成员不相同的下属。很多大型企业采用这一方法来填补他们董事会的空缺。

3. 运用“沟通”

从富兰克林·罗斯福执政、掌管白宫开始，白宫就一直运用“沟通”手段。高级官员把可能的决策通过名声不好的“可靠信息源”渠道透露给媒体，比如把高级法院可能任命的大法官的名字“泄露出去”，如果该候选人能够经得起公众的挑剔考查，则将其任命为法院大法官。但是，如果发现该候选人缺乏新闻、媒体及公众的关注，总统的新闻秘书或其他高级官员不久就会发表诸如“此人从未在考虑之列”的正式讲话。白宫的任职者们不论党派归属为何，都一直使用这种方法作为冲突激发技术。这种方法同样适用于企业任命新的领导者。

PART 10 领导的应变艺术：把“危”变成“机”

任何企业都有可能遇到危机

在企业的经营过程中，随时有可能出现危机。有资料显示，在整个20世纪80年代，《财富》500强中有230家企业（占总数的46%）消失了。而19世纪最大的100家公司，到20世纪结束的时候，只有16家仍然存在。在美国，新创立的公司有20%完全失败，60%受到挫折，只有20%能够成功。在日本，《调查日报》也曾对新创公司进行过统计，成功率也只占11%～12%。《中国企业家》杂志的一篇文章说，中国78%的企业倒闭都是危机带来的。

上述数据直接体现出新生企业的脆弱，更反映出商海莫测，危机四伏。被危机缠身的不只是脆弱的小企业，有时候连大企业也无法避免。

古人云：“智者千虑，必有一失。”在市场经济体制下，每一家企业都力图追求效益最大化，没有一家企业愿意陷入危机。然而，事情的变化往往不以人们的主观意志为转移。以下的事例不能不让人咋舌。

曾为美国最大的电力、天然气销售和交易商——安然公司，在全美乃至全球能源商品交易市场上举足轻重，因为危机事件几乎一夜之间垮台，同时牵连了在咨询业中占据着重要地位的安达信公司，安达信从此在全球会计师事务所排行榜上消失，退出舞台。遭遇危机而破产的国际著名企业远不止一两家：美国两大汽车制造商克莱斯勒和通用汽车在2008年先后宣布破产；美国第四大投资银行雷曼兄弟公司破产；拥有一百多年历史的美国商业贷款机构CIT集团申请破产保护。

市场经济的发展决定了企业在任何阶段都要面临突发的新形势、新问题，若处理不当，轻则给企业带来损失，破坏企业公众形象，重则使企业陷入困境不能自拔。

现实不断证明，危机无处不在、无时不在。如何防范危机，如何化解危机，将成为每个企业领导者必要的研究课题。

必须具备一定的应变能力

出色的应变能力是优秀企业领导者的重要特质之一。一旦企业遭遇危机，面对各种不利的局面，不同的领导者会有不同的表现。有的可能惊慌失措，不知如何是好；有的可能会直接借鉴历史案例；有的则可能照搬预定的危机管理方案而不考虑实际情况。但最后的效果可能不太理想或者更不乐观。危机事件的处理是严肃的管理问题，领导者作为企业运营的中心，更要注重具体问题具体分析。现实社会中，一切都处在“变”的

状态下，领导者更要学会山崩于前而面不改色，以“不变”应“万变”。领导者具备良好的应变素质，不仅是个人领导魅力的体现，而且会给企业带来直接的经济效益。

麦考梅克公司是美国的一家企业，由W.麦考梅克先生创办。W.麦考梅克先生个性豪放、重义气，公司成立之初，发展速度很快。但是后来，业绩下降，他吸取很多大型公司裁员减薪的经验，企图使公司重获生机，然而努力失效，企业面临破产倒闭的严重情形。

W.麦考梅克先生不久因病去世，由C.麦考梅克担当总裁。新总裁下定决心使企业重振雄风，他深入研究后发现，公司之所以陷入危机，是因为员工缺乏积极性，他们对公司的前途缺乏信心，他们认为无论自己如何努力，公司也是要破产的。这种失败感被裁员减薪的做法所强化。C.麦考梅克认为当下最重要的工作就是让员工振作起来，为自己和公司的前途奋斗。

于是，他向全体员工宣布：自本月起，每位员工的薪金都增加10%，并且缩短工时。这个决定让员工觉得既惊喜又不可思议。新总裁解释道，现在公司的生死存亡都落到诸位肩上了，希望大家协力渡过难关。一年后，公司扭亏为盈，成为国际有名的大公司。

在危机面前，面不改色，镇定从容，认清形势，是一个领导者应具备的基本品质。认清形势，才能做出正确的计划和应变措施，这对接下来的情形逆转都有着不可估量的作用。良好的应变能力包括：

1. 敏锐的洞察能力

正确地发现和提出问题，是成功解决问题的一半。领导者要拥有高于常人的洞察力，看到别人看不到的地方。

2. 准确的判断能力

准确的判断能力是应变能力的基础，需要领导者掌握大量的信息、丰富的知识积累，在准确理解问题的基础上，把握事件发展的趋势。

3. 敏捷的反应能力

敏捷的反应能力是指人在思维过程中，当机立断和及时解决问题的能力，这种能力是应变的基本功。敏捷的反应不仅讲时间，也要讲适时和时机。多数情况下，解决问题不止由速度决定，还要看“适时”和“时机”。

4. 科学的思维能力

科学的思维能力是指领导者运用现代科学思维方法和手段，正确认识领导活动的特点和规律，形成科学的领导决策，合理高效地实现领导目标的过程。

5. 超强的决断能力

优柔寡断、患得患失、瞻前顾后、举棋不定等都会导致决策的失误，而超前的决断能力意味着杜绝这些现象的发生。

6. 巧妙借“势”的能力

顺应时势，就是领导者依据客观情况的发展和变化，顺乎客观规律和时代的发展趋势。认清现实中的有利条件和不利条件，明确企业位置、机会和威胁等要素，顺势利导。

7. 超常的镇定能力

领导者的临危不惊来自其良好的心理品质。如果在紧要关头表现得惊慌失措，那么理智的思考、正确的判断和合理的布施就将无法进行。

通常，领导者山崩于前而面不改色的能力可以通过以下途径获得：

（1）提高自身素质。包括社会适应能力、社会认知能力和心理承受能力。素质好，应变能力才会强。知识渊博、经验丰富、智慧过人，才能对突发事件做出迅速而灵敏的反应，妥善处理事件。

（2）学习各种应变的方法和技巧，并根据问题、情况的不同，灵活运用应变方法和技巧。

（3）勇于实践。对领导者来说，只有拥有应变能力，才能妥善处理危机。应变能力的获得不会一蹴而就，这需要领导者重视日常经验的学习和累积，勤于修炼，只有这样的领导者才能让面临危难的企业转危为安。

居安思危，防患于未然

企业产生危机的原因往往是多种多样的，并具有很大的偶然性和随机性，它可能在某一天因某件事或某个人引发。但是，危机的产生却有一个从“准备期”到“爆发期”的变化过程。也就是说，任何危机的发生都有预兆性。正所谓“冰冻三尺非一日之寒”，如果领导者有敏锐的洞察力，能根据日常收

集到的各方面信息，预测到可能面临的危机，并及时做好预警工作，采取有效的防范措施，就完全可以避免危机的发生或降低危机的损害和影响。因此，预防危机是危机管理的起点。领导者要想防患于未然，就必须做到以下几点：

1. 树立积极的危机意识

对于领导者而言，妥善处理危机，首先要对企业危机有透彻而深入的认识，然后树立起危机意识。比尔·盖茨警言“微软离破产永远只有18个月”，张瑞敏说“我每天的心情都是如履薄冰，如临深渊”，任正非说“华为总会有冬天，准备好棉衣，比不准备好”……这些优秀企业领袖的危机观点，都传达出一个信息：危机意识的树立绝对不容忽视。

2. 预防是解决危机最有效的方法

对于企业而言，预防危机的难度在于危机的先兆可能很细小，不容易被人们忽略；也可能由于其出现的频率很高，以致麻痹了决策者的神经；还可能是危机从出现先兆到爆发相隔的时间极短，令企业无暇顾及。预防危机要从企业创办的那一天起就着手进行，伴随企业的经营而长期坚持。倘若等到危机出现时才想应对之策，或把应对危机当作一种临时性措施和权宜之计，就太不明智了。当代管理革命已经公认，有效的组织现在已不强调“有反应能力”，而强调“超前管理”。

3. 成立专门的危机管理小组

小组需包括企业主要领导者、公关、安全、生产、后勤、人事、销售等部门的人员，因为这些人对企业具有控制能力，可以很快做出决策并使其有效执行。危机管理小组应该成为企业的常设机构。小组的领导者必须由企业资深人士担任，并且能够控制和带动整个小组，但这个人不一定是总裁。同时，危机小组成员中最好包括法律顾问和与政府、新闻界关系良好的成员。

4. 找出潜在危机，并评估其可能造成的风险和影响

在企业内部定期进行运营危机与风险分析，针对目前企业运营的各层面，包括生产、制造、服务、品牌、销售、投融资等各个环节进行分门别类的危机分析。风险和影响的评估应从每个单独的对象群体来考虑，包括对内对外。

5. 依据潜在危机拟订危机管理计划

针对每一个对象群可能引发的每一种潜在危机拟订不同的计划，并提炼为一本《危机处理手册》。当然，手册中所有指导方案都应在法律范围之内，并有相当的运作弹性。

6. 对计划进行模拟训练

企业需不定期举行针对不同危机爆发的模拟训练。一个企业是否能真正具有快速危机处理的能力，实践是最好的检验方式。成熟的企业之所以能有良好的危机处理能力，与其平时进行的危机模拟训练是分不开的。逼真的演练可以测试和检验所拟订的危机处理计划是否可行。

7. 为处理危机广结善缘

在分析完各种可能带来危机的环节和对象后，领导者可能已经发现谁会是你的潜在敌人，你需要什么样的朋友和后盾。所以，分析出特定对象群之后，就应该开始和他们建立关系。把握时机，从现在就开始广结善缘。

8. 做好危机传播方案，控制不利报道可能引发的风险

首先，确定公司的发言人（包括总裁）接受过专业训练。发言人必须有在任何情况下与任何媒体打交道的心理准备，因此他们必须接受训练，了解媒体的运作和属性。

其次，正确地对待和利用媒体。公关专家帕金森认为，危机中传播失误所造成的真空，会很快被颠倒黑白、胡说八道的流言所占据，“无可奉告”的答复尤其会产生此类问题。因此，有效的传播管理也是对危机进行有效管理的基础。

企业为以防万一而建立各种未雨绸缪的措施，绝对不是一朝一夕的事情。居安思危，防患于未然，体现的不仅仅是领导者经营理念的完善，更是企业对自身奋斗成果的一种应尽责任。聪明的领导者总会在春风得意的时候，不忘备足过冬的棉衣，防患于未然。拿一个比喻来形容，居安思危的措施如同守着金币的保险柜，发挥着重要的作用。但是现实中却依然存在一些企业预防措施空白的现象，一旦危机来临，企业领导者又疲于应对，结果只能是给企业造成重大损失。

创建危机的“警报器”

UPS公司堪称世界上最大的快递承运商与包裹递送公司。2001年9月11日纽约世贸大厦被袭击时，其总裁琼·李安纳正在皇后公园打高尔夫球。李安纳顿时想起他有27个手下在那里工作。这位在UPS供职已超过30年的公司元老级人物立刻扔下球杆，火速赶往位于哈得逊河畔43号大街的公司所在地。一赶到那里，他立即命令手下立刻给所有司机的电脑化界面发送无线信息，通知他们立刻集结。

3个小时之后他终于稍稍松了一口气，UPS在这场灾难中总共只损失了4辆被倒塌建筑物压坏的卡车。随后，他将所有员工都召集到43号大街。由于空中运输已经被中断，地面上许多街道也已被关闭或无法通行，4000名员工在成千上万的包裹中挑选出医疗类供应品，然后将其中的200多份送到各家医院、医生和药房那里。

由于UPS对航空投递的依赖较少，它比竞争对手联邦快递要幸运得多，仅仅一天之内公司就恢复了正常运转，包裹又开始投递到家庭和公司手中。

UPS采取了明智的危机处理措施并为此付出了艰辛的努力，这个全球最大的私营投递商在关键时刻所作的一系列重要调整，保证了它的投送队伍正常运转。UPS出色的应变能力既源自于若干年前创建了危机“警报器”，形成了成熟的危机应对制度，也得益于领导面临危机做出的迅速反应。

这场危机彻底检验了UPS的应变能力。航空部总经理罗伯特·乐吉特透露，尽管该公司的大多数航空投递业务都在夜间开展，但是当关闭所有机场的时候，UPS的620架飞机中仍有56架正在飞行之中。开往原停泊地点的飞机，必须转到北美的范库弗峰着陆，这样飞机上的包裹就得改变为地面的卡车运送。为避免地面运输队伍因为额外的任务而不堪重负，UPS启动了应急机制，他们的飞机重新起飞，优选送达那些能在3天内到达目的地的包裹。其包裹运送并没有被延误，UPS因此获得了客

户的信任。

UPS对紧急事件的处理，之所以如此从容不迫，不仅是因为企业领导的反应迅速，最重要的是它有一套成熟的危机应对制度，创建了危机“警报器”，面对突发情况时又及时启动了应急机制，对原有的运营计划做出了调整，确保了公司能在非常时期的正常运转。试问，如果不是早就创建了危机“警报器”，它的运转还能在紧急状态下那么有序吗？答案当然是否定的。所以要想有效应对危机，建立科学全面的应对制度是必需的，制度中要拟定现实中可能发生的各种危机警告信号，以及与其相应的对策。危机是否发生可以根据各种各样的警告信号来判断：

（1）员工有不满情绪，工作地点发生暴力事件。

（2）没有充分考虑员工的工作计划、严重的质量问题、事故。

（3）研究和投资的减少、丢失市场份额、糟糕的财务表现、声誉受损。

（4）不健全的环保过程罚款或处罚、昂贵的诉讼、丧失信用。

（5）令人失望的财务结果、消极的媒体报道、员工流失、士气问题。

（6）顾客抱怨、产品回收、失去业务、产品可靠性诉讼。

（7）年龄过大的首席执行官或高层决策者受到突然或严重的伤害。

（8）代理人、会计师或税务罚款或处罚。

（9）顾问的建议丧失信用、信任。

（10）没有持续的计划，工作业绩不佳，过多集中于组织内部。

（11）没有经营计划，由于缺乏战略、战术和长期计划，使得工作业绩不佳。

（12）没有危机管理计划，危机管理不当。

纷杂的警告信号构成了危机“警报器”中重要的基本点，然而在现实中，各个企业的主客观情况不同，往往决定了各个危机“警报器”有所侧重和不同。建立起成熟可靠的危机“警报器”系统，需要一个不断实践的过程：制定-实践-更改。系统建立如果操之过急，往往造成企业领导者判断的偏差。所以，反复论证是最终建立可靠敏感的危机“警报器”系统的原则。

建立有效的危机管理系统

对于企业而言，危机“警报器”仅仅是管理系统网络中的一个点，企业要成功处理危机，单凭可靠的警报系统是远远不够的。科学应对各种危机就需要建立一个有效的危机管理系统，设置一系列的对应机制，发挥各个要点的作用，来全面抵制危机的负面影响。

科学的危机管理系统是企业应对危机的强大支持，其中危机管理计划是最重要的组成部分。尽管根据各公司的特点，危机管理计划在内容、格式和风格上会有所不同，但国际优秀公司的危机管理计划一般都具备以下要素：

（1）对组织的危机管理哲学和危机重要性的表述——也许是在计划前言中的首席执行官的备录或信中表述。

（2）对公司认为是“危机”并引起危机计划实施的事件、事情或问题进行明确的定义。

（3）列出会影响公司的潜在危机情形，公司在未来可能会面对的潜在危机种类。

（4）公司的整体目标和危机管理目标。

（5）危机报告和协调的汇报结构及危机管理团队成员的名单，要附有电话、传真和手机号。

（6）紧急情况下的工作程序——包括同警察、消防员和其他社区官员打交道，并附上电话号码。

（7）紧急情况下需要接触的新闻媒体，包括最新的名字、标题、电话和传真。

（8）公司第一和第二发言人的名单以及严禁其他人同新闻媒体或其他公司讨论此事的严正声明。

（9）在危机中需要首先采取的步骤，例如需要接触的人和危机管理团队应该碰面的地方。

（10）在危机发生期间和危机发生后所需要的有关公司和其他方面的信息事实、背景材料。

①最新的员工名单（如果太长，就写一些经过挑选的经理名单）；主要联系的顾客；供应商或经销商；股票交易所（如果是一家股票公开上市公司）；地方政府、市政、商业领导者——所有的都要有地址和电话。

②同公司及其事件相适应的社区、社会、少数民族和行业活动者组织的名单。

③主要市场和行业分析家的名单。

成功制订出一个合理可行的危机管理计划，不仅要囊括以上要素，还需要考虑到六个原则。这六个原则不但适用于危机管理计划的制订，还适用于整个危机管理系统的建立。

它们分别是：

1. 全面

全面化可归纳为三个“确保”，即首先应确保企业危机管理目标与业务发展目标相一致；其次是确保企业危机管理能够涵盖所有业务和所有环节中的一切危机，即所有危机都有专门的、对应的岗位来负责；最后是确保危机管理能够识别企业面临的一切危机。

2. 关联

企业危机管理的有效与否，除了取决于危机管理体系本身，在很大程度上还取决于它所包含的各个子系统是否能够健全和有效地运作。任何一个子系统的失灵都有可能导致整个危机管理体系的失效。

3. 互通

互通指企业内部是否有一个充分的信息沟通渠道。如果信息传达渠道不畅通，执行部门很可能会曲解上面的意图，进而做出与危机战略背道而驰的行为。

4. 价值观的一致性

企业的价值观与社会公民整体价值观同步，即要求企业具有社会责任感。

5. 集权化

集权化的实质就是要在企业内部建立起一个职责清晰、权责明确的危机管理机构，因为清晰的职责划分是确保危机管理体系有效运作的前提。

6. 创新

创新要求企业能随时根据实际变化进行系统调整。尤其是借助新技术、新信息、新思维，进行大胆创新，不可墨守成规、故步自封。

需要注意的是，企业最终形成的危机管理体系，还需要囊括以下子体系——信息系统、沟通系统、决策系统、指挥系统、后勤保障系统、财物支持系统，各个子体系相辅相成，缺一不可。建立科学的危机管理体系之后，并不代表危机管理系统的建立到此为止，还需要进行以下两个方面的行动才算完整：

（1）领导者要将危机基本知识与全体员工进行交流，使全体员工熟悉危机预防的常识与程序，同时集思广益，完善危机管理机制，将危机管理推向企业文化管理高度，使危机管理成为企业文化的一部分。

（2）进行培训和模拟训练。培训和模拟训练是企业进行危机交流的有效方式，危机模拟训练能够提高员工应对危机的技能，加深员工对危机的认识，同时可以检验危机预答系统的有效性。

总之，建立一个有效的危机管理系统是企业成功转“危”为“机”的重要条件，需要企业领导者充分重视起来。

紧抓危机的转折点

对企业而言，危机既可以为企业建立富有竞争力的声誉，也可能让企业的声誉在几天甚至几小时内丧失殆尽，全部毁灭。这完全取决于企业在面对危机时所作出的反应。优秀的企业领导者往往能在危机到来时准确判断形势，富有远见地预知事态的发展，从而抓住有利的一面乘势追击，迅速使颓势发生转机。

法国的矿泉水产量居全球首位，碧绿液作为矿泉水企业中的佼佼者，有“水中香槟”之美誉。在美国、日本和西欧等国，碧绿液是法国矿泉水的象征。碧绿液年产超过10亿瓶，其中60%销往国外。在1990年2月初，美国食品及药物管理署宣布，经抽样调查发现，碧绿液中含有超过规定2～3倍的化学成分——苯，长期饮用可能致癌。

此消息的传出，无疑是对碧绿液声誉的当头一棒！在此危急关头，董事长勒万非常镇静，经过慎重考虑，他决定抓住此次危机将其变成对碧绿液的宣传，变害为利，并要好好利用此机会大赚一把。

在记者招待会上，勒万宣布：就地销毁已经销往世界各地的1.6亿瓶矿泉水，用新产品加以抵偿。

如果说发现苯含量过高还算不上什么大新闻的话，“回收和销毁全部产品”这件事倒成了当天的头号轰动新闻。果然，此壮举使公司股票在跌价16.5%之后，一下子回升了2.5%。

接着，公司公布造成事故的原因：系人为技术造成的。差错在于滤水装置没有按期更换，而不是水源被污染，从而安定了人心。首战告捷，接下来的第二招便是一场恢复信誉、巩固市场的宣传攻势。

碧绿液重新上市的那天，巴黎几乎所有的报纸杂志都用整版刊登标有“新产品”字样的碧绿液广告。

同一天，法国驻纽约总领事馆举行了新产品重新投放市场的新闻发布会。第二天，碧绿液美国分公司总经理仰首痛饮碧绿液的照片登上了各大报刊的头版。

不久，碧绿液广告在电视屏幕上出现。一只小绿瓶，一滴水从瓶口沿着瓶身流淌，犹如眼泪一般。画外音是，碧绿液像是一个受委屈的小姑娘在呜咽低泣，一个如同父亲般的声音娓娓地劝慰她不要哭：“我们仍旧喜欢你。”

“碧绿液”的牌子顷刻间家喻户晓，甚至有些以前不知道它的人也都知道了，谁都期待着新产品上市后去品尝一下。碧绿液高层步步为营、转危为安的策略大获成功，碧绿液矿泉水不仅没有退出市场，反倒因更受消费者青睐而大放异彩。

与人们日常生活息息相关的食品饮料出现问题，这是所有消费者都不能容忍的事情。企业发生这样敏感的食品危机，毫不夸张地说，可能一夜之间就使“碧绿液”这个品牌销声匿迹。这样的爆炸性新闻一出，立即弄得人心惶惶、股票大跌、

媒体声讨，种种迹象表明公司所处的危险境地。在这种情势下，董事长勒万审时度势，做出了惊人的决定：就地销毁1.6亿瓶矿泉水！此举马上使形势发生了转折，促使股票立即回升了2.5%，随后公司立即对事故进行了详细的公开解释，事情开始往好的方向发展。如果不是这个决定，这次危机事件就很难有转机和回旋的余地了。领导者传达出了一个思想：我不否认，我可以改正，我依然是最安全的。勒万的成功在于抓住了问题的关键，使危机转危为安、转危为机。

勒万的危机决策提醒领导者，在一系列补救措施进行之后，还要密切关注措施的有效性和效用，围绕产生正面影响的举措乘胜追击，全面展开行动，不放过任何一个转机的机会。通常，领导者可以借鉴以下几种策略，找准危机的转折点：

1. 中止策略

企业要主动承担危机造成的损失，如停止销售、收回产品、关闭有关工厂等。

2. 排除策略

需要企业根据既定的危机处理措施，利用危机中的正面材料迅速有效地消除危机带来的负面影响。

3. 隔离策略

危机的发生往往具有连锁效应，一场危机的爆发常常会直接或间接引发另一场危机。为此，企业在发生危机时，应设法把危机的负面影响控制在最小范围内，避免殃及其他部门。

需要注意的是，领导者在危机处理过程中要特别重视媒体的危机化解作用，一定要建立畅通及时的信息渠道，利用电视、网络、报纸等媒介，为企业洗脱冤情，加快危机事件转危为安的速度。

领导者只有结合以上策略和企业预先制定的危机管理机制，方能在纷乱的危机表象下迅速抓住转折点，引导企业走上平稳的大道。

诚实：解决危机的唯一态度

诚实是解决危机的唯一态度，“说真话，并在第一时间说”，这句话一直是成功解决危机的金科玉律，也数次成就了历史上危机处理的经典案例。

在危机面前，诚实以对才是解决问题的唯一态度。一个企业出现危机，尤其是出现产品质量问题这样严重的危机，在第一时间迅速告知消费者，并采取必要措施避免危害的发生和扩大，是其法定的责任，也是最佳的危机处理策略。反观某些公司对有质量问题的产品秘密召回，动用某些部门为自己遮盖，无一不是在反其道而行之，竭尽所能不让消费者知道自己产品出现的质量问题。在当今这个资讯发达、网络普及的信息社会，这样做犹如以纸包火，不只是徒劳无功，反而会助长负面信息的传播。

一个诚实的企业，一个敢于承担责任的领导者，不管他做错了什么，都表明他有诚意为自己的行为负责任，这种真诚的态度说不定还能为他赢得更多的客户，弥补公开召回需要付出的代价。而现在，如果使用了种种越描越黑的处理方式，消费者的不满和怀疑不仅仅是对于某一种产品，也蔓延至整个品牌。这样的结果，恐怕是相关经营者之前万万没有想到的。

在市场经济条件下，危机对于任何企业而言，都既是风险又是机会。在应对危机的时候，只要稍有差池，就可能导致企业的灭顶之灾；反之，如果能采取恰当的公关措施，它也可以成为提高产品质量、提升企业形象、唤起消费者更大关注和认可的契机。而所有恰当的危机处理措施，说到底，都必须以诚实为基础。离开了诚实这一应有的唯一态度，再花哨的处理措施都只会损人不利己，既损害了广大消费者的切身利益，最终也对企业的形象造成莫大的伤害。

世界餐饮企业巨头麦当劳就曾在中国发生过几次消费危机。面对每一次危机，麦当劳都能尽快搜索一切与危机有关的信息，并挑选一个可靠、有经验的发言人，将有关情况告知社会公众。如举办新闻发布会或记者招待会，向公众介绍真相以及正在进行补救的措施，做好与新闻媒介的联系使其及时准确报道，以此去影响公众、引导舆论，使不正确的、消极的公众反映和社会舆论转化为正确的、积极的公众反映和社会舆论，并使观望怀疑者消除疑虑，成为企业的忠实支持者。而当企业与当事者出现分歧、矛盾、误解甚至对立时，麦当劳也能够本着以诚相待、先利他人的原则，运用协商对话的方式，认真倾听和考虑对方意见，化解积怨、消除隔阂。

可见，企业不能避免工作中可能产生的失误，出现危机并不可怕，但要敢于诚实面对自身的失误，分析原因、寻找差距并及时改进，这是企业最基本的经营理念。

巧妙地向员工**传达坏消息**

危机发生时，领导者首先要在企业内部进行沟通，巧妙地将坏消息传达给员工。作为一个领导者，总是希望把对员工和企业的伤害降到最低，在告诉员工坏消息时，有必要掌握下面的技巧：

1. 树立全员危机管理意识

危机管理并不只是企业最高管理层或某些职能部门的事情，而应成为企业每个部门和每个员工共同面临的问题。企业要让员工明白，任何企业在成长过程中都不可避免地会遇到各种危机，这些危机是破坏企业健康成长的罪魁祸首，然而企业最大的危机是没有危机意识。因此在领导者们具备危机意识的基础上，还要让所有员工都具备这种危机意识，使每位员工都具备居安思危的思想，时刻提防危机的危害性，在工作中尽量避免不当行为，以消除引发危机的各种诱因；善于发现危机发生的征兆，防患于未然；做到即使发生危机，也可以临危不乱，及时采取应对措施，防止危机进一步恶化和扩散。只有全体员工都树立起强烈的危机意识，才能大大减少危机发生的可能性和危害性。

2. 把企业遭遇危机的具体内容告知员工

在一个企业，保持信息的畅通具有非同寻常的意义。当危机发生的时候，更应该告知员工，企业目前到底面临什么样的危机，会对企业产生怎样的影响，竞争对手可能会趁机给我们什么样的打击。要确保员工最先从企业领导者口中直接知晓有关危机的情况，以免被谣言所误导。

3. 告知员工下一步该怎么做

当危机来临的时候，企业内部的思想和步调必须保持绝对统一，必须步调一致。因此，生产该怎么继续，外界咨询该怎么回答，着装和神态该如何表现等，都应该有一个标准。领导者要设身处地地为员工着想，为员工提供提问的机会，解释企业是如何做出有争论或困难的决策的。领导者还要感谢员工的支持，不要认为任何事情都是理所当然的。

每个员工都是企业的支撑点，正是由他们组成了企业的体系。企业员工与企业的客户一样，他们也是企业的财富。企业出现危机时，领导者巧妙地向员工传达坏消息，可以激发员工对企业处境的同情，并通过危机增强企业的责任感，展示企业抗击风险、坚强不屈的现象；有效地避免不真实、不完整的谣言和猜测由内向外传播；保持企业的有效运转，使员工不因猜测而疏于日常的工作，减少危机的破坏程度。

当机立断，迅速控制事态

企业遭遇危机属于非常情况，此时的企业处于一个非常时期，这对企业决策以及付诸实践的速度都提出了更高的要求，因为赢得时间本身就意味着给企业赢得了更多的回旋余地。危机中的每一个企业都像在与时间赛跑，他们需要比拼的不仅是智慧、实力，还有一个重要的因素——速度。

有一天，一位名叫基泰斯的美国女记者在东京奥达克余百货公司买了一台电唱机。回家后她发现电唱机内没有任何器件，根本无法使用。顿时，她火冒三丈，立即写了一篇批评该公司的新闻稿，准备第二天早上发出。

当天下午，售货员在清点货物时发现，自己错将一个空心电唱机货样卖给了一位顾客，售货员立刻将此事报告了公司领导。公司领导接到报告后，没有按常规等待这位顾客前来退货，而是立即采取了一系列措施迅速找寻这位顾客。

经过核对，他们从顾客留下的一张“美国快递公司”的名片这一线索出发，当晚便连续打了35次紧急电话向东京四周的旅馆询问联系，另外还派专人向“美国快递公司”总部打听。得到了这位顾客在纽约父母家中的电话，从其父母那里了解到她东京婆家的电话。第二天清早，当基泰斯正要去奥达克余百货公司交涉时，就收到了奥达克余百货公司打来的紧急电话。负责人在一连串的道歉声之后，告之公司副总经理将马上送来一台全新的电唱机。仅50分钟之后，公司副总经理和一名职员就匆匆赶来，向她送上新电唱机，并外加蛋糕1盒、毛巾1条和著名唱片1张，谢过罪并得到基泰斯的谅解后方才离去。这件事令基泰斯深为感动，她立即重新写了一篇题目叫《35次紧急电话》的新闻稿，发表于《亚洲华尔街日报》上，高度赞扬了奥达克余百货公司的行为。这件事不仅没使公司的形象受损，反而大大地提高了公司的声誉。

正是奥达克余百货公司领导者良好的危机意识，才能使其在可能要爆发的商誉危机面前做出迅速的判断和行动，及时制止了负面报道的发生。如果公司在遭遇这样的服务危机时，只是被动地等待消费者前来指责，被动地接受负面报道的公开，届时将有更多消费者对其服务质量产生疑虑。因此，想及时控制危机，就要求领导者当机立断，迅速扼制事态的发展。那么如何控制危机的事态呢？根据不同的情况，有以下几种方法可供选择：

1. 心理控制法

事实证明，不论哪类突发事件发生，都会对公众心理产生相当大的冲击和压力，使绝大多数人心绪不稳、思维混乱、不知所措。一旦处理不好，人们的心理和行为就可能朝不利于事

件妥善处理的方向发展。所以，领导者要以“冷”对“热”、以“静”制“动”，减轻公众的心理压力。

2. 釜底抽薪法

参与突发事件或被卷入突发事件的公众，大都事出有因，情绪会比较激动。因此，领导者和在现场工作的人员绝对不能火上浇油，绝对不能激化矛盾，这才是标本兼治之道。

3. 组织控制法

组织控制有两个方面的内容：

第一，对于一般性的突发事件，要严密组织，双管齐下，既要防止事件扩大，以免波及其他地区，又要控制受影响地区，不使负面影响加深。

第二，对群体性的突发事件，一要在组织内部和广大公众中迅速进行正面引导；二要迅速查清突发事件的主要人物，进行重点控制。

能在危急时刻做出果断又正确决定的人，绝对是一个睿智的人；能在危急时候当机立断、力挽狂澜的企业领导者，必定有稳当的前途。

让媒体成为“正推手”，而不要成为“负推手”

在现代社会中，媒体是社会大众信息的主要来源，深深影响着社会大众的认知、态度与信念。在危机处理过程中，媒体的作用不容忽视。媒体是一把双刃剑，既能成为企业的“正推手”，帮助企业解决危机；也可能成为企业的“负推手”，把企业推入深渊。如果企业能够成功地进行媒体沟通，就能收到良好的效果：媒体可以为危机领导者提供有关危机的预警信息，帮助企业更好地做好危机预防工作；可以帮助企业传递危机的真实信息，避免和消减各种谣言与猜测的传播；帮助企业领导者从外围了解公众对危机的态度，使他们能及时做出有效的危机管理决策；媒体客观、公正的报道和评论还能有助于企业重新树立良好的形象。

因此，当企业遇到危机时，领导者应该立即做好以下几点：

1. 尽快、主动、全面地向媒体披露信息

危机发生后，企业应该主动向媒体披露信息，而且应该成为社会上信息来源的主渠道。一般情况下，危机相关人可以分为两类：一类是当事人；另一类是旁观者。当事人对待危机的信息的选择有两种：公开和隐蔽。旁观者对于危机的真实情况也有两种可能：知情和不知情。

当旁观者毫不知情或者并不完全知情时，如果当事人选择继续隐藏有关危机的信息，则带有很大的侥幸心理，其基本假设就是信息是可以被控制的；如果旁观者已经知情，当事人依然进行隐藏，那就是在进行全盘否认了。如果当事人在旁观者知情的情况下才将危机相关信息披露出来，就会给人一种被迫承认的感觉；反之，如果当事人在旁观者尚不完全知情的情况下就披露信息，则是主动披露的策略，也是化被动为主动的策略。

在网络空前发达的今天，所有信息都有可能在最短的时间内到达任何一个角落，任何秘密随时都有可能被暴露出来，试图隐藏秘密非常困难，企业出现危机时，领导者选择全盘否认或者无可奉告的策略也越来越难以奏效。如果企业选择披露一部分信息而隐藏大部分信息，那么所有有关的信息最终还是会被披露出来，结果损失的是企业的可信度。同时，由于公众无法通过正常渠道得到全部信息，那么他们就可能被那些来自非正常渠道的有偏差的信息所误导，从而在信息不完整的情况下对谣言做出过度反应，这样对企业的信誉度可能会有更大的杀伤力。

当企业出现危机时，领导者应该迅速而准确地进行处理。一般在危机出现的24小时内是应对危机的最佳时机，不仅因为媒体会在这个时间里涌现出许多猜测，而且因为拖延时间会使企业的损失迅速加大。因此，一旦危机发生，企业领导者就必须快速应急，做出自己的判断，给危机定性，确定企业公关的原则立场、方案与程序，并在最快的时间内向新闻媒体告知企业已经掌握的危机概况和企业危机管理举措，阐明企业的立场与态度，争取媒体的信任与支持，并将危机事件真相公布于众。企业领导者要避免走向一个误区：在真相出来之前，尽量避免与媒体接触。许多危机风波的升级正是因为没有及时控制不利消息传播的结果。企业要注意及时地把最新的情况和进展通报给媒体，也可以设立专门的信息沟通渠道，方便新闻媒体和社会公众的探询，为真相大白作铺垫。而当危机来龙去脉全部搞清楚之后，企业最好召开一次大规模的新闻发布会，将其真相和处理结果公布于众，为危机管理画上圆满的句点。

2. 与媒体保持紧密联系

企业领导者在平时要一贯注意保持与媒体建立永久的良好关系。正是由于媒介的重要作用，要求领导者必须能与媒介进行有效的协调和沟通。这就要求领导者能够积极主动地通过媒介宣传自己，使自己所带领的组织能更多地为人所熟知，以扩大自身的正面影响。比如，企业可以经常安排主要领导者接受一些媒体的访问，及时将企业的信息动态传递给媒体，企业的周刊、简报等及时邮寄给媒体，有重大科技发明、新产品上市等及时邀请媒体现场观摩等，让媒体及时报道。逢年过节及时送去问候和祝福，必要的时候直接召开媒体见面会，借此宣传自己的企业。还可以向媒体公布企业定期的媒体接待时间，表示企业愿意与媒体沟通的愿望。

企业在危机中要时刻注意与媒体的联系，可采用的方式如下：

（1）新闻发布会。新闻发布会是危机管理的一个重要手段和渠道。新闻发布会具有隆重、公开、慎重的特点，更重要的是记者可以在会上就自己感兴趣的问题和自认为最佳的角度进行采访，也可以促使企业与新闻媒体更加紧密和默契地联系和合作。如果企业危机不是很严重，或者关注的媒体不是很多，则与个别媒体进行沟通即可。新闻发布会只有在危机事件已经达到一定关注度的时候才召开，而且往往可能需要举行多场新闻发布会，以告知危机的真实情况、进展情况、最终的解决方案等。总之，企业领导者要根据危机事态的进展，决定是否要召开新闻发布会、何时召开、如何召开以及在哪里召开的问题。

（2）当面采访。当面采访一般是由专题节目主持人进行运作。媒体和主持人想尽量获取最真实的第一手资料，而不是被采访人预先准备好的回答。企业领导者如果运用得当的话，就能把自己的消息如实地传达给观众。不过，在进行当面采访时，采访的领导者要有备无患：要准备些具体翔实的话题；着装除了要和预定的采访场景协调外，还要符合所要讨论的情景的气氛；还要能够为媒体带来观众，所以要放松、自信。

（3）及时传递最新消息和进展，尤其是正面积极的消息，企业领导者要及时通过传真、电话、邮件等形式向前面所邀请的媒体进行持续性传递，以保持信息的畅通。同时，企业领导者还要重视自身网站的建设，因为这是企业自己可以完全能够掌控的，而且必将是新闻媒体和企业员工，乃至社会大众获取信息的重要渠道。企业领导者要随时将企业对危机的观点、处理的态度和方法、具体的执行步骤和相关声明同步在企业的网站上及时刊登出来，也是通过媒体与社会各方面沟通的重要途径。

把“危机”变成“机遇”

从前，有这样一个强盗，他非常重视对孙子的培养。当他孙子成年的那天，他开始给孙子上课了。他上的第一课是去参观绞刑架。他对孙子说：“你要是不小心失手就会被绞死。”孙子说：“谁要敢绞死我，我就把绞刑架砍了！”

他摇头说：“可不能砍啊！如果没有绞刑架，大家都成强盗了，我们做什么？”这个玩笑似的故事说明了天下之事的一个共同之处，那就是机会与风险同在，如果风险没了，机会也就没了。

长虹彩电曾号称中国彩电第一品牌，但是1998年2月21日，却出现了山东济南市7家国有商场联合拒售长虹彩电的事件。

济南市银座商城、省华联商厦、市联商厦、大观园商场、百货大楼、人民商场和中兴商厦等7个大商场召开座谈会，他们以长虹彩电存在大量质量问题、服务投诉而厂家不予配合为由，拒售长虹彩电。消息一出，有如晴天霹雳。《中国证券报》等媒体纷纷发文报道。这个彩电巨子突然被“曝光”出现质量事故的事件，立即引起了政府、新闻媒体、广大消费者的极大关注。随后，“四川长虹”股票受到冲击直线下跌10%以上，为当时低迷的股市雪上加霜。

在如此十万火急的情况下，长虹集团总部迅速作出反应，并派遣一名副总经理和部分工程技术人员乘飞机从四川火速赶赴事发地点济南市。长虹公司一行人员到达济南后立即举办了新闻发布会，声称将对本次拒售事件进行认真调查。

7大商场在“罢售行动”中宣称：长虹彩电虽有中国彩电“第一品牌”之名，但由于其售后服务跟不上，商家在厂家和消费者之间受夹板气，屡次找长虹协调未果，故被迫采取统一行动。已到达济南的长虹公司人员迅速与7大商家取得联系，刚开始，拒售商家不愿意配合，经过多次努力，双方终于坐下展开谈判。经谈判和调查了解，虽然拒售的商家拿不出具有说服力的质量问题证据，但公司在售后服务方面存在不配套现象确实是事实。

长虹公司与当地商界接触后，发现一个十分有利于自己的事实：济南市最大的商家并没有参与到联合拒售的行列中，这似乎大大降低了“联合拒售”的代表性和广泛性。长虹同时与济南市政府和新闻媒体进行了广泛的接触。最后，调查结果公布于众：质量事故由于没有说服力的证据不能成立。关于售后服务的投诉，长虹诚恳表示将加大售后服务的配套工作。与此同时，长虹集团总部公示了长虹的快速成长、品牌信誉和对四川省、国家所做出的突出、重大的贡献。

经领导者的妥善处理，“济南拒售风波”终于平息，长虹彩电较之以前更为畅销，长虹股票当即迅速强劲反弹。长虹在这起事件中反而“因祸得福”，消费者对长虹电器的品质更加信赖，其品牌知名度被大大提高。

长虹集团的典型事例正如老子所言："祸兮，福之所倚。"世界上没有绝对的祸，也自然没有绝对的福。祸总是相对于一定的参照物来说的。当企业出现某方面的危机时，除了积极采取补救措施应对外，如何将坏的情形扭转过来，将危机转化为商机更是领导者应做的。因为危机往往不仅带来麻烦，同时也蕴藏着无限商机。通过负责、漂亮的危机战役，公众将会对企业有更深的了解，企业在危机过后也能树立更优秀的形象。

《孙子兵法》有一句话叫作："善战者，求之于势，不责于人。"善于指挥作战的将帅，在战争中总是依靠有利形势，去造就最佳的态势，夺取战争的胜利。危机虽然会对企业造成不必要的损失，但如果处理妥当，也必然会给企业发展带来强大的正面推动。卓越的领导者们勇于并善于挑战危机，将危机转化为利于企业发展的机遇，是所有经营智慧的高度总结，也是市场对企业发展的最高要求。

PART 11

领导的口才艺术：好领导的讲话技巧

让开场白为你加分

一场演讲的成功与否，关键在于开场白能不能吸引听众；一段话说得吸不吸引人，关键在于开始那几句话能不能抓住人的注意力。一般来讲，领导者一定要保证在开始说第一句话时就讲得趣味盎然，不要等到第二句，更不要等到第三句。第一句话是至关重要的。开场的第一句话到底应该说什么、怎么说，需要通过观察听众，结合演讲的题材和当时具体的情境自行做出决定。如果领导者的第一句话说得不好，接下来想要紧紧抓住听众的注意力就很难了。所以，开场白至关重要，一定要巧妙设计，从一开始就抓住听众的心。

一般而言，开场白要求简洁而富有吸引力。常见的开场白类型有以下六种：

1. 开门见山的开场方式

开门见山，用精练的语言交代演讲意图或主题，然后在主体部分展开论证和阐述。这种开场白方式可称为开门见山式。

例如1883年，马克思逝世，恩格斯发表了著名的题为《在马克思墓前的讲话》的演讲：

3月14日下午两点三刻，当代最伟大的思想家停止思想了。让他一个人留在房里总共不过两分钟，等我们再进去的时候，便发现他在安乐椅上静静地睡着了——但已经是永远地睡着了。

这个人的逝世对于欧美战斗的无产阶级，对于历史科学，都是不可估量的损失。这位巨人逝世以后所形成的空白，在不久的将来就会使人感觉到。

恩格斯的开场白以简洁的语言交代了演讲的中心论点：马克思的逝世是无产阶级不可估量的损失。

领导者直接表明主题，让听者能立即明了谈话的内容，很快进入谈话情境。

2. 说故事的开场方式

说故事式开场白是通过一个与演讲主题有密切关系的故事或事件作为谈话的开头。这个故事或事件要有人物，有细节。

如周光宁《救救孩子》的演讲开场白：

去年5月24日的《新民晚报》披露了这样一个事实：一个四年级的小学生，每天要带父母亲手剥光了壳的鸡蛋到学校吃。有一次，父母忘了给鸡蛋剥壳，差点憋坏了孩子，他对着鸡蛋左瞅右看，不知如何下口，结果只好带回。问他怎么不吃蛋，回答很简单："没有缝，我怎么吃？"

周光宁通过小学生不会剥鸡蛋这样一则新闻报道开场，把听者带入他的演讲主题：全社会都要重视培养孩子们独立生活的能力和战胜困难的勇气。

由于故事式开场白容易调动听者的注意力，对语言技巧的要求也比较简单，因此适用范围很广。

3. 幽默风趣的开场方式

幽默风趣式的开场白是以幽默、诙谐的语言或事例作为谈话的开场白，它能使听者在轻松愉快之中很快进入倾听的状态。

幽默式开场白切忌低级庸俗的笑话或粗俗的语言。

4. 直接引用的开场方式

谈话也可以直接引用别人的话语作为开场白，为展开自己的谈话主题作必要的铺垫和烘托。例如，演讲题为《让生命在追求中闪光》的开场白是：

美国黑人教育家本杰明·梅斯有句耐人寻味的名言：“生活的悲剧不在于没有达到目标，而在于没有想要达到的目标。”这话是极有道理的。

一般作为开场白的被引用材料，需要具备两个基本条件：

（1）被引用的材料极其精辟，具有相当强的概括力、说服力和感染力。

（2）被引用的材料出自权威、名人或听众十分熟悉的人物，说话者利用权威效应或名人效应唤起听者的注意。

5. 制造悬念的开场方式

悬念能激发听者的好奇心，能促使听者尽快进入说话者的主题框架。

一位老先生在演讲开始时首先向听众提问：“人从哪里老起？”听众纷纷作答，有的说人从脚老起，有的说人从脑子老起，会场气氛十分活跃。老先生最后自我作答："我看有的人从屁股老起。"全场哄堂大笑。老先生继而解释道："某些干部不深入实际，整天泡在'会海'里，坐而论道，那屁股可造孽了，又要负担上身的重压，又要与板凳摩擦，够劳累的了。如此一来，岂不是屁股先老吗？"

这位老先生在抨击官僚主义之前，先利用一个提问制造了第一个悬念，调动了全场听众的兴趣，然后利用一个出乎听众意料之外的自答制造了第二个悬念，使听众在笑声中等待悬念的揭开，从而有效地控制了听众的思想和情绪。

有时也会以实物悬念作为开场白。

一位教授在给大学生作演讲前，面对台下叽叽喳喳、谈论不休的大学生们，他没有急于宣布他的演讲主题，而是从口袋里摸出一块黑乎乎的石头扬了扬："请各位同学注意看，这是一块非常难得的石头，在这个国家，只有我才有这一块。"

当同学们都伸长脖子想看个究竟时，这位教授才说明，这块石头是他从南极探险带回来的，并开始了他的南极探险演讲。

运用悬念式开场白要注意两点：

（1）不要把人人都知道的常识性问题硬性转换成悬念。

（2）不要故意吊听众的"胃口"，否则可能引起听众对说话者的反感。

6. 夸张的开场方式

夸张式的开场白是把要论及的内容加以适度夸张或从常人未曾想象过的角度予以渲染，以引起听者的高度重视。

美国一家广播公司在宣传无线电作用的科普演讲中是这样

开头的：

“各位可知道，一只苍蝇在纽约一个玻璃窗上行走的微细的声音，可以用无线电传播到中非洲，而且还能使它扩大成像尼亚加拉大瀑布般惊人的声响。”

这则广播演讲选择普通人难以想象也不会去付诸实践的角度来宣传无线电的特殊效能，构成了夸张式的开场白。

需要注意的是，夸张式的开场白不能一味夸大，以免造成故弄玄虚、骇人听闻的负面效应。

俗话说，万事开头难。想要在一开场就“俘获”听者并不是简单的事情，这需要在平时努力练习。当然，不论领导者如何开头，主旨思想应该都是不变的，那就是要抓住听众的心，接着才容易打开局面。千万不要故弄玄虚，或是东拉西扯、不着边际。

语言要有感染力

说话是一门艺术。领导者要真正掌握这门艺术，以使自己说的话更有针对性，增强吸引力和感染力。领导者的语言是否具有感染力，直接决定了下属是否愿意接受和听从，是否可以心情愉悦地去实施，这些都关系着领导工作的成与败。

今天，早已不是过去那种只要板着脸说教就可以让下属服从的年代。无味的说教已经不能打动下属的心，不能说服他们为组织的目标而奋斗了。其实，真正出色的领导者，无不是语言具有感染力的人，他们通过语言的力量，让下属对领导更有信心和希望，使得大家紧紧地团结在自己的周围，为共同的前途努力。

有的领导者认为，语言的感染力与讲话的时间长短有关。因此，有些领导讲起话来长篇大论，没完没了，却起不了好的作用。其实语言的感染力主要是内容上的激励性，而与篇幅的长短无关。

有人曾问美国总统伍德罗·威尔逊："准备一份10分钟的演讲稿，需要花多长时间？"他回答："两个礼拜。""那准备一小时的演讲稿呢？""一个礼拜。""如果准备两小时的演讲稿呢？""不用准备，马上就可以讲。"可见，不讲话，不一定是没地位；话不多，不一定是没水平。领导者要提高自己的口才，就要在认真思考、锤炼语言上下功夫。

要想语言具有强烈的感染力，就需要讲话者具备一定的"水平"。讲出来的话要以理服人，要实事求是，有科学依据，能让人从中学到东西、获得启发。另外，讲话内容还要新颖，有新意，这样才会吸引人，要具有针对性，不能说完就完了，最重要的是要让听者有所顿悟。还有，不要以为自己是领导，就拿一些深奥的东西来显示自己的"博学"，而要用通俗易懂的语言把大道理讲清楚、说明白，让下属在听的过程中受到"感染"。

一个优秀的领导者，总是能通过语言的力量把下属的心凝聚起来，将大家的力量组织起来为工作服务。如果一个领导讲了很多话，可下属却根本一句也听不进去，那又怎么会具有感染力呢？所以，领导者应在增强"感染力"上多下些功夫，多做些研究，让下属愿意听自己的“话”，并把这作为一种乐趣。这就要求领导者注意语言的几个方面：

（1）要规范。用语要合乎语法规范，防止产生歧义或令人费解，讲话内容要符合有关法律法规和政策要求，不能乱说一气。

（2）有感情。语言朴实无华却亲切入耳、入情入理，才会具有感染力。领导者尤其要与人为善，态度亲切和蔼，说出的话能感化人、催化人，要善于以情感人，而不是以权压人。

（3）要生动形象。讲话生动才会有吸引力，才容易获得好的效果，被下属接受。

（4）要有个性。要给人留下深刻的印象，就要形成自己的讲话风格，要跟上时代的步伐，而不是老生常谈。

语言是否有水平、有作用，直接影响到领导者的个人魅力。可以说，语言的感染力和领导水平是成正比的。讲话水平高，感染力就强，就能极大地鼓舞下属的斗志，调动他们的积极性，进而影响工作成效；相反，感染力差，就会让下属对讲话内容失去兴趣，更不用说快乐工作了。

讲话的感染力强，就是领导要善于把自己全部的智力与热情奉献给下属，谈吐充满睿智幽默的独特魅力，让下属能从中获得乐趣，听完之后能收获好的心情，这样才能吸引和感召众多的人团结在自己的周围，让下属快乐地去工作，去创造财富。

寓庄于谐，营造和谐愉悦的氛围

在这个世界上，彼此熟悉的人只占非常小的一个比例，而陌生的人却有千千万万。有人说，别看大城市里熙熙攘攘、人来人往的，可每个人却都像生活在孤岛上一样；也有人说，城市生活就是几百万人在一起感受寂寞。但幽默却能让人走到哪里都有笑脸绽开，即使在竞争激烈的商场，也能给人平添几分轻松的氛围，拉近人与人之间的距离，使原本陌生的人变得亲近起来。

和谐愉悦的气氛往往能缓解谈话中的紧张情绪，激发一个人的想象力，增进人与人之间的感情。在良好的氛围下，人与人之间更容易被理解、被尊重，也更容易获得支持和关注。

反之，在沉闷抑郁的环境下，人与人之间很容易滋生猜忌和隔阂。在交流中，如果不能营造出一种良好的气氛，就会像机器缺少润滑油一样，给人很别扭的感觉，也就谈不上有效地减少双方心理障碍，给双方沟通增加困难。例如，谈判是一件非常严肃的事情，双方站在各自的立场，为争取各自的利益努力，但如果身为领导者的你固执地认为谈判就不可能轻松愉快地进行，那你就错了。如果领导者总是一副严肃的面孔，以极其认真的态度一开口就“言归正传”，没有一点活泼的气氛，谈判场所死气沉沉，总给人一种压抑的感觉，就会不时出现暂停、休会的现象，随之出现满足双方利益的灵活方案少，有建设性的提议、达成协议的日期一推再推的情况，所以领导者应该主动去营造良好的谈判气氛。

寓庄于谐是一种在谈话过程中营造和谐愉悦氛围的有效手段，指的是用诙谐幽默的语言来说明事理，使人在轻松和愉悦中体悟其蕴含的意思。这样能表现说话者的风度、素养，使人在忍俊不禁之中，在轻松活泼的气氛中工作和学习，提高工作学习效率。

不过，领导者在运用寓庄于谐时要注意两点：

（1）寓庄于谐需运用得当，才能为谈话锦上添花，叫人轻松之余又深觉难忘，反之就会产生反面效果。

（2）寓庄于谐要特别注意“谐”的分寸，“谐”过了头，就会适得其反。必须表面是“谐”，内在是“庄”，“庄”以“谐”为载体，“谐”为“庄”服务。换言之，“谐”只是假象，“庄”才是实质，才是领导者真正的情感倾向。

如果领导者能在寓庄于谐时做到以上两点，就能顺利营造出和谐的气氛。

言之有物，员工最烦领导的大话空话

真正会讲话的领导，并不见得说得很多，但他的谈话内容一定是最能够触及问题实质，并能提出解决办法。但凡能吸引人的讲话一般都有一个非常明确的观点，让听者一目了然，而不是天马行空，想到什么说什么，内容不切实际，只有些大话空话。只有当领导者有了明确的观点，以及实质性的谈话内容，才能吸引住听者。此外，作为一个明智的领导者，会为自己的观点寻找合适的论证材料，尽量使自己的观点令人信服。

20世纪30年代，郁达夫曾经受邀到福州作一次学术性演讲。当时学术界弥漫着一股官僚学究气，到处都充满了冗长空洞的演讲。郁达夫对此十分反感，认为这是一种空耗时间和生命的做法。他本来不打算接受邀请，但是主办方一再要求，郁达夫盛情难却，还是去参加演讲。轮到他讲话的时候，他迅速走上讲台，在黑板上快速地写下“快、短、命”三个大字，随后开始了他的演讲：

“我今天讲的是文艺创作的基本概念，‘快、短、命’就是这三个要诀。‘快’就是痛快，‘短’就是简明扼要，‘命’就是不离题。说话和作文都是一样，不能说得天花乱坠、离题万里。完了！”

郁达夫的演讲前后不到2分钟的时间。听众反应过来后，立即爆发了热烈的掌声。

郁达夫这篇简短的演讲，内容绝不亚于那些滔滔不绝的长篇大论。他先是把自己的观点简单地概括成三个字，突出了中心，并加强在听众心目中的印象；而紧随其后那些简明扼要的说明，以及就地取材、现身说法的正面论证，可以说是令人回味无穷。

不论是讲话还是演讲，如果太长，往往都空洞无物，不仅无法使听众受益，还浪费了许多宝贵的时间；有时即便有内容，但因为过于冗长，让人抓不住重点，也会在情绪上感到烦闷。因此，领导者在说话或演讲的时候，一定要注意时间和内容的配合，该少说尽量少说，而且一定要有实质性的内容，这样才能收到很好的效果。另外，听话者都希望谈话的内容是具

体而生动的，因为那些枯燥无味的说辞容易让他们感到厌倦。

领导者讲话要做到“言之有物”，就要让自己的语言内容充实。领导者必须记住并灵活运用“5W”公式，这样才能让自己的语言充满生气和活力。所谓的“5W”就是指When（时间）、Where（地点）、Who（人物）、What（事件）、Why（原因）。这原本是最基本的概念，但却能产生神奇的功效：

首先，它能使内容本身更显真实，观点显得更具有说服力。

其次，构成完整的叙事、丰富的情节，以及生动的形象，更能吸引听众。

再次，有利于领导者整理思绪，讲话就会有条理，不零乱，不颠三倒四，内容完整，不丢三落四。

最后，让听众容易记住，又能回味无穷。

除了这5个“W”之外，领导者还应该尽量做到精简，否则就有冗长的嫌疑。

巧妙转移话题以缓和谈判气氛

作为领导者，首先就应该明白，在谈判过程中，双方僵持不下的局面是很普遍，也是很正常的事情，因为说到底双方都是为了追求自己的利益，所以产生矛盾就在所难免了。其次，谈判双方应该主动寻找适当的方法打破僵局，并借此扭转谈判的方向。

松下幸之助是个极具智慧的人。在他的领导下，松下公司日渐强大，成为世界上著名的电器生产企业。一次，松下去欧洲与当地一家公司谈判。由于对方是当地一个非常有名的企业，不免有些傲慢。双方为了维护各自的利益，谁都不肯让步，以至于谈到激烈处，双方大声争吵，甚至拍案跺脚，气氛异常紧张，尤其是对方更是丝毫也不客气。松下无奈，只好提出暂时中止谈判，等午餐后再进行协商。

经过一个中午的修正，松下仔细思考了上午双方的对决，认为这样硬碰硬地与对方干，自己并不一定能得到好果子吃，相反可能谈不成这笔买卖，于是开始考虑换一种谈判方式。而对方仗着自己具有“天时、地利、人和”的优势，丝毫不愿让步，打定主意要狠狠地杀一下松下的威风。

谈判重新开始，松下首先发言。而对方个个表情严肃，一副志在必得的样子。松下并没有谈买卖上的事，而是说起了科学与人类的关系。

他说：“刚才我利用中午休息的时间，去了一趟科技馆，在那里我深受感动。人类的钻研精神真是值得赞叹。目前人类已经有了许多了不起的科研成果，据说‘阿波罗11号’火箭又要飞向月球了。人类的智慧和科学事业能够发展到这样的水平，这实在应该归功于伟大的人类。”对方以为松下是在闲聊天，偏离了谈判的主题，也就慢慢地缓和了紧张的面部表情。松下继续说：“然而，人与人之间的关系并没有如科学事业那样取得长足的进步，人们之间总是怀着一种不信任感。他们在相互憎恨、吵架，在世界各地，类似战争和暴乱那样的恶性事件频繁地发生在大街上，人群熙来攘往，看起来似乎是一片和平景象。其实，人们的内心深处相互进行着丑恶的争斗。”他稍微停了一会儿，而对方越来越多的人被他的话吸引，开始集中精神听他谈话。接着，他说：“那么，人与人之间的关系为什么不能发展得更文明一些、更进步一些呢？我认为人们之间应该具有一种信任感，不应一味地指责对方的缺点和过失，而是应持一种相互谅解的态度，携起手来，为人类的共同事业而携手奋斗。科学事业的飞速发展与人们精神文明的落后，很可能导致更大的不幸事件发生。人们也许会用自己制造的原子弹相互残杀，日本在‘二战’期间已经蒙受了原子弹所造成的巨大灾难。”

此时，人们的注意力已经完全被松下所吸引，会场一片沉默，人们都陷入了深深的思索之中。随后，松下逐渐将话题转入到谈判的主题上，谈判气氛与上午完全不同，谈判双方成了为人类共同事业而合作的亲密伙伴。欧洲的这家公司接受了松下公司的条件，双方很快就达成了协议。可以说，在关键时刻松下在谈判言语方向的转移为谈判铺垫了走向成功的道路。

愚笨的领导者会让自己和谈判的对象剑拔弩张，最后弄得两败俱伤；而聪明的领导者则会巧妙地把双方置于和谐的气氛之下再进行谈判。

不过，使用转移话题的谈判技巧和方法虽然在谈判活动中具有重要的作用，能缓和剑拔弩张的谈判气氛，但如果运用不当，也达不到预期的效果。在使用这种技巧时，注意这样几点是很有必要的：

（1）要认真地分析谈判陷入僵局的原因，比如价格、产品质量、交付方式等方面的问题。只有找出问题的症结，才便于对症下药、有的放矢。

（2）转移话题策略的目的在于使谈判由僵局走向转机，所以很重要的一点在于领导者通过巧妙地转移话题，把有争议和对抗的问题暂时放置一边，制造出一种有利于谈判的气氛，以消除双方的顾虑和对立情绪，为进一步的谈判铺平道路。

（3）转移话题时要自然，既不要纠缠于双方争执的问题，也不宜不着边际、离题万里，而应该围绕着预定的谈判目标，由彼及此，由远而近，渐入佳境。

总而言之，转移话题是一种高超的语言艺术和谈判艺术，领导者要想成功地运用转移话题的谈判技巧和方法，只有在谈判实践中反复体会，多加训练，才可能收到预期的效果。

学会自我调侃

任何一个领导者只要开口说话，由于所处的职业、个人的威信等原因，多少有些精神优势，足以使下属对他生起敬畏之心（哪怕是短短只有几分钟），因而有碍于他与下属的感觉和情感相通。缺乏幽默感的领导者往往满足于这种精神优势，而不知其是非持久的，因而是危险的。外部的精神优势越大，下属的心理期待越强，而在后来产生失望的可能性也越大。

聪明的领导者在讲话时常常在开头降低这种优势，以缩短自己与下属之间的距离。一句自我调侃，表现出你有高人一筹的智慧和广阔的胸襟，对自己有一种超然物外的情感。

自我调侃无非两种，一是嘲弄自己的短处，如自己的长相。我国著名乒乓球运动员徐寅生有一篇关于怎样打乒乓球的讲话，影响很大。在讲话的开头，徐寅生就以调侃的语调讲到自己脸上的痣，他说，大家常说我打球时是“智多星”，其实我不过是脸上多长几个痣而已，一下子把大家对他思维特点的称赞和他脸上并非优点的痣扯到了一起。在毫无联系之处找到一种暂时偶然的联系，以冲淡对他讲话的过高心理期待，以表现他对自己被公认的优点不以为意的态度，来沟通他与听众之间的感觉和情感。

自我调侃外部特征还是比较浅层次的幽默，更深刻的是调侃一些尴尬的情形。

“二战”时期，丘吉尔来到美国华盛顿会见罗斯福，要求美国给予英国物资援助，共同抗击法西斯德国。丘吉尔被安排住在白宫，受到了热情的接待。一天早晨，丘吉尔正泡在浴盆里，抽着他那特大号的雪茄烟，门突然开了，进来的正是美国总统罗斯福。罗斯福见丘吉尔大腹便便，肚子露出水面，不知该说什么。这两个伟人在此刻会面，非常尴尬。丘吉尔扔掉烟头说：“总统先生，我这个英国首相在您的面前可真是一点也没有隐瞒。”两人一阵大笑，似乎一切问题都在这善意的笑声中解决了。此后，谈判成功，英国得到了美国的援助。

可以设想，丘吉尔的那句自我调侃，起着不可忽视的作用。这一句话，既适合丘吉尔当时裸露浴池的处境，又适合英美两国双方当时在外交上的要求，裸露的尴尬姿态反而成了证明丘吉尔对美国总统诚实坦白、毫无欺诈的最好证明。在自我调侃的笑声中，丘吉尔获得了成功。

所以，当身为领导的你干了什么尴尬的事，不妨机智地自我调侃一下，大家会因此而发笑，但笑的绝不是你的蠢笨，而是你的聪明。

另一种是以嘲弄的态度来对待自己的优点。美国的幽默作家班奇说，他花了15年的时间才发现自己没有写作的天分。如果这是事实，那就没有什么幽默感，因为这里只有单纯的遗憾的感觉，但是他又说：“这已为时太晚，我已无法放弃写作，因为我太有名了。”这就复杂了。不能放弃写作不是因为无才，而是因为太有名，而太有名恰恰是有才的结果，这里又透露了他为有名（有才）的得意，表面的遗憾和深层的得意之间形成一种复合的反差，这就达到效果了。特别关键的是这种得意不能直接表达出来，而是用一句曲折的反语暗示出来的，这就更进一步增加了说话的趣味。

有时候，领导者与人谈话时，会遇到对方有意或无意地触犯自己，把自己置于尴尬的境地。这时，我们如果缺少应变的能力，就会在感到自尊心受伤害的情况下失去了心理平衡，就有可能出现有失分寸和风度的言行。这时候，通过开玩笑的办法自我调侃一番，委婉而幽默地暗示对方言行的失误，又表现出自己的大度胸怀，从而在难堪的窘境中以自我排解的方式保护了自己的尊严，继续掌握交往言谈的主动权。

没有人肯贬低自己，只有聪明的人才肯这样做。调侃自己，表面上看来似乎很傻，其实不然。自我调侃不但是勉励之源，更是成功之石。中外许多著名的作家都勇于调侃自己，鲁迅写过《自嘲》诗，马克·吐温写过“家丑外扬”的《丑史》等。这些作家并没因为自我调侃而降低他们在读者心目中的地位，反而使读者对他们更喜欢、更尊敬。自我调侃使人们觉得你是一个活生生的人，并非高不可攀，从而由内心滋长了亲切感，反倒让沟通变得更为顺畅。

用**适时的停顿**吸引他人的注意

欲说还休，往往更能刺激人听的欲望。所以撩动人心的话通常都不是一气呵成的那种，而是适当地停顿、静默，然后多

转折、多变化地引人入胜的那种。所以，领导者讲话，如果不懂得适度的沉默，就无法真正了解说话的艺术。

有些领导者，能在讲话中适时停顿，使自己的演讲更生动、形象。例如美国总统奥巴马在一次演讲中说：“这样的政策对美国不好（停顿），麦凯恩明明看到布什把我们带到这步田地（加重语气）。”这句话就体现出奥巴马很好地运用了停顿和语气的控制，从而为他的辩论增加了色彩。

美国总统林肯也经常在谈话途中停顿。当他说到一项要点，而且希望他的听众在脑中留下极为深刻的印象时，他总会倾身向前，直接望着对方的眼睛，有时足足有一分钟之久，也不说一句话。

这种突然而来的沉默，和突然而来的嘈杂声能起到相同的效果：能够吸引人们的注意力。这样做，可以使每个人提高注意力，警觉起来，注意倾听对方下一句将说些什么。例如林肯在和名法官道格拉斯的那场著名辩论中就很好地利用了停顿。

当时辩论接近尾声，所有的迹象都表明林肯会失败，林肯本人也因此感到很沮丧，他那痛苦的老病不时地折磨着他，为他的演说增添了不少感人的气氛。在最后一次辩说辞中，林肯突然停顿下来，默默站了一分钟，望着他面前那些半是朋友、半是旁观者的群众，他那深陷下去的忧郁的眼睛似乎满含着未曾流下来的眼泪。林肯把自己的双手紧紧握在一起，那样子好像在说明它们已经太疲劳了，已经无力应付眼前这场无助的战斗。然后，林肯又以他那独特的单调声音说道："朋友们，不管是道格拉斯法官或我自己被选入美国参议院，都是无关紧要的，一点关系也没有；但是我们今天向你提出的这个重大问题才是最重要的，远胜过任何个人的利益和任何人的政治前途。朋友们，"说到这，他又停了下来，听众们屏息等待，唯恐漏掉了一个字，"即使在道格拉斯法官和我自己的那根可怜、脆弱、无用的舌头已经安息在坟墓中时，这个问题仍将继续存在、呼吸及燃烧。"

后来替他写传记的一位作者指出："这些简单的话，以及他当时的演说态度，深深打动了每个人的内心。"

说话时适时的停顿，是一种需要掌握好的技巧。适时的停顿不仅使讲话层次分明，还能突出重点，吸引听话人的注意力。适当的停顿，还能使前后互相照应。只有条理清楚的讲话，才具有说服力并表现出较强的逻辑性，使别人佩服领导者讲话的老练和娴熟。如果不懂得适时停顿，滔滔不绝地一直讲下去，就会让人产生急促感，显不出说话者的感情和力度。

那么，到底什么时候适合停顿呢？

（1）在转换语言，承上启下，或提出重点，总结中心思想，概括主要内容时，就需要适时停顿，而静默的时间一般不超出10秒。特别需要停顿的地方，也以不超出一分钟为宜。

（2）在想表达出蕴藏在内心的激情时，这时讲话还应有抑扬顿挫，所以停顿不只是声音的静止，而且还是一种无声的心灵之语，它往往配合动作手势，如：低头沉思；双手握拳，做激动状；说到关键处，双目凝视；深深叹息；皱紧双眉做痛苦状；抬头仰望天空，等等。

领导者在做以上动作手势时，注意一定要自然、逼真，切莫让人以为你故作惊人之状，故此反而失去了“停顿”所特有的效果。

总之，领导者在谈话过程中，如果停顿适宜，就能给予对方压力，甚至能在不利时起到扭转乾坤的作用。

注意身份，别把滑稽当成了幽默

幽默，是很棒的技巧，是说话中经常用到的“武器”。运用幽默不是一件容易的事情，虽然幽默在面对一些情况时，可以使人摆脱困境或者尴尬，但如果运用不当，则会成为滑稽，起到相反的效果。作为领导者，应该明白，幽默是一种优美、健康的品质。幽默所表现出的是心灵的光辉与智慧的丰富，而非庸俗的笑闹，它不是以过分夸张地袒露自身缺陷作为“幽默”的资本，也不是为了哗众取宠而扭曲人性。它不是噱头、调侃、贫嘴或者说教，而是对这些的超越。因此，在使用幽默时也要注意分寸。时下流行的文化活动中，伪幽默泛滥，这不能不说是一种遗憾。

有一次，美国前总统卡特准备出访盐湖城，他当时正被授予“本年度家庭男人”称号。参谋为他写了一份讲稿，其中特别注明“加幽默”，于是助手又给他加了三四个笑话，演讲时他全用上了。然而，失败的是卡特和他的助手们并没有意识到，听众们一贯教育孩子看待事物不要轻率。后来他的助手说：“我们站在一座圣堂里，在场的大约有2000人。卡特讲笑话时，他们只是瞪着他，呆若木鸡。”

可见，在与人说话时，首先应该注意双方的文化差异，从而调整自己的言语内容，否则即使语言很经典，幽默很出彩，对方也很难理解你的语言意图，只能让一场本该精彩的谈话变得异常尴尬。

漫画家方成曾经说过：“幽默要有所含蓄，使人在笑中同时引起联想和推断，领悟其中的含义。也就是说，幽默表达一定的思想感情。而一般的滑稽逗乐除了能博得一笑之外，没有再多的东西。”

幽默和滑稽，有时看着很像，实际上并不一样。因为，猴子有时也能做出滑稽的动作，引人发笑，但它绝不会幽默。

关于幽默和滑稽的区别，弗洛伊德指出是“成人和孩子的”对立。由此我们不难体会出幽默与滑稽在本质上的不同：幽默引人发笑后，使人能得到哲理性的启示；而滑稽只为博人一笑，既无思想的深刻性，也无会心的启示。

马戏团的丑角，表演得再好，也只能使观众产生情绪上的愉悦，决不能带来观念上的哲理思考，而后一种功能只有幽默来承担了。

可见，领导者在谈话时，要注意身份，切不可把自己当作马戏团的丑角，把滑稽当幽默。制造不滑稽的幽默，要注意以下两点：

1. 应注意对象

生活中，幽默可谓无处不在。恰到好处的幽默会使人笑声不断，赢得满堂彩，而倘若不分时机和场合的幽默则可能会变成滑稽的闹剧。因此，领导者在谈话时制造幽默也要随情应景才能达到预期效果，否则就会沦为滑稽。

2. 要注意避免低俗

真正懂得幽默的人并不是那些只会讲些荤笑话的人。因为一些低级趣味的笑话不仅会污染人们的生活，使人变得庸俗，更会使听者对讲笑话的人产生反感。尤其是领导者在与下属谈话时，更应该果断地向此类“幽默”说“不”。

幽默的重大原则是不能马虎，不同问题要不同对待，在处理问题时要极具灵活性，做到幽默而不俗套，使幽默能够成为领导者成就好口才的养料。

PART 12

领导的留人艺术：防止跳槽，让员工“把根留住”

员工跳槽前的信号

毫无疑问，对任何企业而言，人都是其最重要的资源。员工跳槽，特别是优秀的员工跳槽，对企业，尤其是对中小企业的影响很大，有时甚至是致命的。

那么，怎样才能提前知道有哪些人准备跳槽呢？其实，对于想要跳槽的人，在这之前是有几点信号发出的。

1. 对工作的热情明显减少

与以往相比，工作劲头和工作效率大打折扣，他是在岗位上应付差事。虽然许多人心里也告诫自己要站好最后一班岗，而实际上却已心不在焉，也许热情已跑到即将上任的新岗位上去了。

2. 频繁请假

如果这个人一向都很遵守劳动纪律，从不轻易请假，而现在突然开始频繁请假，那恐怕就要考虑此人是否准备跳槽了。请假无非是去联系新单位，或做一些应聘准备，还可能是处理私事。

3. 开始整理文件和私人物品

办公桌前所未有的混乱或整洁，并陆续用一些手提袋将自己的东西分批拿回家，到时可以一走了之。

但是，即使你所猜测的以上种种跳槽迹象是正确的，也知道确实有人要跳槽，又能如何呢？顶多是严加注意，预防他在业务、债务方面造成什么遗留问题；再有就是做好心理准备，不至于在收到辞职报告时还傻乎乎地来上一句“我们正要重用和提拔你，你怎么就……”，就像某些被辞退的人正准备雄心勃勃地替上司卖力，却接到人事部的辞退令一样。

“人往高处走，水往低处流”，员工跳槽本身是无可厚非的。在现代社会，跳槽是一个很纯粹的经济问题，与道德无关。也许新的单位有更优厚的待遇，有更适合他发挥能力的职位，总而言之有他选择那里的理由，所以领导者也用不着对此愤愤不平。

在多数情况下，公司都比较偏重于雇用那些愿为公司奉献终身的员工，首先这种想法是很正常的。但现在随着对外开放的力度加大，西方企业中的一些新的思想开始在国内传播。比如许多外资企业都愿意招聘那些工作经验丰富的人，因为跳槽至少可以说是一种经验的累积。每到一个新环境，人的工作能力、与人相处的能力都会有不自觉地提高。所以，话说回来，倘若只许你雇用“跳”来的员工，而不许自己的员工“跳”走，也实在是有些不通情理！

让员工有成就感

时下，跳槽现象纷繁，多方面的因素导致目前跳槽成为“流行时尚”。员工跳槽的主要动机是什么？专家陈功根据多年的观察总结了以下几个因素：薪水、工作兴趣、工作压力、职业前景及人际关系。其实，将以上因素综合起来考虑，对跳槽者或者对所有员工而言，最终追求的核心价值在于职业成就感。

从另一个角度来说，如果企业能让员工有成就感，就能防止员工跳槽，把员工的“根”留住。

很多人常常喜欢问在微软工作的员工：“你为什么要留在微软？”而他们得到的答案，最多的就是这句：“因为微软有很多机会让它的员工有成就感。”

在微软工作的员工会看到，作为个人，自己的聪明才智是如何融入产品并被全世界的人使用的，从而产生一种职业成就感。

微软令人吃惊不已的地方就在于：它竟然在新员工身上下赌注，它不要求你一进来就能工作，但它希望你能很快成为最好的，而你也因此从一开始就在巨大的压力和兴奋中开始玩命工作。而且，这就像一种“兴奋剂”，一旦你体验到痛苦之后的快乐，以后你就会为寻找同样的兴奋而更加努力地工作。

微软在挑选人才时非常严格，想进入微软不容易，然而只要通过面试一关的考验，就立即能让人有一种成就感。

一位在微软有3年工龄的员工说：“进入微软不容易。这是我对微软的第一感受。”

来微软前，这位员工曾在出版社工作，主要从事电子及计算机类图书的约稿、审稿及编辑、出版工作。由于每天阅读的文字已经很多，工作之余他则通过电视或听广播来获得信息。

一个偶然的机会，他在一份权威报纸上读到了微软公司北京代表处的招聘广告，其他细节大多记不清楚了，但有一句话他一直记得——“有编辑工作经验者优先”。

正是冲着这一条，他寄出了自己的简历。

在出版社时，他就知道微软公司的名声，所以想象着进入微软的艰难，也琢磨着这可能是证实自己实力的最好机会了。

几天后他便接到了微软工作人员的电话，要他当天到微软面谈。

他当时很高兴：第一，简历没写砸；第二，微软确实需要人，而且还很急。

来到当时的微软公司北京测试中心，正赶上中心的人从楼下往上搬设备。

说明来意后，他稍等了一会儿，这时从搬运工中走出一位先生接待了他。

后来才知道，这位先生就是当时微软公司北京代表处唯一的一位项目经理，进行中的汉化产品都归他管。

“跟大家一起干体力活儿的经理”给他留下了最初的良好印象。

走出经理的办公室后，他很快对整个谈话过程做了回味与总结：内容和方式远远不止与简历或专业相关的范围，招聘人既显随意，又目的明确；应聘者既感到轻松，又不免紧张，因为你有足够的话题和空间来发挥和表现自己，但却很难有把握不被一些尖锐的问题难住，因为与你相比，他才是专家。

回家后他就开始等待微软工作人员再来电话，等了很久很久，以致他开始感到失望：“没有希望了，我不是最好的。”

然而一天中午，经理本人竟然亲自打电话给他：“请问今天有时间吗？上级领导刚到北京，明天就要走，与你见面的时间可以是中午一点半或晚上八点。”

“有时间，我愿意一点半见面。”好像怕失去机会似的，他选择了马上见面。

真实而没有特意准备的他通过了严格而全面的考查，从众多的应聘者中“脱颖而出”。

得到微软的正式录用通知时，这位员工第一次有了成就感。

让员工有一种成就感，是充分调动员工积极性的有效手段。微软正是这么做的！这其实也为其他企业的领导者提供了很好的借鉴。

让员工对工资满意

工资对员工极为重要，它不仅是员工的一种谋生手段，而且还能满足员工的价值感。工资是社会衡量一个人价值的基础体现，因此，它在很大程度上影响着一个人的情绪、积极性和能力的发挥等。当一名员工在较低岗位时，他会积极表现，努力工作，一方面为了提高自己的岗位绩效，另一方面为了争取更高的岗位级别。他会体验到由于晋升和加薪所带来的价值实现感和被尊重的喜悦，从而更加努力工作，这是任何企业应该尊重的客观事实。金钱在社会中具有重要的流通作用，金钱的多少通常是衡量一个人成功与否标志的重要组成部分。领导者应懂得用看得到、赚得到的金钱来激励员工工作的积极性。

因此，领导者必须在工资上为员工考虑：

（1）为员工提供有竞争力的薪酬，使他们一进公司便珍惜这份工作，竭尽全力，把自己的本领都使出来。支付最高工资的企业最能吸引并且留住人才，尤其是那些出类拔萃的员工。

这对于行业内的领先公司尤其必要。较高的报酬会带来更高的满意度，随之而来的还有较低的离职率。一个结构合理、领导良好的绩效付酬制度，应能留住优秀的员工，淘汰表现较差的员工。

（2）把收入和技能挂钩，建立个人技能评估制度，以员

工的能力为基础确定其薪水，工资标准由技能最低直到最高划分出不同级别。基于技能的制度能在调换岗位和引入新技术方面带来较大的灵活性，当员工证明自己能够胜任更高一级工作时，他们所获的报酬也会顺理成章地提高。此外，基于技能的薪资制度还改变了领导的导向，实行按技能付酬后，领导工作的重点变为指派任务使其与岗位级别一致。

（3）增强沟通交流。现在许多公司采用秘密工资制，提薪或奖金发放不公开，使得员工很难判断在报酬与绩效之间是否存在着联系。人们既看不到别人的报酬，也不了解自己对公司的贡献价值的倾向，这样自然会削弱制度的激励和满足功能。

一种封闭式制度会伤害人们平等的感觉，而平等，是实现报酬制度满足与激励机制的重要成分之一。

（4）让员工参与报酬制度的设计与管理。与没有员工参加的绩效付酬制度相比，让员工参与报酬制度的设计与管理的效果常令人满意且能长期有效。员工对报酬制度设计与管理更多地参与，无疑有助于一个更适合员工的需要和更符合实际的报酬制度的形成。

以情动人能有大收获

在现代管理中，有一种可以不用资金的投放就可以收获巨大回报的投资，不用金钱却可以取得比金钱更好的效果，这就是领导者对下属感情上的投资。在领导者和下属的人际交往过程中，感情是联系双方行为必不可少的纽带，它可以让上司和下属之间建立起良好的关系，让彼此相互理解和支持，让双方用真诚的心灵感动对方，进而共同努力、共同进步。情感是高情商的领导者应该十分注重的投资，一个小小的感动，也许会带来不可估计的价值。

温州曙光鞋业公司总经理王明十分注重情感的投资，他十几年如一日地关心职工的生活冷暖。1995年，一位员工的父亲患胃癌急需一笔医疗费。这对本来并不富裕的员工而言无疑是雪上加霜，这个员工哭着找到了王明。王明了解情况后，马上

让财务支出5万块钱给了员工，还嘱咐他救人要紧，别有思想包袱。虽然那位员工的父亲最终去世了，但他对王明却感恩戴德。几年后，王明的鞋业公司在激烈的竞争中呈现劣势，终致经营惨淡。这时，那个员工和他在国外的舅舅突然联系上了，对方还要来大陆投资办厂，听了那个员工的介绍后，他把钱投在了曙光鞋业公司上，并且还带来了国外的新技术和新式鞋样以及成套设备和许多订单。这样，王明的公司在外方的帮助下起死回生，并逐渐做大做强。

以情动人最有效，这样下属与领导者之间的心会贴得更近。管理心理学研究表明：一个人生活在温馨友爱的集体环境里，就会懂得尊重、理解和容忍，产生愉悦、兴奋和上进的心情，工作热情和效率都会大大提高；相反，一个人生活在冷漠、争斗和尔虞我诈的气氛中，情绪就会低落、郁闷，工作热情就会大打折扣。所以，情感投资对于领导者而言，是不可忽视的事情。

对于情感投资，领导者必须有一个正确的认识，情感投资不是摆花架子，也不是做表面文章，更不能急功近利，而应该是自觉地坚持，真诚地投入，以情动人。“精诚所至，金石为开”，功夫到了自然就会有所成效。

不少知名企业管理在以情动人方面都颇有心得，如三洋电器公司就是其中之一。

三洋电器的创始人——井植岁男，就是一个优秀的领导者。井植岁男创立三洋电器时，条件非常艰苦，这也让他逐渐形成了强硬的管理风格。他经常会在下属面前大发雷霆，看到谁在工作上有不尽如人意的地方就忍不住大声斥责，久而久之，大家都对他敬而远之，甚至很多人都产生了离开公司的念头，三洋也因此陷入了危机。后来，一件事情改变了这种情况。井植岁男听下属们抱怨说宿舍里蟑螂和蚊子很多，于是就下手处理，但效果并不明显。一天晚上，正当大家睡得香甜的时候，忽然听见宿舍里有奇怪的声音，于是开灯察看，原来是井植岁男拿着电筒在捉蟑螂。看到头发花白的井植岁男卖力地捉蟑螂，大家都感动得哭了。从此，下属们放弃了离开的想法，努力地工作，在井植岁男的带领下，创建了巨大的电器王国。

情感投资讲究的是与下属平等相待、情感相通，讲究的是以心换心、以情动情。情感作为联系人际关系的纽带，是领导者与下属之间情感的互相影响。所以，作为一名领导者，一定要认识到对自己的下属以心换心、以情动情的必要。如果领导者做到了这点，那么肯定会得到下属的衷心拥护和大力支持。

用真心去换取忠心

人心都是肉长的，只要有爱兵如子的统帅，就会有尽心竭力的士兵效命疆场。“生当陨首，死当结草”“士为知己者死，女为悦己者容”，无一不是“感情效应”的结果。作为企业领导，要想调动起员工的积极性，就要善于用真心去换取忠心。交朋友的时候，只有真心才能换得真心；在与员工相处的过程中，也只有真心才能换得忠心。

陶华碧，一个没有上过一天学、只会写自己名字的农村妇女，白手起家创办了著名的私营大企业——“老干妈”公司。她到底是如何取得如此成就的呢？她有什么“绝招”和“窍门”值得人们借鉴呢？

她的成功在很大程度上得益于她既朴素又管用的“绝招”：实行管理亲情化，自始至终地真心对待员工。

陶华碧把这一招视为最基本的要素。比如：在员工福利待遇的制定上，陶华碧考虑到公司地处偏远、交通不便，员工吃饭难，她决定所有员工一律由公司包吃包住。这么庞大的企业，一直这样实行全员包吃包住，谁敢想，谁又敢做？陶华碧就敢！她不管花多大的“血本”，始终坚持了下来。

制度这样制定了，她还亲力亲为，总是在人们想不到的地方关心人、体谅人。公司里有一个厨师来自农村，父母早丧，家里还有两个年幼的弟弟，可他爱喝酒抽烟，每月几千元的工资几乎都被他花光了。陶华碧得知这一情况后，很是担心。有一天下班后，她专门请这个厨师到酒店喝酒。

酒桌上，陶华碧对他说：“孩子，今天你想喝什么酒就要什么酒，想喝多少就喝多少。但是从明天开始，你要戒酒戒烟，因为你要让两个弟弟去读书，千万别像我一样大字不识。”这番语重心长的话，使这个厨师深受感动，当即表示戒酒戒烟。但陶华碧还是不放心，她只让他每个月留200元钱零花，其余的钱则由她保管，什么时候他弟弟上学要用钱时，再从她那里支取。

只是关心个别员工，陶华碧觉得还不够。每当有员工出差，她还总是像老妈妈送儿女远行一样，亲手为他们煮上几个鸡蛋，一直把他们送到厂门口，直到看着他们坐上了公交车后，她才回去。

虽然没有文化，但陶华碧明白这样一个道理：帮一个人，感动一群人，关心一群人，肯定能感动整个集体。果然，这种对员工的真心付出，使陶华碧和“老干妈”公司的凝聚力一直只增不减。在员工的心目中，陶华碧就像妈妈一样可亲可爱可敬，在公司里没有人叫她董事长，全部都叫她“老干妈”。

感情就是一种巨大的凝聚力，有时候甚至就是生产力。如果企业的领导者都能像陶华碧一样表现出对员工诚挚的关切，那么企业何愁不能发展呢？要知道，这种做法比发几百元奖金更能赢得员工对公司的忠心。

一个重情重义的领导者会让所有人都觉得是在为自己做事。这种管理可以赋予企业高尚的灵魂，用他们的个人魅力去感染每一个人，去树立企业的美好形象，因此他们在运用商业手段的同时，更多的是运用品德。我们说，善于真心对待员工的领导者最能获得员工的衷心拥戴。在现实生活中，有许多身居高位的大人物会记得只见过一两次面的员工的名字，在电梯上或门口遇见时，点头微笑之余，叫出员工的名字，这会令员工受宠若惊。

放荡不羁的大诗人李白就曾因唐玄宗的礼贤下士而受宠若惊。公元742年，唐玄宗连下三道诏书，征召大名鼎鼎的诗人李白入京。李白这一年已42岁，他毕生都向往着建功立业，以为这一回总可以大展宏图了，于是意气风发地来到了长安。唐玄宗在大明宫召见了他。

封建时代，皇帝召见大臣，气派是十分庄严的，他端坐御座之上，居高临下，而臣下则要一路小跑，行三跪九叩大礼，俯首称臣。而唐玄宗这一次召见李白，这一切森严的礼仪全都免除，他亲自坐着步辇前来迎接。当李白到来时，他从步辇上下来，大步迎了上去。迎入大殿之后，又以镶嵌着各种名贵宝石的食案盛了各种珍馐佳肴来款待李白，大概是怕所上的一道汤太热，会烫着李白，唐玄宗竟然御手亲自以汤匙调羹，赐给李白，并对他说：“卿是一个普通读书人，可你的大名居然传到我的耳中，若不是你有着超凡的诗才，怎么能做到这一点？”接着又赐他一匹天马驹，宫中的宴会、銮驾巡游都让李白陪侍左右。

一个普通的诗人，无官无职，能够得到皇帝的召见、赐宴，已是非常的礼遇了，而降辇步迎、御手调羹更是旷古的隆恩。虽然李白这一次来长安，在仕途上并没有多大发展，最后还是被客客气气地赶出了长安，但唐玄宗的这一次召见，却在李白心中留下了永不磨灭的印象，使他终身引以为豪，至死都念念不忘。

人在良好的情感环境中生活，会产生很大的热情和积极性，所以，在竞争日益激烈、人与人之间的感情日益淡化的今天，情感已是领导者不可或缺的资源和财富。人是有情感的生灵，领导者适时地对员工进行感情投资，往往会收到春风化雨般的奇妙效果。

“投之以桃，报之以李。”中国自古以来讲究礼尚往来，所谓“滴水之恩当涌泉相报”正是这个道理。在对员工的投入中，不仅物质投入可以获得回报，情感的投入也可以收到意想不到的效果。

所以，凡是优秀的领导者，都是善于真心对待员工的人。只有对员工真心，才能使员工感到自己受到了上级的重视与关爱，因而愿意踏实工作、尽己所能，充分地发挥自己的潜能。

寓庄于谐，营造和谐愉悦的氛围

言之有物，员工最烦领导的大话空话